低碳消费透视与政策优化

THE PANORAMIC VIEW OF
LOW CARBON CONSUMPTION
AND POLICY OPTIMIZATION

崔风暴 著

社会科学文献出版社
SOCIAL SCIENCES ACADEMIC PRESS (CHINA)

目　录

上篇　低碳消费全景透视

下篇　低碳政策优化

前　言

在 23 年前的一天，当我正徜徉于宏观经济学说丛林之时，突然一个备感迷惑的问题进入脑海，经济学就像一个喋喋不休的劝说者，始终不遗余力地解释着"消耗"的美好前景，对人类而言，这种"消耗"逻辑难道就是"正确"的吗？随着人口的增长，根据经济学理论倡导的消耗逻辑，消耗就像滚雪球一样，越滚越大，最终成为地球难以承受之重。有那么一段时间，我甚是怀疑自己是否具有理解经济学理论逻辑的能力，沮丧了很久。后来，可持续发展、生态经济、循环经济、低碳经济等理念在国内如雨后春笋般出现，这时我才明白我的那个突然出现的迷惘之思并不孤单，也并不是毫无道理，于是我毅然决然地走上了这条研究之路。经历几次研究热潮之后，人类取得的共识是：如果把地球比作主程序，人类经济就是这个主程序中的一段代码，这段代码如果与主程序高度兼容，人类就进入地球的共生系统，如果不兼容，那么这段代码就是病毒，最终破坏整个主程序。于是人类开始寻找"不兼容"的症结所在，开始试图在经济系统供给侧内生入减量化技术和零排放技术，提高人类生产与环境生态的共生性，但是这种努力似乎没有获得终端消费的经济回报。经济体投向生态系统的内生动力还是没有办法自我提供，仍然需要外力输入。当然，环境问题的公共产品属性为外输动力找到了非常合理的借口，但毕竟市场运行逻辑激发出的收益预期更加稳定和持久。于是提高需求侧与生态环境的兼容性更具吸引力。

在 2016 年 8 月的一天，我那可爱的外甥女忽然兴高采烈地告诉我她在蚂蚁森林种了一棵树，我问她为什么要种一棵虚拟的树，她说因为这棵树很新奇也很时尚。这让我看到了消费偏好蕴含的巨大潜能，足以让消费终端嵌入生态系统，让消费者与生态系统达成精神共振。于是我选择了低碳消费这个切入点，努力全景透视低碳消费偏好的庐山真面目，以及探究如何带动经济链条内生嵌入大自然生态系统。当然，这是一件相当复杂的事情。

首先，消费者为什么要从对普通商品的偏好转变为对低碳商品的偏好。在商品属性方面，普通商品单纯强调对消费者自身的"好处"，而低碳商品则在使用价值的基础上附加了一层对他人有"好处"的功能，那就是需要消费者为商品的利他性"买单"。由此可见，低碳商品本身的使用价值不是消费者转变偏好的原发动力。市场替代手段从外介入，用经济刺激的方式激励消费者转变偏好。这种方式能够奏效吗？根据国内外研究经验，一旦刺激手段退出市场，消费者倾向于改回原来的消费偏好。

其次，低碳产品创新的内容是什么呢？传统观点认为通过技术创新使产品全生命周期低碳化，这就是低碳产品的创新之处，但是消费者对这个创新似乎并不买账。那么消费者感兴趣的低碳产品创新点在什么地方呢？回过头来我们分析一下蚂蚁森林这种产品。消费者通过消费或者使用与支付宝签约合作环保企业或组织的低碳产品来积累能量，用能量种植养育一棵虚拟树木，树木长大之后，环保企业或组织就会在现实空间某区域种植一棵实体树。在该闭环机制中，消费者消费低碳产品或者采取低碳行动会得到企业经济补偿和社会声誉的双重奖励。其创新之处不在于产品本身的低碳技术创新，而是围绕低碳产品和低碳消费行为的商业机制创新；此外，还依据年轻一代消费者的消费升级诉求，在传统商品属性上加注一层彰显生态时尚符号的社会属性。这些创新能够把低碳商品生态价值的外部性内部化，使低碳经济系统同时兼顾经济效益和生态效益成为可能。更进一步说明，在低碳产品创新过程中，政府、企业、消费者将大有所为，而且必有所为。

　　本书从消费这个视角来审视低碳产品创新问题和政府、企业、消费者在建构低碳经济体系方面的行为决策问题。如果本书能够给予各低碳行为主体以决策支持，那么恰是研究的价值所在。我真诚希望得到业界人士的批评指正。

崔风暴

2019 年 5 月 22 日

第一章　绪论和研究评述

第一节　绪论

一　研究背景及提出问题

在人类的可持续发展框架下，全球气候变化问题是迄今为止最具紧迫性、危险性、复杂性、挑战性而且必须要全人类共同面对、共同努力的大课题，低碳经济（The Secretary of State and Industry，2003）一经提出，立即被各国纳入本国经济系统，启动低碳发展模式，探求低碳经济、低碳社会系统协同发展之道。面对碳排放的公共产品属性以及高碳发展路径的锁定效应，通过制定低碳政策来控制碳排放并走上低碳发展之路的治理措施获得各国一致认可。各国不断优化低碳政策以期探索出适应不同发展条件、不同发展阶段的减排之路。

在全球气候变化问题上，中国不得不面对多个压力面相互叠加的局面，例如，国际减排压力、大国形象压力、产业优化升级及发展方式转型压力、节能减排技术资金缺口压力、经济主体节能减排积极性不足的压力。这些问题的内在逻辑是什么？解决这些问题的因果次序是什么？这些问题是否存在共性关键节点作为解决全局问题的突破口？等等。围绕这些疑问，我国低碳问题研究者们开出的解决药方大多集中于碳源面减排路径，即针对二氧化碳"元凶"——

化石能源及衍生品，寻求对化石能源的节约、替代路径，启动政策机制，如可再生能源替代政策、企业低碳技术创新的激励政策、淘汰高碳落后产能的限制性政策。这样的减排努力似乎"显而易见的正确"，各国政府正式公布的数据显示，这些减排措施取得了一些成效，但从长期来看，这种着重强调生产侧节能、替代措施的减排效果会随着时间的延长而不断衰减，原因很简单，这些措施被置于经济体自循环逻辑之外，社会低碳型供给侧的节约、替代成本仅靠体外机制（政策机制）补偿是不可持续的，其需要的是需求侧的可再生性补偿机制。

另外，我国所处的发展阶段决定了其在担负减排责任的同时一定要考虑经济体的发展效率问题。尤其当前我国的经济转型发展和产业结构升级进入攻坚克难阶段，转型过程中的积极因素和消极因素并不是稳定的，减排效率与经济效率之间的矛盾容易导致轻减排重增长，进而在经济下行期减排任务重新被边缘化。

我们要解决的基本问题有两个：一是在统筹考虑减排效应与经济效应的前提下，低碳消费的核心功能是什么；二是为了发挥低碳消费的核心功能，经济系统中各类行为主体如何做出最优决策。解决问题的基本原则是供给侧与需求侧协调匹配、经济效应与减排效应统筹共生，强调低碳政策体系与当前我国经济发展阶段的兼容性，强调低碳主体决策工具优化目标的多元属性。

二　研究方法

在低碳消费市场效率论证过程中应用了传统微观经济学中的瓦尔拉斯均衡分析法、消费者剩余分析法和埃奇沃斯盒状图法，其中，在对低碳消费市场交换效率进行研究时，我们的关注点不是商品交换过程，而是使用瓦尔拉斯均衡分析法来验证交换结果是否有效率；在分析低碳消费者剩余问题时，我们根据消费者剩余概念内涵抽象出低碳消费者剩余理论方程式，据此探讨政策因素对低碳消费者剩余的影响；在分析低碳消费外部性时，我们用埃奇沃斯盒状图法来解读低碳消费正外部性与市场效率的关系。

在分析我国低碳消费政策中的委托代理问题时，根据制度经济学契约理论中的委托代理理论分析框架，对我国低碳消费补偿政策建立三部门参与的静态委托代理模型，模型框架如图 1-1 所示，在将我国低碳消费补偿政策模型化的过程中，如何用变量、参数刻画参与主体行为是关键。

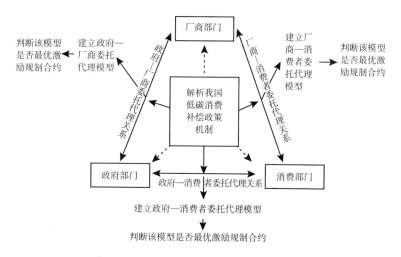

图 1-1　委托代理理论应用思路

在模型求解过程中，选择的是"状态空间模型化方法"（Wilson，1969；Spence and Zechhauser，1971；Ross，1973），尽管此方法无法得到有直接经济信息的解，但在解的讨论过程中，可以更深入地研究经济运行机理，探究经济各部分之间衔接逻辑是否恰当，或者模型的数理逻辑与经济事实逻辑是否匹配，能更充分地表达我们建立模型的初衷。

在消费政策优化部分，本书选择了动态随机一般均衡模型（DSGE）（Schorfheide，2000；陈昆亭等，2004；黄赜琳，2005；陈昆亭等，2006；刘斌，2010；贺云松，2010）。主要借助其动态、随机、系统三位一体的宏观分析优势来模拟我国低碳消费补偿政策的机制系统，同时又可借助模型与 Matlab 软件良好的衔接功能，实现对政策机制系统优化路径的动态模拟，该模型是实现本书研究目的的有力保障。在建立低碳消费补偿政策的 DSGE 模型过程中，所搭建的模型模块及模型设计技术主要包括行为方程刻画模块、非线性方程线性化模块、参数估计模块、数值模拟模块。最终通过软件模拟获得我国"节能惠民"政策对这些冲击的动态响应曲线。

在低碳科技创新政策和清洁发展机制政策评价分析部分使用处理效应计量方法。

三　创新及不足

本书创新点主要包括以下几个方面。

第一，研究内容创新。在国内低碳政策研究方面，多集中于单独分析某政策工具的减排效应，而从经济效应和减排效应融合角度考察低碳政策体系优化问题的研究较为罕见，其研究视角较为新颖。设计多元化的融合机制，并根据融合指标优化低碳政策工具的协同演化路径，该研究内容也具有一定新意。本书运用数理、计量工具对该项政策工具进行精细刻画的研究方式更是有别于其他描述性模型方法，强化了优化路径的可操作性；另外，独创性地提出在需求侧建立我国低碳消费碳交易机制，对我国完善低碳消费政策有一定的参考价值。

第二，理论应用创新。低碳消费尚属新领域，理论架构模糊会给研究带来诸多不便。本书根据研究目的及内容所需，将消费者行为理论、外部性理论、一般均衡理论纳入低碳消费分析框架，奠定了低碳消费政策研究的微观经济学基础。特点在于：低碳消费政策工具分析是建立在产品、市场、政策、消费者、生产者、政府等复杂网络之上的系统分析，微观与宏观统一、方法逻辑与经济逻辑统一、理论逻辑与事实逻辑统一，在主体决策优化方向上力求行为逻辑与政策逻辑的统一。据此，我们在经典经济学与低碳消费的理论结合方面做了一些尝试性研究工作。

第三，方法应用创新。DSGE 模型被广泛应用于金融政策分析，但在低碳消费政策领域还未得到应用，我们首次将 DSGE 模型应用于低碳消费领域研究，为低碳消费政策优化研究开辟了一条新路径。应用难点在于市场类型的筛选及主体行为方程的刻画，DSGE 模型在财税货币政策分析上一直沿用商品、劳动、货币三市场的分析传统，由于分析对象的特殊性，本书采用对商品市场细分的方法，同时通过假设将货币市场作为外生变量来处理，建立低碳商品市场、一般商品市场、劳动市场的分析模式，以此为基础重新刻画各主体的行为方程。

本书在"建立低碳消费政策研究的经济学分析框架"和"DSGE 方法应用移植"两方面做了尝试性探索工作，但可借鉴的经验有限，存在的不足之处有待完善，主要表现在两方面。

其一，针对低碳消费政策的经济学分析框架还需继续完善，建立分析框架的逻辑基础是假设低碳商品与一般商品是完全替代的。这个假设条件会随着技术水平、产品设计能力以及消费者环保意识的提高而失效，这就需要重新审视低碳消费市场效率问题、政策工具设计机制问题等。

其二，在 DSGE 模型动态方程参数的校准和估计过程中，由于我国"节能惠民"政策实施仅 4 年的时间，补贴返款的时间频率不规范，数据难以获得，又难以加大数据时间频度，因此，本书更多采用的是校准法，这对参数的精准性有一定影响。

第二节　研究综述

一　相关理论研究进展

（一）基于市场的环境治理政策理论分析

治理环境问题的手段决定于对环境问题根本性的认知理论，不同的学科领域对环境问题根源的判断截然不同，包括人口根源说（威廉福格特，1981）、科技根源说（巴里·康芒纳，1997）、道德根源说（罗尔斯顿，2000）、文化根源说（查伦·斯普瑞特奈克，2001），尤其是经济制度根源说（德内拉·梅多斯等，2013），开启了可持续发展思想（WCED，1987），社会公平、代际公平、环境与发展协调统一理念沿着环境和资源两条线向纵深发展，联合国相继出台了《里约环境与发展宣言》、《21世纪议程》、《生物多样性公约》和《关于森林问题的原则声明》等文件，形成了资源经济学理论流派（Smith，1993；Freeman，2003）和环境经济学理论流派（Maler and Vincent，2005）。其中，环境经济学理论分支的发展尤为深远，最值得关注的是气候变化问题成为全人类所面临的最紧迫的环境问题，IPCC第四次评估报告指出"仅由于热膨胀，预估持续多个世纪的全球变暖将导致海平面上升，上升幅度将大大超过20世纪所观测到的升幅，造成海岸带地区的丧失及相关影响"。同时给出全球减排量化目标：大气温室气体浓度稳定在最低情景490～535ppm，允许温度上升范围为2.4～2.8℃。以减排为终极目标及核心使命的低碳经济学应运而生，其理论体系的形成与环境经济学理论发展休戚相关。在环境经济学中，关于环境治理的政策类型主要包括命令控制型（CAC）、基于市场型（MBI）和自愿型，基于本书研究需要，仅针对MBI型治理政策的基本理论进行综述。

1. 污染收费政策理论

（1）制定政策的理论基础——外部性理论

经济学界认为经济活动外部性理论对环境问题拥有较强的解释力，如何治理由人类经济活动外部性引发的环境问题则引起经济学、公共管理学、环境学等多领域学者的研究热潮，最终解决问题的主体思路归结到如何将环境问题的外部性进行内部化道路上。最先对外部性问题进行系统思考并给出政策方案的经济学家是马歇尔的学生庇古，庇古（2003）在他的《福利经济学》中首次用现代经济学的方法系统阐释了外部性问题，在马歇尔的"外部经济"基础上提炼出了外部性的概念内涵，他用边际私人净产值与边际社会净产值之间的背离来解释和描述外部性，庇古还详细解释了二者相背离的具体表现形态及经济影响，如果边际社会净产值大于边际私人净产值，那么私人经济活动就产生了正外部性；如果边际社会净产值小于边际私人净产值，那么私人经济活动就产生了负外部性。庇古的这一认知对解决外部性问题具有开创性的贡献，一是开拓了经济学对经济活动外部性问题的认知视野，二是使解决外部性问题向着可量化可操作的方向转变。为了消除背离，庇古认为依靠市场自由竞争难以实现，即在解决外部性问题上存在市场失灵现象，应引入政府干预手段，即采取经济政策，对边际私人净产值大于边际社会净产值的部门征税，即存在外部不经济效应时，向企业征税；对边际私人净产值小于边际社会净产值的部门给予补贴，即存在外部经济效应时，给企业以补贴。这种政策手段被称作"庇古税"。以庇古理论为起点，污染收费体系逐渐建立起来，基本原则是"谁污染，谁付费"和"谁污染，谁治理"原则。污染收费政策手段除了税收之外，还包括制定单一排放标准、补贴等。污染收费成为早期治理环境问题的重要手段。Bressers 和 Schuddeboom（1994）的荷兰环境政策工具有效性研究工作证实了排污收费对水污染具有正向控制作用，Bovenberg 和 Goulder（1996）利用一般均衡框架分析最优环境税收效应，理论结果表明最优环境税率等于污染的边际环境损失。

（2）政策机制评价及适用性理论

收费机制支撑者（Beckeman，1972；Baunol and Oates，1975；Anderson et al.，1977）认为只有收费才能不断向污染者施加压力来改善排放技术，收费使厂商能够自由地选择那些在减少排放方面成本最小的办法或者在排放不同数量的废物上具有灵活性，收费使污染控制的成本全部由废物生产者承担，收费制度是代价最小的控制形式，因为它只需要较少的信息，是自我执行的。但收费机制也饱受质疑，排放标准和收费制度均要求大体上相同数量的关于所用生产技术的信息，以及可供厂商选择的减排方式（Brown，1973；Storey and Walker，1975；Walker and Storey，1977）；同时，为防止厂商逃避监控，二者都需要排放量检测系统及警察部队（Wenner，1978），执行收费政策的过程需要去计算账单和去收钱（Harrison and Sewell，1980），甚至于 Brown（1973）直接指出对厂商降低排放以达标的补贴手段并不能改善环境的质量状况。由此引出收费机制的适用性问题，影响适用性的因素中尤其以企业对收费的实际反应因素最为重要。Lof 和 Kneese（1967）以及 Vanghan 和 Russell（1973）在各自的实证研究前都假设只要存在节约的可能性，企业就将对合理计算和实施的收费系统做出响应，但研究后发现价格机制对排放水平没有产生可观察到的影响，也就是说企业对价格机制的响应程度较低。企业未做出预期响应的一个原因是收费系统设计缺陷导致收费只考虑到一个方面而忽视了其他方面的影响，第二个原因是企业对价格机制系统的理解出了问题，朱迪·丽丝（2002）系统分析了该原因，企业对排污权的感知问题，缺乏足够的认知，认为他们被赋予了大量的随便排放的权利；有的企业对收费系统过于了解出现了逆向选择问题；还有就是相当一部分企业对污染处理的方法和费用，以及对能改变产品、程序或投入而减少排放潜力的信息不完备，由信息不对称导致不响应。从国内研究来看，我国学者沈满洪（1998）通过对三种补贴制度进行对比分析发现，对正外部性者的补贴制度、对负外部性减少者的补贴制度以及对负外部性行为中的受害者的补贴制度均有利弊，尤其是对负外部性减少者给予补贴这种形式并不能保证企业减少排污量，也不利于刺激污染者研制和采用新的控制污染的技术，同时补贴把环境的所有权看作归污染者所有，不容易被人们接受，会导致企业间的心态不平衡，不利于"奖勤罚懒"。

在减少大气碳排放政策领域，污染收费政策理论也得到了广泛应用，借鉴该理论建立了碳税、减排补贴、碳排放标准等政策机制，尤其是污染收费政策理论中的评价和适用性理论对本书进行低碳消费补贴政策评价具有一定的指导意义。

2. 排污权交易机制理论

（1）制定政策的理论基础——交易理论

Coase（1960）对庇古理论提出了质疑，将环境问题产生的根源归结为环境资源产权没有得到明确界定，或者虽然有明确规定但实施成本过高或根本无法有效实施。在产权明晰的条件下，通过经济主体在市场上对污染排放权进行协商和交易，利用市场价格来引导私人行为。理论上，只要排放权初始的分配方式确定，则各企业通过市场交易，利用价格体系的功能，能够促使污染外部成本内部化，达到最适当的污染排放水平。与税收由政府制定税率不同，排放权交易价格由市场决定，灵敏度更大，效率更高。科斯的这一理论观点对现代环境治理政策产生了深远影响，美国经济学家 Dales（1968）在其《污染，财产与价格：一篇有关政策制定和经济学的论文》中首次提出了排放权交易的设计，界定了排放权，围绕明晰产权和交易费用两个理论内核创新出了一系列基于市场机制的环境政策工具，典型代表就是排污权交易制度，也称为排污许可交易制度。Hoffman 和 Spitzer（1982）证实了在完全信息及一个主体做出有限信息单边决策的情况下，一个联合最大化结果可以是最优选择，于是证明了将科斯定理用作环境政策工具是有效的。

（2）排污权交易制度设计理论

该理论主要包括交易机制类型选择理论、排污权初始分配理论、排污交易市场势力理论、排污权交易成本理论、排放权定价理论。关于交易机制类型选择理论，包括排放权总量交易机制和基线交易机制。对于二者之间的关系，Fischer（2001）以及 Fischer 等（2003）将总排放量在基线交易体系下跟随企业的规模变化而变动称为"可交易的绩效标准"。从理论上看，如果在基准交易制度下将总量值固定在限量交易机制下的排放水平，则两种机制效果相同，在长期，限量交易与排放绩效标准相结合，相当于排放密度 $rs = E/Q$，E 和 Q

分别代表总排放量和长期均衡产出。

（3）排污权初始分配理论

最初科斯定理暗示：在完全竞争市场条件下，排污权市场的效率与其初始分配方式无关。但 Hahn（1984）指出，在不完全竞争的市场中，排污权的初始分配与排污权交易效率密切相关。初始分配存在三种方案，公开拍卖、标价出售和免费分配。凯瑟琳（Catherine）等人通过建立模型证明，拍卖和免费的排污权有不同的长期效率。当污染损害对企业数量不敏感时，所有排污权都应免费发放；当污染损害对每个企业的排污水平与企业数量同等敏感时，所有排污权都应拍卖；当污染损害对每个企业的排污水平比企业数量更敏感时，部分排污权应该拍卖。Cramton 和 Kerr（2002）认为，当没有明显的市场势力存在时，拍卖比免费方式更加优势可行。

（4）排污权交易市场势力理论

市场存在不完全竞争的现实导致排污权交易市场中存在市场势力问题，一是成本最小化操作，也称为利润最大化操作，即某些企业具有影响排污权交易价格的能力；二是排他性操作，即某些企业囤积排污权能达到阻止竞争对手进入其产品市场的目的。Hahn（1984）最先指出垄断企业通过价格垄断优势促使均衡价格偏离企业边际治理成本，导致治理效率下降。只有通过政府合理地分配初始排污权，才能减少垄断行为导致的社会福利的损失。Misiolek（1989）认为具有市场势力的企业可以通过排他性操作提高竞争对手的成本，导致污染治理效率降低。Tietenberg（1992）研究暗示市场势力的存在容易导致排污权卖方市场垄断，买方企业的进入促使排污权价格上升，卖方企业获得了较高的交易收益，但排污成本并未受到影响，减排动机弱化，相比较之下，新排污企业有可能更偏重于治理污染。Godby（2000）实证证明排污交易市场存在市场势力。

（5）排污权交易成本理论

Hahn 和 Hester（1989）实证后发现福克斯河水污染交易系统的

失败原因就在于管理存在高交易费用抵消了交易收益。Stavins（1995）研究发现由于存在交易成本，边际治理成本不等于排污权的市场价格，原来碳排放权市场效率受到影响，促使市场均衡向着新的成本效率均衡点移动。Cason（2003）用实验方法验证了 Stavins 的观点并得出以下结论：如果开始交易成本为零，新出现的交易成本就会提高交易价格；边际交易成本降低，排污权初始分配结构与均衡点相偏离，交易价格下降，当均衡价格趋近于零时，交易量增加；边际交易成本不变，交易价格、交易量和市场效率不受排污权初始分配情况的影响。

（6）排放权定价理论

Rubin（1996）使用均衡模型探讨排放权价格，Cronshaw 等（2000）对 Rubin 的工作进行了拓展，研究随机、连续且有限时间下的内涵现货价格模型，Seifert 等（2008）建立可解的随机均衡模型来反映交易动态价格机制。

3. 环境治理政策复合化趋势

Roberts 和 Spence（1976）提出在管制者不知道企业减排成本时，可以将许可权、补贴以及税收组合在一起。沈满洪（1997）建立了理论模型，讨论了各种政策机制复合使用的条件，如图 1-2 所示。

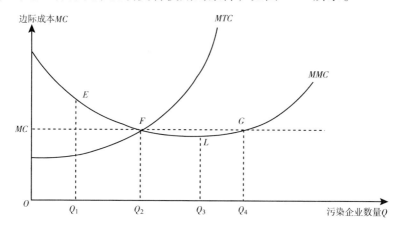

图 1-2 环境经济手段的选择模型

MMC 代表边际管理成本曲线，由于政府管理部门存在固定运行成本，所以曲线具有"U"形特征；MTC 代表边际交易费用曲线，曲线向右上方攀升。MTC 曲线与 MMC 曲线相交于 F 点，由 F 点所决定的边际成本为 MC_0，污染企业的数量为 Q_2。此时，选择庇古手段和科斯手段均可，当 $Q < Q_2$ 时，由于边际交易费用小于边际管理成本，即 $MTC < MMC$，理性的政府应该选择科斯手段。但在参与者很少时，比如当 $Q < Q_1$ 时，由于交易市场还不完全，采用排污权交易方式反而会更费成本，此时最佳选择也许是自愿协商。当 $Q_1 < Q < Q_2$ 时，则可以采用排污许可证交易方式。当 $Q > Q_2$ 时，边际交易成本大于边际管理成本，应选择庇古手段。但当 MMC 曲线经过长区间的持续下降以后达到最低点 L，然后出现回升时情况就会变得复杂。那么，L 点以后采用什么手段更好呢？这不仅取决于 MTC 与 MMC 的比较，还涉及庇古手段的管理成本与管制手段实施成本的比较。但至少在 G 点以左，即 $MMC < MC_0$ 时，也就是 $Q_3 < Q < Q_4$ 的区间内，政府还可以继续选择庇古手段。在 G 点以右，即 $Q > Q_4$ 时，MMC 急剧上升，便于采用管制手段。最后，沈满洪给出的结论是：选择环境经济手段可以有三种思路，一是在现有的经济手段中选择一种最佳手段；二是在现有的经济手段中进行优化组合，包括与其他手段（如管制手段）配合使用；三是进行环境经济手段的制度创新，寻找一种新的最佳方案。

具体到碳减排政策机制设计上，曾刚和万志宏（2010）研究表明：从环境控制目标和成本效率、动态激励特征、收入与政策租金分配和管理成本等多种角度分析来看，碳税和碳排放权交易不能武断地说哪个更有效，不同的政策环境下，每种政策机制都存在长处和弊端。

这些理论总结中所发现的问题和产生的成功经验，一方面成为本书选题的直接诱因，另一方面为本书的研究提供了理论养分。例如，我国低碳消费引导政策体系中所包含的不同种类的政策机制是否存在理论综述分析中发现的问题？问题的性质有什么变化吗？如果进行低碳消费引导政策机制创新，那么既有的政策设计理论中有哪些参照样本呢？这些参照是正向的还是负向的？

（二）低碳消费者行为学理论

低碳消费者行为学理论探索还处于刚刚起步阶段，主要理论框架和分析方法均来源于传统消费者行为学理论，该理论对启动低碳消费市场和制定低碳消费引导政策具有重要意义，虽然当前学界还没有建立起完整的低碳消费者行为学理论体系，但国内外的许多研究者致力于该领域研究并做出了突出贡献。

1. 低碳消费行为基本概念内涵

低碳消费行为是指公众在日常消费过程（包括购买购置、使用管理、处理废弃全过程）中自觉降低能源消耗（特别是煤炭石油等化石能源消耗）、减少温室气体排放（特别是二氧化碳）的消费行为模式（王建明，2012），该定义明确指明了低碳消费行为的核心目的和内容是降低能源消耗和减少温室气体排放，并将低碳消费行为界定为一种特殊的消费行为模式。本书以低碳消费内涵为基础，指出低碳消费行为可界定为消费主体进行各类可以有效降低消费碳排放的碳消费决策活动。该定义的内涵包括以下几点。第一，低碳消费行为由一系列消费决策行为组成，例如，寻找行为、选择行为、购买行为、使用行为、废弃行为，这些行为按照时间序列共同组成了低碳消费行为总集。第二，低碳消费行为是一种特殊的碳消费方式，一种能够有效降低消费碳排放的碳消费方式，具体表现为：在一系列消费决策行为过程中的每个环节都竭力探索降低消费碳排放的消费方式、方法。第三，低碳消费行为主体是个人、集体、组织，由此可以看出低碳消费行为既包括个体行为，也包括集体行为和组织行为，这构成了广义的低碳消费行为主体。与已有的一般意义上的消费行为相比较，低碳消费行为具有显著的不同之处，当一般消费行为由经济理性向消费主义的社会理性演化之时，低碳消费行为从一个崭新视角提出新的消费行为价值观，体现在以下三种理性特征。一是低碳理性。低碳理性是低碳消费行为的第一理性，该理性的核心内涵并不是一味追求减少碳排放这一单一目标，而是强调发展阶段、经济条件、技术能力等条件约束下的优选低碳化消费行为序列。该理性是探索有效低碳消费行为方式的根本性指导原则。二是公益理性。公益理性是低碳消费行为最为新颖之处，具有已有的一般意义上的消费行为完全不具备的全新特征。这种理性要求低碳消费行为带有环境友好型的利他主义意愿，成为消费主体改变既有行为习惯，建立新型低碳消费行为惯性的心理动机之一。三是成本理性。成本理性是低碳消费行为规范能否被公众广泛认可的关键。消费行为实施成本包括经济成本和非经济成本，与传统消费行为实施成本的经济成本一元性相比，低碳消费行为的实施成本具有二元性，既包括经济成本，例如，购买、使用低碳产品、服务所支付的价格提高，再如，消费行为所产生的预期收益的不确定性等；也包括非经济成本，例如，改变消费习惯所带来的行为和心理的不便或不适等。两种成本的相对比例随着时间、技术、政策等因素的变化而变化。

另外，在国内外低碳消费领域研究的学者们，基本上没有对低碳消费与低碳消费行为进行严格区分，更倾向于将二者的内涵等同起来，至少没有对二者概念内涵进行过比较分析。但二者无论是从内涵、外延，还是属性、特征等方面都存在显著差异，这些差异的混淆将对制定科学的低碳消费性干预政策产生不良影响。首先，消费和消费行为两个概念内涵的侧重点不同。消费强调消耗活动的经济属性及经济作用；消费行为强调消耗活动的社会属性和社会影响因素。消费强调消耗行为的群体性、集合性；消费行为强调消耗行为的集成过程，即消费主体在消耗过程中对各类影响因素的能动效应，体现了由个体行为向群体行为的社会建构过程。消费强调群体消耗的总体标量成果；消费行为强调主体在消耗过程中采用的优化手段、方式、模式。其次，在学科属性上，低碳消费倾向于强调其经济学属性，低碳消费是低碳化社会生产中继生产、分配、交换之后的一个活动环节，低碳消费是这个活动环节的概括性总称，是人们在低碳物质资料和劳务的生产与生活中，对低碳物质产品和劳动力的低碳消耗过程。低碳消费往往与低碳需求紧密相关，需求是经济学的重要组成部分，经济学的理论框架和分析范式对低碳需求的分析研究仍然有效。低碳消费行为倾向于强调其社会学属性，低碳消费行为是消费者的低碳行为科学在市场营销活动中的体现和反映，市场营销除了是经济环节之外，更是社会活动的重要组成部分。活动中的消费行为受到社会环境控制和行为心理基础两方面的影响，体现的是社会人之间复杂多样的社会关系。从理论基础上看，低碳消费理论仍适用成熟的消费理论框架，例如，生产与消费关系理论、消费需求量化测度的消费函数理论等分析范式对低碳消费仍然适用，并以经济学作为主要理论基础；低碳消费行为强调低碳消费个体与个体之间社会关系的互动，在强调社会因素对消费者行为选择的影响的同时，也强调消费者行为对社会产生的反馈作用及影响，以社会学作为主要理论基础。

2. 低碳消费行为影响因素

Gardner 和 Stern（1996）归纳了影响人类环境行为的四种因素，分别是法规与激励机制、教育与意识提高、社会环境资源管理、宗教或道德准则。该划分法具有高度概括性。王建明和贺爱忠（2011）从深层心理因素出发总结影响低碳消费行为的因素，从大类上可以划分为个人内部心理因素和社会心理因素，他在文中细致总结了之前学者们对心理因素的更详细分类，本书现将这些分类汇总在表 1 - 1 中。

表 1 - 1　低碳消费行为心理因素分类

心理因素	详细分类	研究者
环境态度	一般态度:对生态环境本身的态度	Hines 等(1987)
	具体态度:对特定环境责任行为的态度	
	环境问题的严重性	Laroche 等(2001)
	环境友好的重要性	
	公司责任水平	
	实行环境友好的不方便性	
	认知成分	Fraj 和 Martinez(2007)
	情感成分	
	意向成分	
感知个体效力（自我效能）		Ellen 等(1991)
社会责任意识（利他主义）		Straughan 和 Roberts(1999)
		Webster(1973)
价值观		Thøgersen 和 Ölander(2002)

资料来源：王建明和贺爱忠（2011）。

综合文献分析结果，从不同学科角度看，影响低碳消费行为的因素有很多种类型，现有研究文献显示，社会学学者对低碳消费行为投入了较大关注，从社会学角度来分析评价低碳消费行为影响因素的研究成果较为丰富，但从经济学、管理学视角对行为影响因素的研究还有待增强，尤其缺乏深入机理进行细致周密的机制架构剖析。现将社会学、经济学两个学科视角下的低碳消费行为影响因素种类及影响力传导过程进行对比。社会学强调个人心理因素、社会心理因素对低碳消费行为的影响，具体表现为消费者的环境态度、环境知识、感知消费者效力、社会责任意识等，这些因素会对消费者的低碳消费行为产生较为长期的影响，通过建构社会低碳消费心理来改变其既有消费习惯，进而形成低碳消费习惯。这是一个社会驯化的行为教育过程，行为实施成本主要表现为非经济成本。经济学强调外界刺激对消费者优化选择行为的影响，主要表现为政策因素，包括消费预期目标、商品搜寻信息的获得性及各类经济激励，通过改变消费者成本－收益曲线来短期刺激低碳消费行为的产生。这两种视角的影响因素对低碳消费行为的影响效应着力点不同，各有利弊，互相补充，有机整合会产生更有效的作用。

除此之外，学者们还关注了一些特殊影响因素，在改变人类环境行为的四种基本因素类型中（Gardner and Stern，1996），社区环境资源管理并没有引起学者们的足够重视，但是低碳社区（Eva Heiskanen et al.，2010）能起到不同于其他因素的影响效应（Middlemiss，2008）。尽管还没有量化研究来评价低碳社区如何影响居民消费行为，但是这提供了激励低碳消费的新视角。低碳社区所塑造的人文性低碳环境，一方面可以起到低碳意识教育作用；另一方面为居民提供了低碳体验情景，最重要的是可以在居民群体内建立低碳行为示范机制，有助于形成低碳消费文化氛围，这些功能是其他手段很难达到的。如果从人的理性角度来寻找原因，Kollock（1998）对消费者可以完全控制自身行为并独立做出消费选择（Lutzenhiser，1993；Wilhite et al.，2000；Jackson，2005）进行假设验证后发现事实并非如此，人们的节能行为会受到社会其他成员或环境影响，经历社会建构过程。

二　低碳消费政策研究进展

（一）国内外低碳消费政策工具简介

根据各国不同国情，每个国家都会选择最适宜本国经济、社会、环境特性的低碳消费政策工具，通过对众多文献（包括公开发表的和没有发表的文献）的汇总，并综合顾建光（2006）以及顾建光和吴明华（2007）、罗敏和朱雪忠（2014）的政策工具分类标准，将当前的低碳消费政策工具分为管制型政策工具、经济型政策工具、信息传递型政策工具和社会型政策工具。管制型政策工具依靠政府强制力量，对目标行为进行直接管制、指导或直接提供，多表现为法律、命令、行政手段；经济型政策工具主要依托市场价格机制，通过调节目标对象的成本收益账单来达到调整主体选择行为的目的，主要表现为财政支出和税收调节；信息传递型政策工具通过改变信息不对称性以达到改变主体行为决策的目的，以信息披露、标签制为主；社会型政策工具是多元化社会群体通过社会自组织和建构过程，形成自愿提供行为，以宣传教育、自愿协议为主。

1. 管制型政策工具

管制型低碳消费政策工具详见表 1－2。

表 1－2 管制型低碳消费政策工具

工具	具体政策	国家或地区
政府绿色采购制度	2007 年《国务院办公厅关于建立政府强制采购节能产品制度的通知》（国办发〔2007〕51 号）和《节能产品政府采购清单》 2008 年《关于环境标志产品政府采购实施的意见》（财库〔2006〕90 号）和《环境标志产品政府采购清单》	中国
	1991 年，美国发布一系列绿色采购计划，包括政府采购绿色产品清单、采购再生产品计划、能源之星计划、生态农产品法案、环境友好产品采购计划 1992 年，美国联邦采购政策办公室、总统办公室和预算管理办公室联合发布政策书，政策书的主题是关于采购符合环境和能源效率要求的产品和服务的政策建议 1998 年，发布行政命令《通过废弃物的防止、循环利用和联邦采购绿化政府》 1999 年，公布《环境友好型产品采购指南》 2000 年，颁布《通过在环境管理中的领导来绿化政府》行政命令	美国

续表

工具	具体政策	国家或地区
政府绿色采购制度	1978年,推行蓝天使环保标志(Blue Angle Mark)制度,规定政府机构优先购买有环保标志的产品	德国
	1994年,滋贺县率先制定绿色采购方针 1995年,制定实施"政府操作的绿色行动计划" 2000年,颁布《绿色采购法》和《促进再循环产品采购法》	日本
	2001年,制定的欧盟第六个环境行动计划(2002~2012年)中的自然资源管理与废弃物领域涉及了绿色采购的内容	欧盟
强制标识制度	1993年,正式向社会公布中国环境标志——十环标志 1994年,通过《中国21世纪议程》 1996年,颁布《绿色食品标志管理办法》 2005年,制定《能源效率标识管理办法》	中国
	1992年,颁布欧盟统一能效标识法规(92/75/EEC能源效率标识导则) 2010年,颁布2010/30/EU新指令	欧盟
	1980年,由联邦贸易委员会开始组织实施强制性的能效标识 1992年,环保局开始组织实施自愿性标识(即"能源之星"),由美国国家电力公司向购买节能产品的用户提供补贴	美国
	1999年,澳大利亚实施全国统一的能效标识制度	澳大利亚
	1992年,在《合理利用能源法案》中增加了能效标识内容	韩国
	推出"产品领先计划",并设定家用电器的能源效率目标标准值	日本
其他制度	《关于限制生产销售使用塑料购物袋的通知》	中国

资料来源:张健生(2009)和盛辉(2010)。

2. 经济型政策工具

税收工具。采用税收工具对高碳产品征税,限制高碳排放产品的消费量,并促使消费主体在低碳产品和非低碳产品之间做出更有利于低碳产品的选择偏好。当前的税收工具有环境税、能源消费税、碳税、生态税和气候变化税等(见表1-3)。税收减免工具见表1-4。

表 1 - 3 税收工具

国别	税种	征税对象
丹麦	20 世纪 70 年代,能源消费税	家庭、非增值税纳税企业
	1992 年,二氧化碳税	家庭、企业的所有二氧化碳排放行为(排除汽油、天然气、生物燃料)
荷兰	1988 年,环境税	所有能源使用者
	1990 年,碳税	所有能源使用者
	1992 年,能源/碳税	所有能源使用者
	1996 年,资源管理税	家庭、小型能源消费者 大型能源消费者通过自愿减排协议计划
	税收返还	社会组织、教育组织和非营利性组织可能获得最高为应纳税金的 50% 的税收返还
芬兰	1990 年,碳税	矿物燃料使用者
	1994 年,能源/碳税	能源使用者
瑞典	1991 年,碳税	进口者、生产者、储存者
挪威	1991 年,碳税	燃料(汽油、矿物油、天然气、煤、焦炭)使用者
德国	1999 年,生态税	燃料[摩托车燃料、轻质燃料油(之后扩展到重质燃料油、天然气、电力)]使用者
瑞士	2000 年,碳税	
英国	2001 年,气候变化税	销往企业和公共部门的电力、煤、天然气、液化石油气
美国	2006 年,碳税	发电厂排放的温室气体
加拿大	2008 年,碳税	所有燃料
日本	2007 年,全球变暖对策税	损害环境的行为
	2011 年,由环境税独立税改为石油煤炭税附加税	
	2012 年,环境税	使用化石燃料的电力公司和燃气公司

资料来源:胡世明和胡世录 (2015)。

表 1 - 4　税收减免工具

国别	财政收入	税收优惠抵免对象
德国	生态税	扶持新能源产业
英国	气候变化税	可再生能源的投资、生产、利用 新节能住宅、商用节能建筑、提高住宅能效利用的设备 加大购买节能环保型机动车消费税扣除额 扩大对家庭节能设备投资的减税额度
美国	碳税	企业进行废弃物再利用 增加节能环保投资
日本	环境税	购置、制造防污染或废物处理设备加速折旧
德国		环境税税收减免项目规定 购置、制造防污染或废物处理设备加速折旧
芬兰		企业进行废弃物再利用 环境税税收减免项目规定

资料来源：胡世明和胡世录（2015）。

　　我国虽然没有开征碳税，但对我国碳税的研究文献较为丰富，在碳税对我国宏观经济影响的研究方面，Garbaccio 等（1999）、Liang 等（2007）分别构建均衡模型，模拟中国征收碳税和我国宏观经济的相互关系及影响程度。在碳税与我国碳排放的关系方面，贺菊煌等（2002）、魏涛远和格罗姆斯洛德（2002）分别使用 CGE 模型分析征收碳税对我国温室气体排放的影响。钟笑寒和李子奈（2002）则将以上两方面的思考融合进同一个连续时间动态模型，综合评价减排对策对经济—环境的影响。将碳税政策与减排政策进行对比研究的刘小川和汪增涛（2009）指出，"根据碳税、一般排放权交易体系、复合排放权交易体系、补贴、政府规制这五种二氧化碳减排政策工具各自的特点，得出长期碳税才是最终解决方案"。姚昕和刘希颖（2010）利用 DICE 模型得出渐进性最优碳税征收额为

18 元/吨、28 元/吨。

财政支出工具。财政支出工具以财政补贴为主，我们通过财政收入及支出账户对比的方式对文献进行归纳（见表 1 - 5）。

表 1 - 5　财政支出工具

国别	财政收入	财政支出
德国	生态税	扶持新能源产业
英国	气候变化税	碳基金 投资节能环保项目补贴 国民保险金
美国	碳税	低碳型社会基础设施及节能改造设备 低碳技术研发 补贴州政府能源高效化、节能项目、可再生能源发电系统以及进行氢气燃料电池的开发商、大学、科研机构、企业的可再生能源研发、购买节能家电商品的个人、大量销售最佳节能电气的零售商等
日本	环境税	低碳型基础设施建设 节能技术研发 对民用住宅、办公大楼、学校、公共基础设施等导入太阳能发电及节能改造 先进能源设备补贴 家庭、企业减排行为补贴 连同环保积分制补贴国民购买节能产品
中国		2009～2013 年,实施"节能惠民工程"

资料来源：胡世明和胡世录（2015）。

3. 信息传递型政策工具

当前国际上应用的典型低碳信息传递型政策工具为碳标签制度，在这里我们将各国或各地区的碳标签制度执行情况进行了归纳总结（见表 1 - 6）。

表 1-6　信息传递型政策工具

国别	年份	碳标签举措	负责机构	机构性质	实施对象	计算方法	碳标签种类	约束力
英国	2007	碳减量标签	Carbon Trust	非营利	B2B 及其所有产品，涵盖食品、服装、日用品等	PAS 2050	碳分数和低碳批准类相结合	自愿型
日本	2009	碳足迹产品体系	日本政府	政府组织	食品、饮料等数十种产品	《碳足迹系统指南》	碳分数类	自愿型
	2011	农产品碳标签	农林水产省	政府组织	农产品			
德国	2008	蓝天使气候标志	多部门联合审批	非营利	28 项日用品	ISO 14040/44 PAS 2050I	低碳批准类	自愿型
美国	2009	气候意识标签	Climate Conservancy	非营利	无特定产品	基于 LCA 法	碳等级类	自愿型
	2009	食品碳标签	Carbon Label California	非营利	食品	环境输入-输出生命周期分析与 LCA 法的折中方法	低碳批准；碳分数；碳等级	
	2007	Carbon Free 碳标签	Carbon Fund	非营利	服装、糖果、灌装饮料、电烤箱、组合地板等	Carbon Fund 基于 LCA 法自行推出的碳足迹协议	碳中和类	
法国	2010	强制企业披露碳信息	政府部门	政府组织	所有产品	基于 PAS 2050	碳分数类	强制型
	2008	Group Casino Indice Carbon 碳标签	Group Casino	营利	所有 Casino 自售产品	Casino 提供的免费碳足迹计算工具	碳分数类	自愿型

资料来源：李长河和吴力波（2014）。

当前，碳信息因素具有较高关注度，研究减排信息披露或碳标签对消费者日常商品消费选择行为的影响成为领域热点。当前碳信息披露或碳标签（Loureiro and Lotade，2005；Milfont，2007；Teisl et al.，2008；Wheeler，2013；Hartikainen et al.，2014；Motoshita et al.，2015；Sharp and Wheeler，2013；van der Werf and Salou，2015）研究主要包括四个方面：碳足迹（Virtanen et al.，2011）、碳标签对国际贸易的影响（Brenton et al.，2009）、碳标签对减排的影响（Upham et al.，2011）以及碳标签对低碳商品购买意愿的影响（Shuai et al.，2014）。我们着重关注碳标签对减排的影响与消费者低碳消费选择决策之间的关系。Upham（2011）通过观察实验法对英国食品杂货业的碳标签公共认知进行评价，研究结论并不是很乐观，没有充足的统计学证据可以证明消费者根据碳标签来做出购买决策，在现实表现上，如果没有额外的信息披露，公众很难评判碳标签上显示的碳排放价值，甚至于 Gadema 和 Oglethorpe（2011）在调查英国超市之后研究结果显示 89% 的居民拒绝碳标签。Hartikainen 等（2014）对芬兰食品消费者的碳标签认知问题进行了验证，结论是芬兰仅有不超过 10% 的居民认为环境对食品有影响，也就是说能够对芬兰居民做出食品购买决策的环境因素影响水平非常低，尽管芬兰居民对碳标签有所认知，但居民感兴趣的是希望通过标签信息在商品选择项中做出比较。在中国，张璐（2014）选择了 6 个城市作为调查区域，研究结论主要有四个："消费者认知对消费者偏好产生显著影响，消费者偏好对消费者行为产生显著影响，消费者认知通过消费者偏好的中介作用间接影响消费者行为。对高学历、高收入以及高农产品消费水平的消费者群体而言，宣传教育对消费者认知的影响相对显著；对低学历、低收入以及低农产品消费水平的消费者群体而言，环境意识对消费者认知的影响更为显著。女性消费者在消费者认知和消费者行为两个维度的表现弱于男性消费者，但环境意识对女性消费者偏好产生的影响高于男性消费者。中老年消费者在环境意识维度和宣传教育维度的表现优于青年消费者，但环境意识对青年消费者偏好产生的影响大于中老年消费者。"张璐给出了较为乐观的信息，但上述结论没有明确显示出碳标签对消费者购买行为决策的具体影响状态，这与我国当前还没有实施碳标签制度直接相关，研究者试图通过低碳认知这个间接因素来估计我国消费者对碳标签的反应，但这样的结论存在一定的误差。Zhao 和 Zhong（2015）用系统动态方法也做了同样的工作，模拟了价格、公共意识、教育水平和消费者感知效应对低碳购买行为的影响，获得了与张璐十分类似的研究结论。至此，关于中国消费者对碳信息披露制度的真实反应，当前经验研究文献还没有明确的结论。

　　根据国外学者实证文献来看，当前单独的碳标签制度并不能从根本上改变消费行为决策。归纳原因有以下几个方面。一是正如学者们给出的解释那样，当前社会低碳消费教育还十分有限，与一般商品相比，低碳商品的媒体宣传力度严重偏弱，低碳消费文化还没有融入主流消费文化之中，导致消费者的低碳意识水平还不高。二是碳标签信息结构设计还有待提高，碳信息披露内容与消费者消费需求的信息还没有达到有效匹配状态。单纯的碳标签披露信息是产品生命周期碳排放量，但这个排放量与消费者并没有产生直接关联，由碳排放引起的环境问题没有给消费者当前购买行为及生活造成任何威胁，在一定意义上，当前的碳披露信息传达的是利他性信号，已有研究表明，利他主义精神对消费者消费决策并不具备强影响力，而消费者需要的是能对其在不同商品之间比较之后选出对消费选择有帮助的信息，由此可见，当前的碳信息对消费者消费需求的刺激力度很有限。三是碳标签政策没有跟其他政策形成政策叠加效应，从本质上讲，碳标签起到的是碳信息披露作用，对消费者消费刺激的重担应该由其他政策机制来承担，例如消费补偿政策。两类政策共同作用于消费者，政策杠杆联动，提高消费者对低碳商品的关注度及购买欲望。

4. 社会型政策工具

我国低碳政策工具分布见表1-7。

表1-7 我国低碳政策工具分布

类型	小类	政策工具	频次(次)	政策工具	频次(次)	小类政策工具数(个)	小类平均频次(次)	小类频次百分比(%)	政策工具数(个)	大类平均频次(次)	大类频次百分比(%)
管制型政策工具		目标责任评价考核制	14	重点用能单位节能管理	11						
		节能评估审查	14	资源产品价格改革	13						
管制型政策工具	管制	电力需求侧管理	12	高能耗、高排放行业抑制机制	11	16	12.25	87.50	17	13.18	54.50
		节能发电调度	10	重点领域节能	13						
		"领跑者"标准制度	6	节能改造	14						
		能效标识	17	淘汰落后产能机制	16						
		环境影响响评价	10	节能环保标准体系建设	16						
	直接提供	高能耗淘汰制	9	技术标准	10	1	15.25	12.50			
		共性关键技术研发与示范推广	28								

续表

类型	小类	政策工具	频次（次）	政策工具	频次（次）	小类政策工具数（个）	小类平均频次（次）	小类频次百分比（%）	政策工具数（个）	大类平均频次（次）	大类频次百分比（%）
经济型政策工具	财政支出	奖励	23	节能产品惠民工程	10	4	17.25	56.56	8	15.25	29.68
		财政补贴	15	政府采购	21						
	税费调节	税收优惠	22	环境税费改革	16	2	19	31.15			
	产权拍卖	清洁发展机制项目	7	碳排放权交易	8	2	7.5	12.29			
社会型政策工具	信息与劝诫	节能减排宣传教育	18	节能减排信息公开	6	2	12	36.92	5	13	15.82
	自愿性行为	节能减排自愿协议	8	节能产品认证	15	2	11.5	35.39			
	私人市场	合同能源管理	18			1	18	27.69			

资料来源：罗敏和朱雪忠（2014）。

　　我国当前主要的社会型政策工具以政府主导的节能减排宣传教育为主，辅以间歇性信息披露、节能减排自愿协议。罗敏和朱雪忠（2014）从情报学的研究视角对我国的低碳政策工具做了总体评价（见表1-7），指出我国社会型政策工具供给不足，政策效果欠佳，主要表现为以下两点。第一，由于"节能减排信息公开"频率低、渠道窄以及非政府组织对"节能减排宣传教育"参与度低两种原因，因此我国信息、劝诫类社会型政策工具的外在支持力薄弱。第二，消费者、金融机构、政府公共采购部门、非政府组织等多元化主体间缺乏一致性低碳价值观，最终导致"节能产品认证"企业竞争优势流失，另外"节能减排自愿协议"缺乏监督机制，相比于"节能产品认证"，企业需要付出更高成本，导致企业对"节能减排自愿协议"丧失积极性。同时还指出社会型政策工具不仅成本低、涉及面广泛，而且对低碳技术创新的激励程度高，具有很大的发挥空间。

总而言之，我国低碳政策中行政型政策工具数量大，占主导地位，但缺乏灵活性，容易导致政策失灵。我国低碳经济的政策工具设计应从主要依靠行政手段向主要依靠市场机制转变（宋德勇、卢忠宝，2009）。

（二）关于低碳消费政策效果评价的研究

在定量化政策效果评价研究方面，Caurla 等（2013）对法国三种薪材消费政策效果进行了比较性分析评价，对不同的消费政策采用了不同的量化评价模型，利用物质平衡方程模拟了固定需求合约政策的实施结果，用跨期需求平衡方程模拟了消费者补偿政策实施效果，用跨期供给均衡方程模拟了生产者补偿政策实施效果，在模拟结果基础上分析了三项薪材消费政策对薪材产业链各个主体部分的影响。该评价方法具有系统化思维模式，将相关政策工具放到一个框架下进行比较分析，既可评价各种政策工具的局部执行效果，又可观察政策工具之间的叠加效应。

Galvin（2014）采用调查法对欧盟 28 个成员国及挪威的家庭能源消费政策产生的一刀切反弹效应进行了评估，采用的公式是：

$$反弹效应 = \frac{能源消费变化的百分比}{能效变化的百分比}$$

在定性评价方面，Safarzyńska（2013）提出了一个全新的分析评价视角，针对可持续消费政策进行政策的伦理评价，提出在政策类型标准的选择上应该考虑道德因素，并以新古典经济学的效果论标准为参照，分析了以最终福利效果作为政策评价标准的不足之处及采用道义标准评价可持续消费政策的必要性，考虑道德因素的道义评价法建立在社会建构机制和适应－压力机制上，因为社会成员间的交互影响会对个体独立理性产生替代，对形成主流消费习惯有很强的促进作用。具体评价路径是：分析什么样的政策有助于形成对促进可持续消费有良好作用的消费习惯，评价通过政策实施，消费者习惯规则改变了多少。

以上政策评价更强调的是对具体政策工具及其工具运行机制的评价，最多也就延伸到政策工具之间的关联机制评价，而 Steininger 等（2014）观察低碳消费政策的视角更为宽阔，他注意到基于生产侧的低碳政策和基于消费侧的低碳政策二者之间在政策运行效果上存在差异，该学术假设受到国家间碳排放分配标准差异导致碳排放责任变化这一事实的启发，将这一争议机制应用于低碳政策评价。由于当前很多国家采用了基于生产侧即碳源层面设计减排政策，而要想从生产侧减排政策向消费侧减排政策转换，会遇到政策效果上的问题吗，带着这样的疑问，笔者从减排公平性、环境效应、成本效应三个角度对这种转变进行了评价，结论是：从减排公平性角度看，二者没有哪种政策更优于另外一种政策；从环境效应及成本效应角度看，从全球水平来衡量，无论哪一种政策想要获得更高减排水平都需要设计出相对低成本的政策机制，从本质上说，一个地区的气候政策并不能使另外区域的气候政策提高成本。

但遗憾的是，迄今为止，在追踪国内低碳消费政策评价文献过程中，还没有发现专门针对我国现行低碳消费政策执行效果的定性或定量的系统性研究文献，一方面，我国当前明确实施的低碳消费政策较少，除了"节能惠民工程"（2009～2013 年）可以被明确称为低碳消费政策之外，很难再找到确切的低碳消费政策，这使得学者们不容易找到有针对性的研究对象，再加上与研究对象相关的数据获得性差，给研究带来了较大难度。另一方面，我国开展政策评价的研究起步较晚，尤其将其应用于低碳政策领域的研究更是少之又少。

(三) 关于低碳消费政策优化的研究

Parag 和 Darby（2009）对英国的减排政策机理做了细致入微的剖析，并明确指出了政策的优化方向和路径，其研究思路极具启发意义。首先，研究者从博弈思想的角度来看待减排政策，在减排政策系统中分析政府部门、能源供给部门（生产者）和终端消费部门的功能定位及相互关系，分析结论在图 1 - 3 中得到了集中反映。

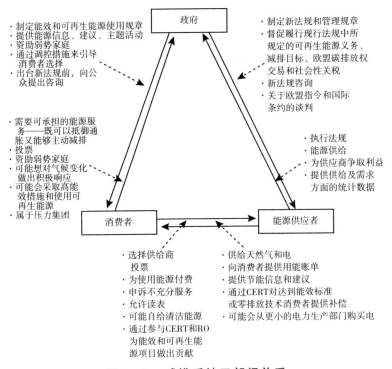

图 1 - 3　减排系统三部门关系

资料来源：Parag and Darby（2009）。

图 1 - 3 厘清了节能政策参与者政府、能源供应者、消费者各自的行为清单，而且这些行为背后隐藏着每个参与者的真实需求动机，如果在节能政策机制设计中充分考虑了这些需求并且建立其需求满足通道，这样的政策会在很大程度上促进社会完成节能减排目标，

但是在三方形成的委托代理结构中存在信息不对称，尤其是当前英国政府的减排政策将能源供应者作为减排的主要代理者，导致英国减排政策遭遇委托—代理问题，存在逆向选择行为。Parag 和 Darby 给出的政策优化建议，一是强化监督机制的设计，二是强调通过更为明确的减排目标规划和激励约束措施强化消费者在减排机制中的主体性作用。

Li 等（2015）在个人碳交易（PCT）政策优化研究方面卓有成效，尤其在定量分析上突破了碳排放权定价影响因素分析范式，如 Bunn 和 Fezzi（2009）、Kim 和 Koo（2010）、Wadud（2011）分别论证了碳排放权价格与能源价格具有相关性。Li 等分别应用消费者行为理论和消费者剩余理论优化出碳排放权最优定价模型，其优化结果为：

$$p_c = \frac{\alpha C_x(I_i + I_j) - 2p_x w}{2\beta w C_x} \tag{1-1}$$

$$\Delta CS_i = \frac{\alpha C_x(I_j - I_i)}{2w}\ln\left[1 + \frac{\alpha C_x(I_i + I_j) - 2p_x w}{2\beta w P_x}\right] - \frac{\alpha C_x(I_i + I_j) - 2p_x w}{2\beta C_x} \tag{1-2}$$

$$\Delta CS_j = \frac{\alpha C_x(I_j - I_i)}{2w}\ln\left[1 + \frac{\alpha C_x(I_i + I_j) - 2p_x w}{2\beta w P_x}\right] - \frac{\alpha C_x(I_i + I_j) - 2p_x w}{2\beta C_x} \tag{1-3}$$

以上三式中各符号代表含义如表 1 - 8 所示。

表 1 - 8 符号含义说明

p_c 代表最优碳排放权价格	
C_x 代表能源碳排放强度	w 代表碳排放权的初始配额
I_i 代表高碳排放者的收入预算	β 和 α 是效用函数参数
I_j 代表低碳排放者的收入预算	ΔCS_i 代表高碳排放者的消费者剩余
p_x 代表能源价格	ΔCS_j 代表低碳排放者的消费者剩余

Li 等对上述优化结果给出的经济解释是：首先，最优碳排放权定价与排放权初始分配和能源价格关系密切；其次，在最优碳排放权价格下，高碳排放者的消费者剩余要小于低碳排放者，这样的优

化结论政策意义在于 PCT 政策机制设计应该关注碳排放权的初始分配机制和其他能源价格的调控机制。

该政策优化方法在学理逻辑上更加严谨细腻，尽管模型做了严格的市场抽象假设，但这并不影响模型优化结论为政策机制设计提供参考，这是政策优化学术构想的根本初衷。

采用优化模型方法优化低碳政策设计机制的学者还有 Almutairi 和 Elhedhli（2014），尽管研究对象不是直接的低碳消费政策，而是研究生产者最优碳税率问题，但是其采用的优化思想对低碳消费政策优化研究具有启发作用。文献中作者首先建立包含碳排放、碳税两个内生变量的企业利润最大化模型，得到生产者最优产量，进而确定消费者在最优产量下的最大利润，在此基础上，作者将消费者剩余、生产者理论、市场出清三个条件纳入社会福利最大化模型之中，以此来确定最优碳税率。该政策优化方法创造性地将经济学中局部静态均衡分析与碳税政策有机结合起来，为低碳消费政策优化提供了有意义的方法借鉴。

Safarzyńska（2013）则跳出新古典经济学静态均衡分析范式，从进化经济学（Safarzyńska and van den Bergh，2010；Texteira and Silva，2010；Witt，2008）视角审视可持续消费政策。这也为低碳消费政策优化方向打开了另外一扇思维大门，这些分析视角更加关注动态性、随机性较强的消费者个体行为和社会交互影响。Safarzyńska 的学术设想是：用一个动态分析框架研究可持续消费的长期政策问题，该动态框架的建立依赖于经济社会学中的适应－压力机制模型和路径依赖理论，分析政策工具如何借由适应－压力模型中的反馈机制解除、重建个人或群体对可持续消费习惯的路径依赖。这种定性的政策优化学术思想也借鉴了 Safarzyńska 和 van den Bergh（2010）的协同演化分析框架，即无论是供给侧还是需求侧增加一个收益刺激信号，双方都会进入相互作用、相互影响的进化模式之中。这一结论更具政策意义，为促进低碳消费的激励性政策设计奠定了社会学理论基础。

三 相关模型方法研究进展

本书应用的模型中，DSGE 模型又称动态随机一般均衡模型，对于低碳经济领域来说较为陌生，尽管该模型在其他经济学分支，如货币、金融、劳动市场中的应用已较为成熟，但迄今为止，还没有学者将其融入低碳经济领域，本书在低碳消费政策工具优化部分选用该模型主要因为 DSGE 模型本身的突出优势。DSGE 模型作为结构性宏观经济理论模型，具有显性建模框架、宏微观完美结合、长短期分析有效衔接、内部理论统一、理论模型与数值模拟工具的无缝对接以及模型对经济系统的动态性、不确定性、系统性精细刻画能力和处理能力，这些优点大大提高了对经济系统研究的可行性及便捷性，尤其模型在政策工具优化上的突出表现更是备受青睐。本书借鉴该模型在其他领域政策工具的应用实践和研究经验，首次尝试将其应用于低碳消费政策工具的优化研究。下面详细归纳一下模型的基本建模架构和其他领域的应用实践，以资借鉴。

（一）DSGE 模型的基本构造及建模方法

模型的基本构成要素及基本内涵如表 1-9 所示，这些要素一方面是实际研究对象的提炼和抽象，另一方面又是宏、微观经济理论的黏合剂，这些要素构成模型基石，最后成为模型中的变量及变量间的经济逻辑表达。

表 1-9　DSGE 模型构件

基本构件	构件内涵
偏好	经济中当事人的目标
技术	经济中当事人的生产能力
体制结构	经济当事人相互交易所赖以存在的体制约束
市场类型	定价机制
名义刚性	价格调整成本
政策主张	短期货币政策非中性

在厘清要素并确定变量类型及相互经济关系之后，就进入建模阶段，具体建模步骤如下。

第一步，明确经济主体及主体行为目标，经济学上往往用"最大化"或者"最小化"来描述行为人的偏好问题。构造主体效用函数及行为约束方程是该部分的难点，也是各类假设条件及引进新变量信息最集中的地方。建立更接近行为主体真实反应的效用函数及约束条件是 DSGE 模型发展历程中的重要努力方向。

第二步，求解行为主体的动态行为方程，反映到数学方法上，学者们采用了差分方程的表达方式，尤其需要便于处理及使用的线性化差分方程。在这方面学者们做出了不懈的努力，这方面的进步也是 DSGE 模型进化的重要体现。我国学者刘斌（2010）对国内外的线性化方法做了细致归纳，并总结出较为实用的计算公式，具体如下。

公式 1：乘积形式的对数线性化方法。假设，$z_t = \prod_{i=1}^{n} x_{i,t}$，则线性化后的表达式为：

$$\hat{z}_t = \prod_{i=1}^{n} \hat{x}_{i,t} \tag{1-4}$$

公式 2：对数个相加变量的对数线性化方法。假设 $z_t = \prod_{i=1}^{n} x_{i,t}$，则线性化后的表达式为：

$$\hat{z}_t = \sum_{i=1}^{n} \frac{x^{i,ss} \hat{x}_{i,t}}{z^{ss}} \tag{1-5}$$

公式 3：对一般函数的对数线性化方法。假设，$z_t = f(x_{1,t}, x_{2,t}, \cdots, x_{n,t})$，则线性化后的表达式为：

$$\hat{z}_t = \sum_{i=1}^{n} \frac{x^{i,ss}}{z^{ss}} \frac{\delta f}{\delta x_{i,t}} \hat{x}_{i,t} \tag{1-6}$$

公式 4：如果 $z_t = 1 + x_{i,t}$，则简化公式为：

$$\hat{z}_t = \hat{x}_{i,t} \tag{1-7}$$

其中，$z_t = \sum_{i=1}^{n} x_{i,t}$，$\hat{z}_t = \ln(z_t) - \ln(z^{ss})$，$\hat{x}_{i,t} = \ln(x_{i,t}) - \ln(x^{ss})$，$z^{ss}$ 代表 z_t 的稳态值，$x^{i,ss}$ 代表 $x_{i,t}$ 的稳态值。

第三步，校准或估计参数。一般情况下，校准法适用于稳态参数值的确定，估计法适用于动态参数值的确定。其中校准法虽然不是严格的统计方法，但当样本量有限或者数据难以取得的时候，可以根据人们的观察经验从经济数量的内在逻辑关系之中进行判断，所以在实际应用过程中，会选择应用其他学者的研究结果。参数估计法是严格的统计学方法，可供选择的估计方法有广义矩法（GMM）、模拟矩法（SMM）（Mcfadden，1989；Gourieroux and Monfort，1996）、极大似然估计法和 Bayes 估计法，这些估计方法各有优势及不足，依据不同数据环境，这些方法的估计精准度也有所不同，需要使用者根据自身的研究目的和数据获得情况来选择适合自己的估计方法，当前 DSGE 模型使用者对极大似然估计法和 Bayes 估计法的使用较为普遍。

第四步，数值模拟。用 DSGE 模型进行特定情景分析和政策模拟是学者们青睐 DSGE 模型的重要理由，以模型稳态水平为参照系，对模型施加外部冲击，利用相关软件的随机模拟计算功能，最终获得所研究的经济对象对外部冲击的动态响应曲线。

关于 DSGE 模型更为详细的建模细节和应用技巧，刘斌（2010）在其国家自然科学基金重点课题支持项目的研究成果中进行了系统介绍，并通过在我国货币政策、财政政策领域应用 DSGE 模型实例进行详细讲解，为该模型在其他领域的应用和拓展做出了突出贡献。

（二）DSGE 模型应用状况

在 DSGE 模型研究领域，国内相关文献表明，我国对于 DSGE 模型的应用主要停留在引进和吸收应用层面，从早期 RBC 理论模型发展到 DSGE 模型，直到当前的新凯恩斯 DSGE 模型，国内学者一直追随着 DSGE 模型的发展轨迹并将其应用于我国经济波动的实证研究。

关于经济周期波动的 DSGE 模型研究。实证我国经济周期波动成因是我国早期引入 DSGE 模型的主要实证领域，研究成果较为丰富。陈昆亭等（2004）撰写了四篇论文介绍 RBC 模型并简单研究了生产、需求（包括政府需求）、技术、供给冲击对我国经济周期波动产生的影响，尽管模型应用还有待完善，但对引导我国宏观经济领域的 DSGE 模型应用研究具有开创性意义，为后继研究改进了参考框架。黄赜琳（2005）在其建立的中国三部门经济模型中明确加入政府支出（需求侧）冲击，连同技术冲击、供给冲击共同解释我国经济波动，该项研究工作与陈昆亭等（2004）具有相同的分析框架和研究思路，创新之处在于在模拟过程中发现政府支出对居民消费产生了一定的挤出效应。做同样工作的还有李春吉和孟晓宏（2006）、王燕武和王俊海（2011）。李春吉和孟晓宏具体模拟了消费偏好、投资效率、技术、货币供给增长、政府支出等多种冲击对经济波动产生的影响。王燕武和王俊海则在 Ireland（2004）研究框架中引入偏好、政府支出、利率等冲击，模拟后的政策建议具有很好的现实意义，即"来自供给方的冲击对我国经济波动具有重要作用，应该改变过去以总需求管理为导向的宏观调控政策，适时强调供给管理"。胡永刚和刘方（2007）使用了改进前后两种 RBC 模型分析了消费需求偏好冲击对我国经济波动的影响，发现我国经济波动的一个事实——"中国的消费波动完全追随甚至大于产量波动，就业人数变动却与产量增减基本无关"。陈师和赵磊（2009）关注了投资专有技术冲击，实证结果显示投资专有技术进步对中国经济波动的瞬时冲击比较显著，能解释 76% 以上的我国经济波动特性。贺云松（2010）创新性地在 DSGE 模型中引入消费习惯因素，这一创新大大加强了模型解释力，对 GDP、消费、投资的波动特性都有比较理想的解释力。陈晓光和张宇麟（2010）将消费者和厂商所面临的信贷约束引入 RBC 模型，模拟发现信贷约束是分析中国经济波动源的一个重要传导机制。刘方（2011）则建立货币先行约束假设，模拟了外生货币发行冲击对中国经济波动的影响，给出了"货币发行冲击主要影响消费、投资和通胀率的波动，而其他主要经济变量（产出、就业等）的波动基本不受影响"的结论。徐舒等（2011）研究了技术扩散和 R&D 投入对我国经济波动的影响，将技术转化为内生变量，模型对我国经济波动的拟合形状较好。技术扩散和 R&D 投入两项冲击对我国经济波动特性的解释能力达到 83%。耿强等（2011）将产能利用率作为内生变量引入 RBC 模型，试图解释我国产能过剩的原因，模拟显示"政策性补贴加大会更快形成产能过剩"。

关于劳动市场的 DSGE 模型研究。卜永祥和靳炎（2002）较早将 RBC 理论引入我国劳动市场的实证研究，解释劳动市场冲击对我国经济波动的影响，他们对劳动变量的处理办法是将劳动作为经济波动的外生变量，建立劳动力外生周期模型，最后由于数据问题，模型没有完成劳动对经济波动冲击的数值模拟。接下来陈昆亭等（2004）继续完善了 DSGE 模型在我国劳动市场的实证应用框架，陈昆亭等将我国的人力资本要素引入基本 RBC 模型，并将其进行内生化处理，模拟结果表明这种分析框架与我国实际经济增长机制较为吻合，诚如笔者所得结论"传统的单纯以物质资本利用率为基础解释波动机制的观点不足以充分解释波动的形成，而在引入人力资本及其利用率之后，连同物质资本才能真正解释经济增长波动机制的形成"。黄赜琳（2006）尝试从供给层面分析劳动供给对我国经济波动的冲击，研究结果发现相比较技术冲击而言，劳动供给冲击对我国经济波动的影响并不显著。前面学者们考察劳动变量对我国真实经济波动的影响，之后的文献表明，学者们更直接地将 DSGE 模型应用于劳动就业市场，王君斌和王文甫（2010）将技术冲击和货币供给冲击引入劳动就业市场，实证了二者对我国劳动就业的影响。

关于货币政策及最优通胀的 DSGE 模型研究。刘斌（2008）、汪川等（2011）分别构建了带有"金融加速器"的中国 DSGE 模型，其中，刘斌引入黏性价格和黏性工资假设，建立开放经济 DSGE 模型，模拟政府支出冲击、生产率冲击、劳动力成本冲击、利率水平冲击、金融加速器效应对我国经济波动的影响。研究的基本结论是"政府支出的增加会带动总需求及总产出的上升，但利率上升的压力对私人消费和投资有挤出效应；生产率的提高是由于总需求与潜在产出的缺口在短期内呈现负的状态，并对价格产生下降压力，但这种状况不可维持；不同的冲击影响货币政策的选择；基准利率的变化导致了货币市场及资本市场的收益率变化，从而影响总需求和通胀率，但利率变化对通胀率的影响不显著；信贷渠道的存在使得中央银行在调控经济时难度加大"（刘斌，2008）。汪川等在金融加速器模型中试图分析我国宏观经济波动信贷波动源问题，但模型对宏观经济持续性波动特性的解释效果并不好。王君斌和王文甫（2010）研究发现在 DSGE 模型中引入价格刚性和垄断竞争后，将技术进步和货币供给冲击内生进模型得到通货膨胀和实际产出的脉冲反应图形与经济事实的拟合情况较好，并且薛鹤翔（2010）更进一步发现引入工资刚性的 DSGE 模型可以更好地刻画实际产出的持续性特征。殷波（2010）建立简化的 DSGE 模型，研究中国经济最优通货膨胀率，研究结论是："盯住低通胀目标有利于长期社会经济福利，通过通胀刺激拉动经济的方法可能是弊大于利。"李成等（2011）将学习效应引入 DSGE 模型，结合投资调整成本、资本利用率、消费惯性、价格与工资指数化等实际黏性、价格与工资黏性等名义黏性变量，分析学习效应冲击、通胀目标冲击对我国季度通胀预期的影响，研究结果显示："我国通胀目标顺应了外生冲击的变化，减轻了由此可能引发的货币政策紧缩力度，且公众对这种时变的通胀目标存在显著的学习行为。"而隋建利等（2011）、王艺明和蔡昌达（2012）

均应用了 DSGE 模型分析了我国当时的货币政策效果情况，隋建利等研究结果显示"在国家经济风险度量和预警的基础上，给出我国宏观经济调控的短期目标和长期目标，将'扩张内需'的需求管理与'结构调整'的供给管理有机结合起来，并选择与之匹配的宏观调控途径和社会资源配置模式"；王艺明和蔡昌达则指出"紧缩性货币政策在长期会使通胀率下降，而对于实际产出、实际消费、投资和劳动等的长期影响则是中性的"。

其他领域的 DSGE 模型研究。如在财政政策研究领域，吴化斌等（2011）建立一个消息推动下的经济周期模型，分析了政策消息在形成公众预期、改变公众行为等方面的重要性，同时结合脉冲反应对比分析预期到和未预期到的财政政策对宏观经济的作用机制和影响。另外还有一些学者研究了开放经济下的货币政策和汇率制度选择问题，以及开放经济中的汇率传递问题，如黄志刚（2009）建立了一个包含加工贸易部门在内的多国开放经济 DSGE 模型，实证分析了"汇率变动对价格的传递效应，同时分析了汇率变动对不同国家贸易品和非贸易品部门产出的影响，以及对贸易条件和贸易平衡的影响"。

关于 DSGE 模型应用方法改进。陈昆亭、龚六堂（2006）对基本 RBC 模型进行了改进，引入"黏滞性价格"、寡头竞争和内生货币机制，建立了包含 Taylor 规则货币政策的动态周期模型。刘斌（2008）建立了一个包含金融加速器的开放经济 DSGE 模型，使用参数校准和贝叶斯估计相结合的方法，在国内首次实现 DSGE 模型参数的贝叶斯估计。近些年来国内学者开始尝试使用贝叶斯方法估计 DSGE 模型，并展开实证研究。

上篇　低碳消费全景透视

第二章 低碳消费的内涵及伦理性质

引 言

低碳消费内涵是低碳消费经济的逻辑起点，有的观点将低碳消费纳入绿色消费范畴，模糊了二者的边界，这给低碳消费深入研究造成了障碍。本章的目的在于厘清低碳消费的内涵及边界。本章包括两节内容，第一节分析低碳消费内涵及相关概念的区别，第二节拓展分析低碳消费的伦理性质。

第一节 低碳消费的内涵

衍生于低碳经济的低碳消费的内涵离不开经济学中的消费概念，一般意义上的消费通常指满足需要的行为，是人们在物质资料和劳务的生产与生活中，对物质产品和劳动力的消耗过程（尹世杰，1999）。从这个定义可以看出，消费是社会生产中继生产、分配、交换之后的一个活动环节，消费是这个活动环节的概括性总称。其涵盖的内涵主要包括三个部分：第一，反映全社会消费需求的总体状况；第二，是社会消耗总集，反映社会对物质、劳务的使用耗用过程；第三，是社会群体消耗行为总集，反映消费者满足自身消费需求的典型方式。周厚威和刘争波（2010）提出五层次说的低碳消费概念，孟艾红和李娜（2012）对低碳消费概念进行了文献综述研究，按照广义、中义、狭义三个维度归纳了 2009 年以来十余人的研究成果。为了使本书后续研究能够与低碳消费的内涵保持逻辑一致性，我们在归纳总结既有研究成果的基础上，结合传统"消费"的概念内涵，对低碳消费做了如下界定：相对应传统高碳消费的一种新型消费模式，是利用低碳型社会产品来满足人们包括低碳需求在内的各种需求的过程。广义上的低碳消费包括低碳生产消费和低碳生活消费。前者指在低碳型物质资料生产过程中，采用一切可降低碳排放的手段和方法对生产资料和生活劳动的使用和消耗过程。后者是指人们对低碳产品和低碳消费方式优先选择以满足个人生活需要的行为和过程。狭义上的低碳消费仅指低碳生活消费。

低碳消费内涵具有清晰的内在逻辑关系。低碳消费的内涵并不能简单等同于降低消费碳排放，也不单纯意味着降低碳消费。低碳消费含义除了降低消费碳排放之外，还包括低碳商品的选择行为，更加强调其引致低碳的功能。为了能够厘清低碳消费的内在逻辑关系，首先需要厘清以下几种关系。

一 企业低碳消费和居民低碳消费的关系

广义低碳消费包括企业低碳消费和居民（或家庭）低碳消费，二者内在关联紧密。从碳源面分布来看，企业消费碳排放要远远大于居民消费碳排放，但居民或者家庭的低碳消费的降碳功效却十分显著，主要因为居民低碳消费行为（尤其是居民对低碳商品和服务的消费行为）会产生强烈的市场需求信号，引导或激发企业的低碳消费行为，以满足市场的低碳品需求，进而促使企业降低消费碳排放，称之为引致低碳。所以，居民低碳消费一方面包含了降低居民消费碳排放（包括降低居民直接消费碳排放和引致碳排放）的内容，另一方面也涵盖了引致低碳的含义。居民低碳消费在促进整个社会建立低碳消费模式的行为链条中具有十分重要的作用，是社会进入良性低碳经济循环系统的关键一环，关系着低碳变量能否内生进经济系统。

二 低碳消费与碳消费、消费碳排放的关系

碳消费和消费碳排放是两个具有密切关联的概念。碳消费就是消费主体对"碳"的使用、消耗行为及过程，其中"碳"指代直接或间接利用含碳原料形成的产品、能源等。在当前的全球气候问题语境下，"碳"特指温室气体，尤其强调 CO_2 气体，原因在于 CO_2 在温室气体中含量是最高的，通常用 CO_2 排放来代替温室气体排放，简称"碳排放"。根据不同的划分标准，碳消费也表现出不同类别，例如，按照消费主体来分，碳消费可以分为企业碳消费和个人碳消费。按照消费阶段来分，碳消费可以分为中间碳消费和终端碳消费。企业碳消费的目的在于生产，更多表现为中间碳消费，个人碳消费的目的在于实现终端消费，表现为终端碳消费，但是无论是企业碳消费还是个人碳消费，消费主体在实现碳消费的过程中，不可避免的会产生碳排放，这就是消费碳排放。这里所说的消费碳排放是个广义概念，在本质上涵盖了全社会碳排放，从社会生产环节角度看，包括生产环节的消费碳排放，也包括终端消费环节的消费碳排放；从消费主体角度看，指企业消费碳排放和居民消费碳排放（或家庭消费碳排放）。樊纲等（2010）使用动态法核算了我国最终消费碳排放量，在核算中明确剔除了中间投入品的碳排放。本书也强调终端消费环节的居民消费碳排放，与采取优化模型内涵是一致的。居民或家庭的碳排放方式包括直接碳排放和引致碳排放两种形式。直接碳排放是指居民或家庭对能源、资源的直接行为造成的碳排放，如家庭烧煤、烧气、烧油、用电等；引致碳排放是居民或家庭对商品需求所造成的间接碳排放，如商品在生产运输和销售过程中所产生的碳排放，或者废品或生活垃圾在回收和销毁过程中所造成的碳排放等。由此对应的低碳消费是指能够降低消费碳排放的碳消费过程是碳消费中的一个类型。

三 低碳消费与绿色消费、可持续消费的关系

从低碳消费与绿色消费（马瑞婧，2011）、可持续消费（Hensen and Schrader，1997；Spangenberg and Loeed，2002；DEFRA，2003；Princen，2003）的关系来看，低碳消费与绿色消费、可持续消费在概念内涵上既存在关联性，也存在差异性。

（一）低碳消费与可持续消费

首先，从消费价值取向来看，可持续消费强调消费公平价值观，一方面强调人类社会代内公平及代际公平，另一方面强调人与自然的公平，使这两方面的公平达到均衡状态；绿色消费和低碳消费以提高消费的生态性为首要目标，强调人与自然的公平，主要因为生态问题已严重威胁到当代人的生存品质。人与自然的公平问题解决了，也在很大程度上解决了当代人与后代人的公平问题。

其次，从消费客体来看，低碳消费客体为碳排放量低于一定标准的产品或服务；绿色消费客体是符合环保标准、身体健康的产品或服务，其中既包括有关大气保护的低碳产品，也有其他种类的产品。以上两种消费模式都产生了相对应的产品认证标准，用以确定产品身份。可持续消费强调的是一种可持续理念，其消费客体并不是特指带有某种特征的产品，而更多强调的是产品的消费方式，产品的生产需要满足环保性、节约性等要求。从这个角度讲，可持续消费的范围更广泛，其次为绿色消费，最后是低碳消费。

（二）低碳消费与绿色消费

绿色消费是我国生态文明建设的关键路径，我们应该深入思考低碳消费与绿色消费的关系。部分学者倾向于这样的观点，认为低碳消费是绿色消费的子概念，也就是说绿色消费的含义完全包括了低碳消费的概念及内涵。理由在于根据1994年奥斯陆国际会议给绿

色消费的界定，绿色消费包括四个层次的内涵，一是节约资源，减少污染；二是适度消费，减少浪费；三是环保消费，保护自然；四是多次利用，循环再生。这四层含义中节约资源、适度消费和循环利用的确具有降低碳排放的功效，绿色消费成为减少碳排放的重要手段。笔者更倾向于认为二者在内涵上具有显性区分度，也就是说低碳消费不能完全从属于绿色消费范畴，二者既有重叠又有不同。

从消费客体上看，绿色消费客体为广义环境友好型绿色产品。这类产品要求在产品全生命周期内的各个环节符合绿色产品无污染、健康、安全的质量标准，并被权威机构认证。低碳消费的客体虽然也是环境友好型产品，但更强调其在全生命周期内的低碳本质，降低碳排放是关键衡量标准。无污染、健康、安全不代表降低碳排放的标准，同时减少碳排放也不完全意味着无污染、健康和安全，由此可见，绿色产品和低碳产品具有不同属性要求。

从消费主体上看，消费者对绿色产品的需求程度远远大于低碳产品，因为绿色产品的健康、安全属性会给消费者带来满足感，与消费者自身利益需求取向是一致的，但是低碳产品的低碳属性满足的是社会需求，与消费者自身利益需求取向是相违背的。

从消费方式和消费手段上看，低碳消费强调恒温消费、节约消费以及低碳商品选择，绿色消费强调环保消费和适度消费。由此可见，低碳消费与绿色消费重叠部分在于减量消费模式。减量消费也只是低碳消费和绿色消费中的一种消费类型，低碳消费中的低碳商品选择消费类型与绿色消费中的绿色商品选择消费类型大不相同。

第二节　低碳消费的伦理性质

环境伦理（Rolston，1988；汪信砚，2009）从人与自然环境关系角度探讨环境之于人类的价值问题或者人类之于环境的价值评价，我们姑且不去讨论环境价值是否具有功利性导向问题，单就人类社会行为中应该考量环境问题并表达出一定的环境态度这一点，低碳消费、绿色消费、可持续消费、生态消费这些消费行为及态度就找到了共同的伦理起源，于是低碳消费内涵泛化研究者主张将低碳消费等同于绿色消费、可持续消费和生态消费等（陈晓春等，2010；刘妙桃、苏小明，2011），意在强调低碳消费的环境友好特性，强调环境伦理价值观。从这个维度上看，低碳消费研究要解决的问题是：低碳环境伦理观对低碳消费需求产生哪些影响？影响程度如何？鉴于低碳环境伦理研究起步较晚，我们可以从环境伦理观对消费行为影响的研究成果中借鉴经验。为了便于量化研究，将环境伦理观转换成可观察可测量的具有边界的概念内涵十分必要，环境意识被界定为环境价值观（Rokeach，1973；Olson and Zanna，1993；Dunlap et al.，2000；Barr，2007）、环境态度（Stern and Dietz，1994；Schwarz，1994，2007；Bohner and Dickel，2011）、环境知识（Schahn and Holzer，1990；Frick et al.，2004）的综合体（Maloney and Ward，1973；Zsóka，2008；Abdul-Wahab，2010）。窦立春（2011）指出低碳价值观是指对低碳生活的态度、倡导和认同，也是选择低碳生活的一种精神动力。Bai 和 Liu（2013）认为：低碳态度是人们对于低碳问题的态度总和，会随着低碳价值观和个人境况的变化而变化。低碳知识始于节能知识（Young，1993；Goldblatt，2007；Abrahamse et al.，2005；Kaplowitz et al.，2012）。

那么我国居民部门当前的低碳意识状况如何呢？吴春梅和张伟（2013）以及吴春梅等（2014）在这问题上做了持续的量化评价工作，首先在 2013 年选取南昌作为调查区，对该区域居民的低碳认知、低碳态度进行考察，统计结果显示"居民对低碳有所认知，但整体上仍处于较低认知水平，对低碳定义及相关概念理解程度偏低。并且居民在低碳与个人生活关系、温室气体对自然和人类社会的影响、气候环境对个人生活的影响等问题的认知上均存在较大差异，并未形成统一的认识"（吴春梅、张伟，2013）。2014年，吴春梅团队又对该调查区居民的低碳消费补偿意愿状况做了量化评价，结果显示：低碳消费补偿意愿与低碳认知水平有关，补偿意愿在年龄、性别、学历维度上呈现不同的分布状态，年龄大、女性、学历高对应着相对强的补偿意愿，该研究结论中值得关注的是："女性、老年人、高等学历的居民低碳补偿意愿较高。居民的月均收入特征并未对居民的低碳补偿意愿产生统计学差异。"（吴春梅等，2014）。这说明作为外部刺激因素的消费补偿激励若要对居民低碳消费行为决策产生导向作用，则低碳认知心理因素扰动不能被忽视，尤其在我国居民低碳认知水平不高的情况下，在设计低碳消费激励性规制政策时，要充分考虑社会低碳认知教育与激励政策的叠加效用。

学者们在低碳关怀态度和环境价值观与消费者低碳消费选择决策相关性研究上做出了积极的努力。研究以社会调查法为主，并得出经验性结论。Bai 和 Liu（2013）以天津作为实证总体，随机抽取了 600 个居民样本发放调查问卷，收回有效问卷 354 份，并使用经验分析模型（SEM）分析天津居民的低碳意识（包括低碳价值观、低碳态度和低碳知识）与低碳行为之间是否存在正向关联，模型模拟结果显示积极的低碳态度并没有产生积极的低碳行为，同时也验证了 Van Raaij 和 Verhallen（1983）提出的"价值观—行动鸿沟"观点，即低碳价值观对低碳行为的影响微乎其微，低碳知识对低碳行动的积极影响比前两个因素要乐观一些。学者同时也对外部激励因素和约束因素对低碳行为的影响强度做了对比验证，结论是前者的正向影响要强于后者。在这之前，贺爱忠等（2011）也做了同样的工作，调查区域更为宽泛，包括东部上海、深圳，中部长沙，西部成都这四个城市，却得出了与 Bai 和 Liu 完全不同的研究结论，原文的结论是"低碳利益关注和低碳责任意识显著正向影响城市居民低碳态度和低碳消费，低碳态度显著正向影响城市居民低碳消费。也就是说，城市居民低碳利益关注程度越高，消费者的态度就会越'低碳'，消费者在消费的过程当中就会越注重'低碳'；城市居民低碳责任意识越强烈，消费者的态度就会越'低碳'，消费者在消费的过程当中就会越注重'低碳'"（贺爱忠等，2011）。通过分析后发现，产生矛盾结论的原因主要集中于以下两点。一是在消费者心理变量选取上存在差别，Bai 和 Liu 清晰划分了低碳价值观、低碳态度和低碳知识，将这三个变量作为低碳意识的三个影响因素，贺爱忠等则设立了低碳利益关注、低碳责任意识、低碳态度三个心理变量，这三个变量在本质上并不具备相互独立的平行关系，低碳态度可视为低碳责任意识的解释变量，低碳利益关注并不属于心理因素，可视为外部刺激因素。二是问题关注角度存在差别，Bai 和 Liu 关注的是低碳价值观、低碳态度、低碳知识及外部刺激分别对消费者低碳消费行为决策的影响，贺爱忠等将低碳意识、外部利益刺激、低碳态度对低碳消费行为的影响综合起来处理。由此可见贺爱忠等得出的实证结论中出现了信息覆盖问题，尤其是"价值观—行动鸿沟"问题，由低碳消费难以启动的事实，本书倾向于 Bai 和 Liu 的研究结论，在中国既有条件下，该问题确实存在。但关于低碳消费行为的外部刺激影响研究，两组研究团队得出了一致结论，即积极的外部刺激能对低碳消费行为决策产生积极作用，尤其 Bai 和 Liu 的研究强调外部激励对低碳消费行为的正向作用要大于外部约束，这一结论为低碳消费政策规制尤其是激励性规制研究创造了有利条件。

以上文献分析表明了低碳环境伦理观念会对低碳消费行为产生影响，但是这些学者们的经验验证并没有证明低碳环境伦理观的提升可以产生显著性的低碳消费行为变迁（王建明、贺爱忠，2011）。王建明和贺爱忠（2011）借助社会学中的质化研究方法，采用扎根理论，从个体心理意识、社会参照规范两个主范畴对低碳消费行为进行心理归因，指出"为了更显著、更有效地促进消费者把潜在的心理意识转变成实际的消费行为，政策制定者还需要设计更精细的干预政策措施"和"在行为塑造的干预政策中，两个主要政策是信息传播政策和经济激励政策"，这一洞见十分珍贵，为低碳消费研究向深层次发展指明了努力方向。

第三章 低碳消费的理论初探

引　言

本章依据微观经济学中关于市场效率的分析框架来评价低碳消费市场效率问题。市场交换理论作为微观经济学的核心理论（李绍荣，2002），表征市场效率是其根本任务，根据对市场效率研究范式的不同，理论经历了瓦尔拉斯均衡、埃奇沃斯理论（Edgeworth，1881）和经济核心理论（Shubik，1959；Scarf，1963；Aumann，1964）的发展历程，但理论的核心要义都是强调商品交换的最终结果及市场均衡表征。本研究采用传统微观经济学交换理论的一般分析逻辑：商品价格——一般均衡的交换结果和交换价格—市场的帕累托效率结果。但在分析市场交换效率之前，必须对低碳商品的经济学属性进行界定，原因在于当低碳商品进入普通商品序列的时候，与普通商品形成的相对关系会直接影响消费者选择决策，而且二者的关系也是低碳商品交换理论的基石，是展开低碳商品市场效率分析的理论基础。本章共包括四节内容，第一节分析低碳商品的经济学属性，为后面小节的各类效率分析奠定基础，第二节分析了低碳消费市场的交换效率，第三节分析了低碳消费过程中低碳消费者剩余的变化情况，第四节分析了低碳消费的外部性问题。

第一节　低碳商品的经济学属性

假定低碳商品与一般商品是完全替代品。对于任何一种商品，可以具有低碳特征，也可以不具有低碳特征，低碳特征对商品物质性功能没有任何影响，所以在满足消费者对商品功能性需求方面，低碳商品可以完全替代一般商品，反之亦然。消费者在面对低碳商品和一般商品需求选择时，在一定条件下，会倾向于按固定的比率用低碳商品替代一般商品。消费者对低碳商品与一般商品偏好的效用函数可以表达为：

$$U(X_{低碳}, X_{一般}) = aX_{低碳} + bX_{一般} \tag{3-1}$$

$U(X_{低碳}, X_{一般})$ 代表消费者从低碳商品、一般商品中获得的效用，$X_{低碳}$、$X_{一般}$ 表示两种商品的数量，a、b 表示消费者对低碳商品和一般商品的价值判定，其无差异曲线的斜率是 $-\dfrac{a}{b}$，也就是其边际替代率，说明消费者对低碳商品和一般商品进行选择时的无差异曲线是直线。当消费者具有不同的生态环境价值倾向时，其面临的无差异曲线也会发生变化。需注意的是在消费者对生态环境的敏感度分类中，只存在生态环境中性和生态环境偏好型，而不存在生态环境厌恶型，这样分类的主要依据是任何人都倾向于好生态环境这样的基本事实。

一　生态环境中性下的无差异曲线

假定消费者为生态环境中性，也就是说消费者在表达消费需求时将生态环境作为一个外生变量来处理，其并不影响消费者对每类商品的效用判断和消费束选择。此时，消费者的无差异曲线为一束斜率为45°向右下方倾斜的平行直线，如图3-1所示。

具有该种无差异曲线特征的消费者对商品种类的选择完全取决于其

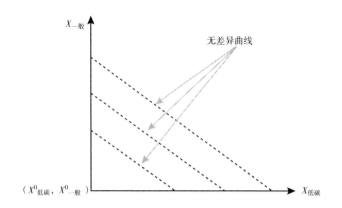

图 3 - 1   生态环境中性低碳消费者的无差异曲线

预算线的位置，设 $P_{低碳}$、$P_{一般}$ 分别代表低碳商品和一般商品的市场价格，预算线的位置又取决于两类商品价格的相对大小。

当 $P_{低碳} = P_{一般}$ 时，消费者的预算线也是斜率为 45° 向右下方倾斜的一组平行直线，此时消费者最优选择点落到预算线与无差异曲线的重合线上，意味着消费者对选择低碳商品还是一般商品是无所谓的，当消费者预算收入增加时，消费者对低碳商品和一般商品的需求量均按同比例增加，低碳商品增加了 $\Delta X_{一般}$，一般商品增加了 $\Delta X_{低碳}$，有 $\Delta X_{低碳} = \Delta X_{一般}$。

当 $P_{低碳} > P_{一般}$ 时，消费者的预算线斜率大于 45°，是比无差异曲线更为陡峭的一组平行线，那么消费者的最优选择落到纵轴上的角点解（见图 3 - 2），这意味着生态环境中性消费者在低碳商品价格高于一般商品情况下会完全倾向于选择一般商品。当消费者预算收入增加时，消费者增加的需求量全部分配给一般商品。

当 $P_{低碳} < P_{一般}$ 时，消费者的预算线斜率小于 45°，是比无差异曲线更为平缓的一组平行线，那么消费者的最优选择落到横轴上的角点解（见图 3 - 3），这意味着生态环境中性消费者在低碳商品价格低于一般商品情况下会完全倾向于选择低碳商品。当消费者预算收入增加时，消费者增加的需求量全部分配给低碳商品。

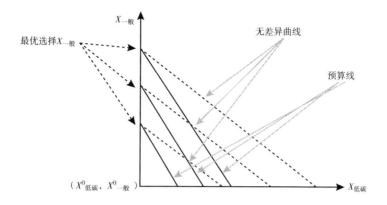

图 3 - 2 生态环境中性消费者最优选择（$P_{低碳} > P_{一般}$）

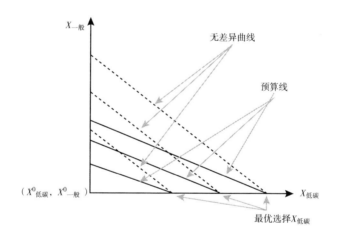

图 3 - 3 生态环境中性消费者最优选择（$P_{低碳} < P_{一般}$）

由此可见，生态环境中性消费者的低碳消费选择决策完全受价格因素的影响，低碳商品与一般商品的相对价格变化会直接影响消费者是否选择消费低碳商品。

二 生态环境偏好下的无差异曲线

假定消费者为生态环境偏好型，也就是说消费者在表达消费需求时将生态环境作为一个内生变量来处理，消费者在商品效用判断和消费束选择时会充分考虑生态环境因素。此时，消费者的无差异曲线如图 3 - 4 所示，为一束斜率大于 45°向右下方倾斜的平行直线。

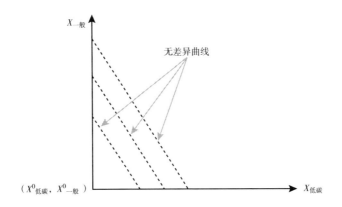

图 3 - 4　生态环境偏好型消费者的无差异曲线

当 $P_{低碳} = P_{一般}$ 时，消费者的预算线是斜率为 45°向右下方倾斜的一组平行直线，此时消费者最优选择点是预算线与无差异曲线在横轴相交的角点解（见图 3 - 5），这意味着在低碳商品与一般商品价格相等的情况下，生态环境偏好型的消费者更偏好低碳商品，当消费者预算收入增加时，消费者的需求增加量全部分配给低碳商品。

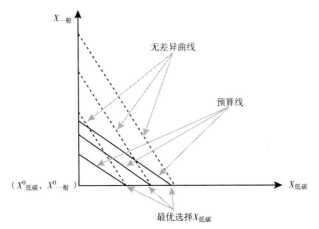

图 3 - 5　生态环境偏好型消费者最优选择（$P_{低碳} = P_{一般}$）

当$P_{低碳} < P_{一般}$时，消费者的预算线斜率小于45°，消费者的最优选择就如同$P_{低碳} = P_{一般}$的情况，落在横轴的角点解上，消费者偏好的是低碳商品。当消费者预算收入增加时，消费者的需求增加量全部分配给低碳商品。

当$P_{低碳} > P_{一般}$时，消费者的预算线斜率大于45°，只要预算线的斜率没有超过无差异曲线斜率，那么消费者的最优选择仍然落在横轴的角点解；一旦预算线的斜率超过无差异曲线斜率，那么消费的最优选择将发生变化，角点解落在纵轴上，如图3-6所示，消费者将全部选择一般商品来消费。

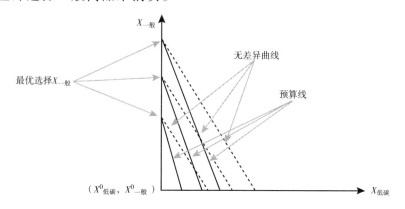

图 3-6　生态环境偏好型消费者最优选择（$P_{低碳} > P_{一般}$）

由此可见，生态偏好型消费者的消费选择受到边际替代率与预算线斜率比值大小的影响，如上述坐标系，比值小于1，消费者会选择一般商品；比值大于1，消费者会选择低碳商品；比值等于1，消费者可能选择低碳商品也可能选择一般商品。这说明生态环境偏好型消费者对低碳商品价格增长有一定的容忍度，其容忍度与其生态环境偏好程度、收入变化状况直接相关，其中用ρ代表生态环境偏好程度，用Δm代表消费者收入变化情况。低碳产品价格增长容忍度表达为$p = P'_{低碳} - P_{低碳} = p(\rho, \Delta m)$，由生态环境偏好程度及收入变化情况构成的函数决定。函数具有非常好的政策意义。当前，消费者对低碳商品的认知很不充分，低碳商品概念模糊，在市场上也没有显著标准和标识对低碳商品和一般商品进行区分，通过政策引导并强化消费的生态环境偏好性，使无差异曲线变得陡峭，能够提高消费者对低碳商品的选择偏好。

第二节　低碳消费市场交换效率结果分析

我们采用瓦尔拉斯一般均衡分析方法，根据瓦尔拉斯均衡法则：总超额需求的值恒等于零，"恒等于零"意味着这种状态不仅针对均衡价格，而且针对所有可能的价格。我们接下来的工作就是验证在低碳商品与一般商品处于完全替代关系时，消费者在市场交换过程中能否满足每个消费者总超额需求恒等于零的条件。

现假设低碳消费市场上只存在 A、B 两个消费者，这两个消费者可看作两类消费人群的缩影，A、B 两个消费者分别对市场上充斥的低碳商品和一般商品进行自由选择，不受到任何干扰。则消费者 A 的消费束可用（$X_{低碳}^{A}$，$X_{一般}^{A}$）来表示，消费者 B 的消费束可以用（$X_{低碳}^{B}$，$X_{一般}^{B}$）来表示。根据完全替代品的效用函数（哈尔·R. 范里安，2006）和预算约束方程可得消费者 A 和 B 的需求函数分别为：

$$\begin{cases} 当\ P_{低碳} < P_{一般}\ 时, X_{低碳}^{A} = \dfrac{m_A}{P_{低碳}}, X_{一般}^{A} = 0 \\[2mm] 当\ P_{低碳} > P_{一般}\ 时, X_{低碳}^{A} = 0, X_{一般}^{A} = \dfrac{m_A}{P_{一般}} \\[2mm] 当\ P_{低碳} = P_{一般}\ 时, X_{低碳}^{A} = \dfrac{m_A}{P_{一般}} - X_{一般}^{A}, X_{一般}^{A} = \dfrac{m_A}{P_{一般}} - X_{低碳}^{A} \end{cases} \quad (3-2)$$

$$\begin{cases} 当\ P_{低碳} < P_{一般}\ 时, X_{低碳}^{B} = \dfrac{m_B}{P_{低碳}}, X_{一般}^{B} = 0 \\[2mm] 当\ P_{低碳} > P_{一般}\ 时, X_{低碳}^{B} = 0, X_{一般}^{B} = \dfrac{m_B}{P_{一般}} \\[2mm] 当\ P_{低碳} = P_{一般}\ 时, X_{低碳}^{B} = \dfrac{m_B}{P_{一般}} - X_{一般}^{B}, X_{一般}^{B} = \dfrac{m_B}{P_{一般}} - X_{低碳}^{B} \end{cases} \quad (3-3)$$

另外，假设消费者 A 和 B 在交易过程中的初始消费禀赋为：

$$m_A = P_{低碳} w^A_{低碳} + P_{一般} w^A_{一般} \tag{3-4}$$

$$m_B = P_{低碳} w^B_{低碳} + P_{一般} w^B_{一般} \tag{3-5}$$

其中，w^A 和 w^B 分别代表消费者 A 和 B 的初始禀赋，即在期初拥有的商品数量。当 $P_{低碳} < P_{一般}$ 时，低碳消费者在低碳商品和一般商品消费上的总超额需求分别为：

$$Z_{低碳} = \frac{m_A}{P_{低碳}} + \frac{m_B}{P_{低碳}} - w^A_{低碳} - w^B_{低碳} \tag{3-6}$$

$$Z_{一般} = -(w^A_{一般} + w^B_{一般}) \tag{3-7}$$

将式（3-4）和式（3-5）带入式（3-6），可得：

$$Z_{低碳} = \frac{P_{一般}}{P_{低碳}}(w^A_{一般} + w^B_{一般}) \tag{3-8}$$

假定一般商品市场出清，消费者 A 和消费者 B 对一般商品的总超额需求为零，根据式（3-7），可得 $w^A_{一般} + w^B_{一般} = 0$，将该结论带入式（3-8），有 $Z_{低碳} = \frac{P_{一般}}{P_{低碳}} \times 0 = 0$，说明低碳商品市场也出清。一般商品市场和低碳商品市场同时出清，满足瓦尔拉斯一般均衡条件，表明低碳消费是存在交易效率的。

同理可证，在 $P_{低碳} > P_{一般}$ 情况下，一般商品市场和低碳商品市场同时出清，同样满足瓦尔拉斯一般均衡条件。

当 $P_{低碳} = P_{一般}$ 时，低碳消费者在低碳商品和一般商品消费上的总超额需求分别为：

$$Z_{低碳} = \frac{m_A}{P_{低碳}} - X^A_{一般} + \frac{m_B}{P_{低碳}} - X^B_{一般} - w^A_{低碳} - w^B_{低碳} \tag{3-9}$$

$$Z_{一般} = \frac{m_A}{P_{一般}} - X^A_{低碳} + \frac{m_B}{P_{一般}} - X^B_{低碳} - w^A_{一般} - w^B_{一般} \tag{3-10}$$

分别将式（3－4）和式（3－5）带入式（3－9）和式（3－10），可得：

$$Z_{低碳} = w^A_{一般} + w^B_{一般} - X^A_{一般} - X^B_{一般} \tag{3－11}$$

$$Z_{一般} = X^A_{一般} + X^B_{一般} - w^A_{一般} - w^B_{一般} \tag{3－12}$$

将瓦尔拉斯均衡法则应用于式（3－11）和式（3－12），如果 $Z_{一般}=0$，则必然有 $Z_{低碳}=0$，低碳商品市场和一般商品市场同时出清。

经过验证，我们发现消费者在存在低碳商品的市场上进行自由交易时，交换结果满足瓦尔拉斯均衡，市场交换效率是存在的。但这种市场交换效率有个显著特点，可以在低碳商品价格与一般商品价格的任何比较关系状态下存在，这种交易效率并不能保证消费者在低碳商品和一般商品之间进行选择时更加偏好低碳商品。例如在 $P_{低碳} < P_{一般}$ 条件下的瓦尔拉斯均衡中，在假设 $Z_{一般} = -(w^A_{一般} + w^B_{一般})$ 时，就意味着消费者 A 和消费者 B 的初始条件完全偏好低碳商品，在进行重新配置之后，也仍然选择低碳商品，同理，在 $P_{低碳} > P_{一般}$ 条件下，两个消费者在初始禀赋中完全放弃了低碳商品，偏好一般商品，在重新配置之后也仍然选择一般商品。这说明作为完全替代品的低碳商品和一般商品，价格对消费者的消费选择具有决定性的影响。如果低碳商品的价格大于一般商品价格，要想消费者境况最好，就要放弃减排目标，如果想要达成减排目标，市场就没办法达到帕累托效率最大化，意味着放弃市场效率。

从这个意义上看，低碳商品市场虽然存在交换效率，但这种交换效率并不具备经济策略价值，市场效率机制并不能做出有利于低碳消费的明确价格显示，使低碳商品价格自行回落并低于一般商品价格。这就需要政府干预手段介入，利用财政或者税收的政策工具达到降低低碳商品价格的目的。至此，我们证实低碳消费政策的介入对启动低碳消费十分必要。为了使我们的论证更为扎实，接下来我们从低碳消费者福利和低碳消费外部性两个视角进一步证实我们的观点。

第三节　低碳消费者剩余变化分析

在社会由高碳消费向低碳消费转换的过程中，消费者福利将受到影响，那么这种影响的表现是什么呢，可以通过低碳消费者剩余的变化来测度低碳消费对消费者福利的影响状况，我们用消费者剩余来衡量消费福利。由于低碳商品与普通商品具有完全替代性，低碳消费者对低碳商品的需求曲线可以采用范里安的完全替代品需求曲线表示（见图 3 - 7）。

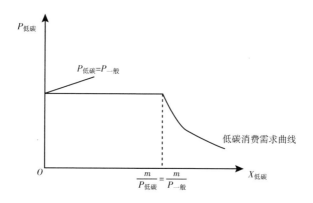

图 3 - 7　低碳商品需求曲线

当 $P_{低碳} > P_{一般}$ 时，低碳消费者剩余为零。当 $P_{低碳} \leq P_{一般}$ 时，低碳消费者对低碳商品的消费会出现消费者剩余，低碳消费者福利大于零。由此可知，在当前的技术条件下，低碳商品价格普遍高于一般商品，即 $P_{低碳} > P_{一般}$，低碳商品不会给消费者带来纯粹经济学意义上的福利，影响了消费者个人交易利得。但是当低碳商品价格与一般商品价格趋同或者低于一般商品价格时，低碳消费者剩余将大大增加，可见，低碳消费者剩余的变化具有重大意义，影响消费者剩余变化的外界干扰因素也就具有了十分重大的现实意义。

假设将一般商品向低碳商品转型的过程视同将低碳商品从价格

$P_{低碳}^{*}$ 上升到 $\dot{P}_{低碳}$，可令 $P_{一般} = P_{低碳}^{*}$，那么低碳消费者剩余的补偿变化可以被有效量化，过程如下。

首先，低碳消费在低碳商品和一般商品两者之间进行消费选择时，其效用函数可以采用范里安的完全替代品效用函数，即：

$$U(X_{低碳}, X_{一般}) = aX_{低碳} + bX_{一般} \tag{3 - 13}$$

其预算方程为：

$$P_{低碳}X_{低碳} + P_{一般}X_{一般} = M \tag{3 - 14}$$

这里 a、b 是度量低碳商品和非低碳商品对消费者的"价值"的某个正数。由于该效用函数为线性的，则低碳商品需求函数可完全由低碳商品价格来决定，有：

$$X_{低碳} = X_{低碳}(P_{低碳}) \tag{3 - 15}$$

当低碳商品价格为 $P_{低碳}^{*}$ 时，有：

$$X_{低碳}^{*} = X_{一般} = X_{低碳}(P_{低碳}^{*}) = X_{低碳}(P_{一般}) \tag{3 - 16}$$

此时，低碳消费者的总效用为：

$$U = aX_{低碳}^{*} + M - P_{低碳}^{*}X_{低碳}^{*}$$
$$即 aX_{低碳}^{*}(P_{一般}) + M - P_{一般}X_{一般} \tag{3 - 17}$$

当低碳商品价格升到 $\dot{P}_{低碳}$ 时，低碳消费者的总效用为：

$$U = aX_{低碳}(\dot{P}_{低碳}) + M - \dot{P}_{低碳}\dot{X}_{低碳} \tag{3 - 18}$$

令 C 代表低碳消费者剩余的补偿变化，是指在低碳商品价格提升后，为了使低碳消费者的效用境况保持不变，低碳消费者所需要补偿的额外货币量，此时有：

$$aX_{低碳}(P_{一般}) + M - P_{一般}X_{一般} = aX_{低碳}(\dot{P}_{低碳}) + C + M - \dot{P}_{低碳}\dot{X}_{低碳} \tag{3 - 19}$$

求解 C，有：

$$C = \left[aX_{低碳}(P_{一般}) - P_{一般}X_{一般}\right] - \left[aX_{低碳}(\dot{P}_{低碳}) - \dot{P}_{低碳}\dot{X}_{低碳}\right] \tag{3 - 20}$$

　　根据当前低碳市场价格体系实际状况，低碳商品的价格普遍高于一般商品，若消费者同时消费等量的低碳商品和一般商品，式（3-20）右侧为负值，即 C 为负值，说明消费者在消费低碳商品时的消费福利较一般商品消费福利有所降低。对于理性消费者而言，就会采取放弃低碳消费的消费决策。如果想让消费者做出低碳消费选择，就需要对消费者做出至少等价于 C 的消费福利补偿。市场机制无法自动完成该补偿，需要政府干预手段介入，制定有效的低碳消费政策来完成对消费者的低碳消费剩余补偿。那么采用何种补偿方式是有效的？我们继续探究式（3-20）的经济学内涵。

　　该式背后的经济学要义是：在消费政策设计上，低碳消费者剩余的补偿变化可视作补偿性经济激励措施，其补偿额度以 C 为参照系，如果补偿额度不足 C，则低碳消费者消费低碳商品的境况不如消费一般商品的境况，理性消费者将会摒弃低碳商品的消费方式；如果补偿额度等于 C，低碳消费者在低碳商品和一般商品上的消费选择没什么差异，两类消费行为对消费者的境况没什么影响；如果补偿额度大于 C，消费者会倾向于选择低碳商品，因为低碳商品消费大大改善了消费者的境况，但是这种行为会造成政府的负担，使政府的境况变糟，由此可见，政府对低碳消费者的经济补偿额度恰好为 C 是较为合适的。

　　关于低碳消费者剩余的等价变化，在数量上与补偿变化是相同的，但其经济学意义有很大不同，等价变化相当于对一般商品征税，设 E 为税收额，有：

$$aX_{低碳}(P_{一般}) - E + M - P_{一般}X_{一般} = aX_{低碳}(\dot{P}_{低碳}) + M - \dot{P}_{低碳}\dot{X}_{低碳} \quad (3-21)$$

求解 E，有：

$$E = \left[aX_{低碳}(P_{一般}) - P_{一般}X_{一般}\right] - \left[aX_{低碳}(\dot{P}_{低碳}) - \dot{P}_{低碳}\dot{X}_{低碳}\right] \quad (3-22)$$

　　从理论上看，对低碳消费者选择低碳商品的消费行为，无论是对一般商品征税还是对低碳商品进行补偿，二者对低碳消费者福利均可起到补偿作用，而且补偿效果是一致的。

第四节　低碳消费的外部性分析

经济学家在发现生产领域会产生外部性时，就指出消费领域也会发生同样的经济现象，二者遵从同样的经济分析逻辑，在个人成本、社会成本或者个人收益、社会收益之间进行边际比较，判断、测度市场效率损益情况。伴随环境、生态问题逐步进入经济学视野，环境消费的外部性研究日渐增多，消费外部性分析范式也日渐成熟。现有研究表明：消费外部性是指个人或家庭的消费行为影响他人或社会，但个人或家庭并未因此给予相应补偿或取得相应报酬（俞海山、朱福建，2008）。低碳消费也仍然存在外部性问题，消费者在进行低碳商品消费时，消费行为会直接或间接促进全社会降低碳排放，改善气候环境，给其他社会成员带来额外免费的环境享受，即正外部性。那么低碳消费正外部性的存在对市场效率和低碳消费政策的设计会产生什么影响呢？

假设低碳消费者 A 的效用函数为：$U_A = H(E_A, x)$，其效用最大化方程为：

$$\max U_A = \max H(E_A, \chi)$$
$$\text{s. t.}\quad P_{\text{低碳}} \chi X + P_E E_A = M_A$$
$$\chi \in [0, 1]$$

P_E 的经济学含义是社会为构建低碳环境所必须付出的经济补偿成本。

X 代表社会总产品，在某一时期是一个常数。

χ 代表低碳产品在社会总产品中所占的比例，该比例处于 0~1。

求解最优化，消费者 A 的需求函数为：

$$P_E = X \frac{H'_{E_A}}{H'_\chi} P_{低碳} \tag{3-23}$$

假设一般商品偏好者 B 的效用函数为 $U_B = F(E_B, \chi)$，其最优化模型为：

$$\max U_B = \max F(E_B, \chi)$$
$$\text{s.t.} \quad P_{一般}(1-\chi)X - P_E E_B = M_B$$
$$E_A + E_B = E_0$$
$$\chi \in [0, 1]$$

E_0 代表政府部门做出的强制性减排标准，要求社会的低碳环境不能低于这个标准。$1-\chi$ 代表一般产品在社会总产品中所占的比例，该比例处于 0~1。

求解最优化，消费者 B 的需求函数为：

$$P_E = -X \frac{F'_{E_A}}{F'_\chi} P_{一般} \tag{3-24}$$

两个消费者需求函数的经济学内涵如下。

第一，H'_{E_A}（或 F'_{E_A}）是低碳消费者效用函数对低碳环境变量的偏导数，代表低碳环境的边际值，即最后 1 单位环境的低碳化改变给消费者效用带来的变化。H'_χ（或 F'_χ）是低碳消费者效用函数对低碳商品消费变量的偏导数，代表低碳商品消费比例的边际值，即低碳商品最后 1 个比例单位的变化给消费者效用带来的变化。$\frac{H'_{E_A}}{H'_\chi}$（或 $\frac{F'_{E_A}}{F'_\chi}$）意味着要想获得更加合意的低碳环境就必须消费更高比例的低碳商品，同时也是衡量人们获得低碳环境所必须付出代价的边际参数值。

第二，式（3-23）和式（3-24）共同说明碳减排的经济成本与低碳产品价格和一般产品价格都有较强的关联性，式（3-23）表明减排成本会随着低碳产品价格的上升而增加；式（3-24）则意味着一般商品的消费行为对减排成本产生的是反向影响，消费低碳商品会削减减排成本。二者相对比说明要享受低碳的清洁环境，就要付出较高的经济代价，同时也意味着消费者要改变消费偏好，从一般商品偏好者向低碳商品偏好者转变。

第三，式（3-23）和式（3-24）的符号相反说明如果没有第三方干预，低碳商品偏好者 A 的消费行为就会承担全部的减排成本，一般商品偏好者 B 则获得了低碳环境带来的额外的全部收益，而不需要支付补偿代价。这样的结果对于低碳消费者显然是不公平的。

综合以上分析，低碳环境产权衡量标准为 P_E，以低碳商品价格作为参照系，则标准为低碳商品价格的 $X\dfrac{H'_{EA}}{H'_\chi}$ 倍，若以一般商品价格作为参照系，则标准为一般商品价格的 $X\dfrac{F'_{EA}}{F'_\chi}$ 倍。政府在做产权归属规定时，可以考虑两种方式，一种是对低碳消费给予经济补偿，补偿标准为 $X\dfrac{H'_{EA}}{H'_\chi}P_{低碳}$，另外一种是对一般商品消费进行课税，课税标准是 $X\dfrac{F'_{EA}}{F'_\chi}P_{一般}$。这两种方法都可以作为政府进行初始禀赋规制的量化标准，理论上这两种方法都可以使低碳消费市场实现帕累托效率。

低碳消费市场效率、低碳消费者剩余变化及低碳消费外部性三方面的理论分析，分别从不同角度论证了低碳消费市场存在初始禀赋路径锁定下的交换效率。具体表现为：在低碳商品价格与一般商品价格的任何比较关系状态下，消费市场交换结果均满足瓦尔拉斯均衡，具有帕累托效率，但是帕累托改进却不能改变消费者之间的最初配置禀赋及消费者选择偏好，消费者最初偏好哪一类商品，效率改进后仍然偏好同类商品。原因在于当前低碳商品市场和一般商品市场二者之间存在完全替代关系，以及低碳商品成本价格过高，市场对低碳商品和一般商品价格比例关系失去了调节能力，也就是说作为完全替代品的低碳商品和一般商品，价格对消费者的消费选择具有决定性的影响。这个结论为低碳消费政策体系建立指明了方向。

首先，低碳消费政策体系建设不能违背低碳消费市场效率原则，也就是说引导政策的设计不能以损害低碳消费市场效率为代价，向既减少排放又提高经济效益的方向发展。对于低碳消费政策体系建设来说，这与其说是政策体系建设的方向，不如说是对政策体系建设施加的双重目标要求，要求政策体系一方面要实现节能减排目标，另一方面还要实现经济效率目标，一是保证低碳商品在消费市场上可以通过公平自由的交易方式实现市场出清，二是保证低碳消费者在承担了减排职责时其消费者剩余不能受损。从表面上看，这个目标要求过于严苛，这样的政策体系也过于理想化，但是这并不影响我们将兼顾减排效率和经济效率作为低碳消费政策体系的优化方向，通过政策体系优化完善促使政策体系的减排效果和经济效果不断提高。

其次，结论指明低碳消费市场有效率的前提条件是市场交易参与者的初始禀赋路径具有锁定效应，这一前提条件给低碳消费政策体系建设如何选择路径指明了方向。通过政策机制设计改进消费者初始禀赋配置情况，调整商品选择者的偏好结构，使得消费市场上出现更有利于低碳消费倾向的有效率的均衡路径，这就给政策机制设计留出了巨大的发挥空间。

第四章 引致消费碳排放的估算及价值

引 言

家庭引致消费碳排放直接连接需求侧和供给侧，除了是低碳消费内容的重要组成部分，更是引发低碳经济内在发展动力的关键阀门。本章从定量分析视角验证引致消费对低碳消费的重要性及政策价值。本章研究内容共分为三节，第一节研究引致消费碳排放的定义及内容结构，第二节对我国引致消费碳排放进行估算，第三节分析引致消费碳排放的价值。

第一节 引致消费碳排放

一 从消费碳排放到引致消费碳排放

消费碳排放的广义内涵，实质上将消费碳排放等同于碳排放概念，强调碳排放与人类对碳的物理消耗过程息息相关。这个概念与Munksgaard 和 Pedersen（2001）以及 Peters（2008）提出的"消费排放"概念相去甚远，该概念提出背景根植于国际贸易间的碳排放公平问题，或者是由于商品在国际消费所引起的碳排放归属权问题，Munksgaard、Pedersen 和 Peters 在贸易内涵排放（Shui and Harriss，2006；Li and Hewitt，2008；齐晔等，2008；潘家华，2008）的基础上，用国内实际碳排放量减去净出口碳排放量之余值，称作"消费排放"。樊纲等（2010）则从最终消费角度来定义消费排放。这个碳排放量是切实给国内居民带来福利的排放数值，从公平分配原则来看，这才应该是我们承担减排责任的数值。消费碳排放的计算边界要远远大于消费排放。

按照社会生产环节的分类方式，消费碳排放包括生产环节的消费碳排放和终端消费环节的消费碳排放，这种分类方式实质上是从碳源面的角度来划分碳源归属，清晰表明碳排放来源，这里的终端消费环节的消费碳排放等同于家庭直接消费碳排放。按照消费主体的分类方式，包括企业消费碳排放和家庭消费碳排放。采用这种划分方式，企业消费碳排放和家庭消费碳排放之间存在引致消费关系，如图4-1所示。

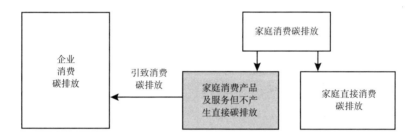

图4-1 引致消费碳排放示意

曾静静等（2012）系统梳理了家庭碳排放（家庭碳排放的内涵等同于家庭消费碳排放，二者概念可相互替代）内涵研究文献及界定概念边界，脉络清晰，本书直接引用了曾静静的梳理结论，详见表4-1。

表4-1 家庭碳排放内涵文献梳理

定义	研究者	内涵
家庭碳排放	Bin 等 Wei 等 Glolley 等 Wang 等 Papathanasopoulou Feng 等 Liu 等	家庭直接和间接能源需求产生的温室气体排放量

续表

定义	研究者	内涵
居民终端消费 CO_2 排放	刘晶茹等	居民家庭使用能源所产生的直接排放和为居民家庭生活提供消费品的生产部门在生产过程中所产生的间接排放
家庭 CO_2 排放	Kerkhof 等	居民家庭消费产品和服务的生命周期全过程 CO_2 排放情况
家庭碳足迹	Kerkhof 等 冯玲等	家庭或个人相关活动引起的直接和间接温室气体排放量或者家庭消费的产品（服务）全生命周期中产生的温室气体排放量
居民生活碳排放	张英杰等	居住与居民交通所产生的碳排放
居民生活消费的碳排放	冯玲等	居民生活中的能源消耗引起的温室气体排放

资料来源：曾静静等（2012）。

　　文献中所指的家庭间接碳排放与本书定义的引致消费碳排放具有相同的内涵及边界。那么企业消费碳排放、家庭直接消费碳排放、家庭引致消费碳排放与樊纲等定义的消费排放之间是什么关系呢，从图4－2显示的概念间的逻辑关系来看，家庭直接消费碳排放、企业消费碳排放与公共部门消费碳排放之和大于樊纲等定义的消费排放，因为图中左侧碳排放总和并没有剔除生产出口产品的碳排放。家庭引致消费碳排放的边界小于消费碳排放，因为后者包含了家庭直接消费碳排放。家庭引致消费碳排放的概念能更准确地表达出家庭间接消费碳排放与企业消费碳排放之间的经济关系。本书将家庭引致消费碳排放作为研究对象，而没有像以往文献那样把家庭消费碳排放作为研究客体，这与本书的研究主旨——家庭对低碳产品或服务的偏好程度是如何由政府部门、企业部门、消费部门三者形成的博弈关系是一脉相承的。

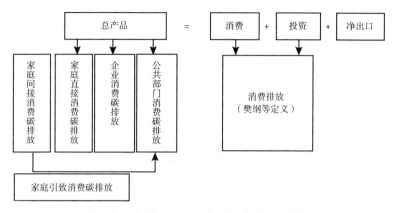

图 4 - 2　有关消费碳排放各定义普系示意

二　引致消费碳排放的内容范围

根据曾静静等（2012）的整理结果，学者们在与家庭间接消费碳排放有关的消费内容分类上，把消耗能源载体作为家庭直接消费碳排放来处理，如表 4 - 2 所示。但这类产品具有直接能源消耗产生碳排放和作为产品消费引致间接碳排放的双重属性，如果强调其引致消费碳排放属性，提高节能型载能产品对一般载能产品的替代率，就能达到既降低家庭直接消费碳排放又降低引致消费碳排放的双重减排目标。因此，将该类产品划分到间接碳排放类别。其他类型产品的划分方法为：以表 4 - 2 中间接碳排放对应的细分行业为参照系，同时考虑到数据的可获取性，精确细分行业类型参照《中国统计年鉴》中工业细分行业的划分方法，将二者相互对照确定本书研究家庭引致消费碳排放的计算内容。

表 4 - 2　家庭碳排放分类研究文献梳理

类别	指标体系	代表人物
直接碳排放	家庭直接消耗能源载体（供暖、空调设备、用水加热、制冷设备、照明与其他电器、炊事、电力）；私人交通（得用各种交通工具进行的长短途旅行）；食品；住房；服装；休闲娱乐；交通；其他	Bin 等；Wei 等；Golley 等；Wang 等；Liu 等；冯玲等；Weber 等；Munksgaard 等；Kok；张艳等；Reinders 等；Weber 等；Munksgaard 等；Reinders 等

续表

类别	指标体系	代表人物
间接碳排放	食品、非酒精性饮料、酒精性饮料、烟草与毒品；服装与鞋类；住房；家具、家庭设备与住房日常维护；交通（不包括燃料）；通信；文化娱乐；交通；酒店、咖啡馆与餐馆；杂项商品与服务（不包括社会保险服务、医疗保险、金融服务和其他服务）	Bin 等； Wei 等； Golley 等； Wang 等； Liu 等； Kok 等
	衣、食、住、行中的非能源商品和服务消费（食品、衣物、家具、家电、休闲娱乐、医疗、教育、商业、通信等）	冯玲等

资料来源：曾静静等（2012）。

第二节　引致消费碳排放的估算

一　估算办法

在碳排放量的具体计算方法上遵循两个基本计算技术。一是将排放系数法作为计算碳排放的根本方法，即：

$$EM_i = \sum_j em_{i,j} Q_{i,j} \qquad (4-1)$$

其中，EM_i代表第 $em_{i,j}$ 类产品及服务的总排放量，$em_{i,j}$ 代表第 i 类产品及服务的第 j 种能源碳排放系数，$Q_{i,j}$ 代表第 i 类产品及服务的第 j 种能源的消耗量。二是 Q_i 量值的获得技术。当前，此方面研究文献中提及众多测算方法，各方法间的差异性就表现在 Q_i 量值计算方法的差异性上面。例如，Bin 和 Dowlatabadi（2005）建立了消费者生活方式方法，充分考虑了个体或群体显著行为差异性、消费外部环境差异性等因素，在计算家庭直接消费碳排放方面具有显著优势，这些因素关系到家庭能源、燃料或产品的使用量估计。在家庭间接消费碳排放方面，通过双重交易量数据即生产侧与需求侧的交易量（体现为消费支出指标）及生产侧内部交易量（体现为中间消耗指标），再结合生产侧的能耗强度参数来计算家庭间接消费的能耗水平。再如，在三种生命周期法中，投入产出生命周期方法就直接表达为 Q_i 量值计算方法，强调以货币交易为基础的经济体系之间的依存关系，也强调货币价值形态的碳排放生命周期。本书采取将上述两种算法相结合的策略建立家庭引致消费碳排放计算模型。

第一步，将工业企业细分行业合并为家庭引致消费类别，包括价值量合并和能耗量合并。

$$Y_i = \sum_j y_{i,j} \tag{4-2}$$

$$Q_i = \sum_j Q_{i,j} \tag{4-3}$$

其中，Y_i 代表第 i 类产品和服务的总价值，$y_{i,j}$ 代表与第 i 类产品及服务相关的第 j 个细分行业产出价值（按可比价），Q_i 代表第 i 类产品和服务能耗量，$Q_{i,j}$ 代表与第 i 类产品及服务相关的第 j 个细分行业能耗水平（折标准煤）。

第二步，计算合并后每类产品和服务的能耗强度（$\frac{吨标准煤}{万元}$）。

$$q_i = \frac{Q_i}{Y_i} \tag{4-4}$$

其中，q_i 代表第 i 类产品和服务的能耗强度。

第三步，计算碳排放强度。

$$c_i = em_{co_2} \times q_i \tag{4-5}$$

其中，c_i 代表第 i 类产品和服务的碳排放强度，em_{co_2} 代表标准煤的碳排放系数。

第四步，将投入产出表中的细分行业直接消耗系数表合并为按家庭消费类别划分的行业直接消耗系数表。

$$A = (a_{i,m})_{8 \times 8}; \ a_{i,m} = \frac{x_{i,m}}{X_i} \qquad (4-6)$$

其中，A 代表合并后的行业直接消耗矩阵，$a_{i,m}$ 代表合并后第 i 类产品和服务对第 m 个行业的消耗系数，$x_{i,m}$ 代表合并后第 i 类产品和服务对第 m 个行业的消耗量，X_i 代表合并后第 i 类产品和服务生产时的总投入量。

第五步，计算考虑了中间消耗的家庭引致碳消费排放量。

$$EM_i = \sum_m C_i (I - A)^{-1} spending_i \qquad (4-7)$$

其中，I 指单位矩阵，$spending_i$ 代表消费者在第 i 类产品和服务上的消费支出。

二 数据处理

第一，8 大类引致消费行业产值数据。其中，7 大类引致消费行业产值数据由原工业细分行业产值数据按表 4-3 划分标准进行合并获得。在中华人民共和国国家统计局网站年度数据栏目①下可获得按行业划分规模以上工业企业销售产值数据，以该类数据作为我国工业细分行业总产值数据。在理论上，工业总产值 = 入库产品数量 × 产品单价（不含税），工业销售产值 = 出库产品数量 × 产品单价（不含税），这里我们假设企业入库产品数量和出库产品数量是一致的，同时考虑数据的可获得性问题，我们用按行业划分规模以上工业企业销售产值数据代替工业细分行业总产值数据不会对研究结果产生本质影响。当前获得的销售产值数据（2003～2012 年）是以当

---

① 相当于电子版的《中国统计年鉴》。

年价核算，现需要将当年价销售产值数据转化为按可比价核算的销售产值数据，用价格指数进行缩减的办法来处理。工业细分行业的出厂价格指数（PPI）可在中华人民共和国国家统计局网站年度数据栏查询，但是该数据为年距环比数据，需要将其转化为定比价格指数。按照国家统计局规定，自 1990 年以后，以 1990 年为基年，但是工业细分行业的环比价格数据仅从 2004 年开始较为全面，所以在定比价格指数处理上，本书只能以 2003 年作为基年，用环比连乘的办法推算出 2004 ~ 2012 年 39 类工业细分行业的定比价格指数，经定比价格指数缩减之后的 8 类行业销售产值数据变化趋势如图 4 - 3 所示。

表 4 - 3 家庭消费类型划分

	消费大类	相关行业
1	杂项商品及服务类	烟草制品业;农副食品加工业;食品制造业;饮料制造业
2	服装类	纺织业;皮革、毛皮、羽毛及其制品业;纺织服装、鞋、帽制造业
3	居住类	燃气生产和供应业;电力、热力的生产和供应业;水的生产和供应业;金属制品业;非金属矿物制品业;石油加工业;家具制造业;木材加工及木、竹、藤、棕、草制品业
4	家庭电器设备类	电气机械及器材制造业
5	文化娱乐用品及服务类	造纸及纸制品业;文教体育用品制造业;印刷业及记录媒介的复制
6	医疗保健类	医药制造业;化学工业
7	交通及通信类	通信设备;计算机及其他电子设备制造业;交通运输设备制造业
8	其他类	文教卫生、垃圾废弃物处理等

资料来源：曾静静等（2012）。

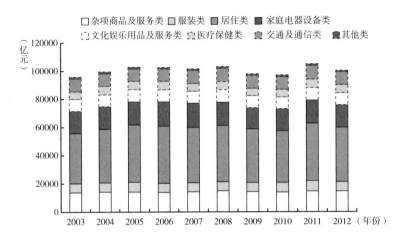

图 4 - 3 2003～2012 年各行业销售产值数据变化趋势

从家庭引致消费行业产值结构上看，与居住类相关行业的产值占比最大，其次是家庭电器设备类和杂项商品及服务类，也就是说家庭在这三类相关产品上的消费对工业行业发展具有较强的带动作用。

第二，8 大类引致消费行业能源消耗数据。8 大类引致消费行业能耗数据由原工业细分行业能耗数据按表 4 - 3 划分标准进行合并获得。工业细分行业能耗数据（2003～2012 年）可以从《中国能源统计年鉴》（2004～2013 年）上全部获得，全部折标（将其他能源折合成标准煤）之后的能源数据，能源结构及变化趋势如图 4 - 4 所示。在家庭引致消费行业中，居住类行业的能耗水平最高，而且所占比例呈现逐年增大的趋势，其次是医疗保健类行业。其中，家庭电器设备类行业的能耗水平较低，虽然其能耗水平较低，但是在家庭节能中具有特殊功效。

第三，8 大类引致消费行业能耗强度数据。在上文数据基础上根据公式（4 - 4）可计算出 8 类行业的能耗强度，其变化趋势如图 4 - 5 所示。

从能耗强度看，医疗保健类行业的能耗强度是最高的，其次是居住类行业，服装类行业和交通及通信类行业能耗强度属于第三序列。

第四，8 大类家庭消费支出数据。居民家庭消费支出数据，在

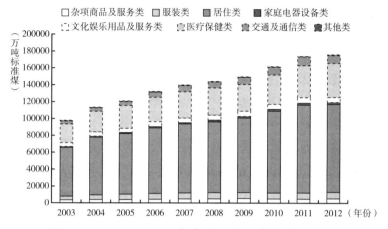

图 4 - 4　2003～2012 年各行业能耗数据变化趋势

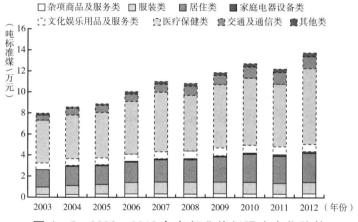

图 4 - 5　2003～2012 年各行业能耗强度变化趋势

《中国统计年鉴》上将其划分为城镇居民家庭消费支出和农村居民家庭消费支出两个子指标，在年鉴上直接获得的消费支出数据（2003～2012 年）是按当年价核算的数据，需要利用城镇居民家庭的定基消费价格指数（以 2003 年为基年）和农村居民家庭的定基消费价格指数（以 2003 年为基年）分别对当年价消费支出数据进行缩减折算。在《中国统计年鉴》上获得的消费价格指数为年距环比，需要使用连乘方式转化成定比价格指数，经过上述处理办法缩减后的城镇和农村居民家庭（人均）可比消费支出分别如图 4-6、图 4-7 所示。

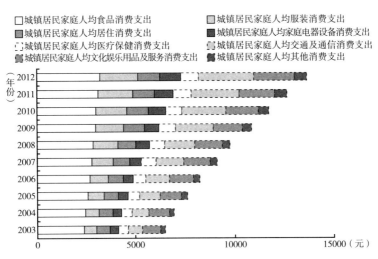

图 4 - 6 2003～2012 年城镇居民家庭（人均）可比消费支出

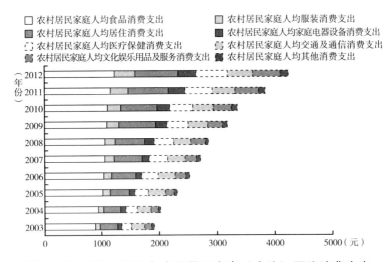

图 4 - 7 2003～2012 年农村居民家庭（人均）可比消费支出

从城镇和农村居民家庭（人均）可比消费支出比较情况来看，食品类和医疗保健类消费在农村家庭（人均）可比消费支出中占比要大于城镇居民家庭，并且占比逐年增大，速度也要快于城镇居民家庭。服装类、交通及通信类和文化娱乐用品及服务类消费的情况正好相反，城镇居民家庭人均消费支出占比和增速都高于（快于）农村居民家庭，尤其是在交通及通信类的消费支出上，城镇居民家庭的领先优势更为显著。这里值得关注的是居住类消费，农村居民家庭的消费支出占比要显著高于城镇居民家庭，而且消费增速也要远远快于城镇居民家庭。

第五，7大类家庭引致消费行业直接消耗系数数据①。合并后行业的直接消耗系数的计算方式是在原工业细分行业投入产出表基础上按照表4-3合并标准先归并后计算消耗占比，具体见公式（4-6）。由于我国投入产出表的统计及发布频率低，每隔2~3年发布一次，所以在国家统计局公布的电子年鉴上只获得了属于本书研究时段内3年的投入产出数据，即2005年、2007年和2010年投入产出表，对这三张表进行合并后得到家庭引致消费行业直接消耗系数如表4-4、表4-5和表4-6所示。

表4-4　中国2005年工业投入产出直接消耗系数

	食品类	服装类	居住类	家庭电器设备类	文化娱乐用品及服务类	医疗保健类	交通及通信类
食品类	0.577876	0.0314862	2.61082E-05	0	0.02011	0.0135603	0
服装类	0.007094	0.6769141	0.018697291	0.005256	0.036535	0.0120249	0.0077737
居住类	0.111265	0.0567695	0.601386071	0.20972	0.140112	0.1946645	0.1397615
家庭电器设备类	0.00447	0.0049641	0.076515157	0.27971	0.033333	0.0066167	0.096254
文化娱乐用品及服务类	0.07421	0.0206107	0.05860947	0.068701	0.389998	0.0313176	0.0210676
医疗保健类	0.13085	0.169494	0.121178543	0.296277	0.221793	0.6905571	0.1178396
交通及通信类	0.094235	0.0397614	0.12358736	0.140336	0.158119	0.051259	0.6173036

注：杂项商品及服务类中主要是食品类。

---

① 由8类变成7类的原因是，国家统计局在家庭消费支出类别上进行划分时按照7类划分，没有其他类别这一项，所以为了前后计算口径一致，在做投入产出直接消耗系数表合并的时候，也按照7类做的合并，而不是前面提到的8类。

表 4 - 5 中国 2007 年投入产出直接消耗系数

	食品类	服装类	居住类	家庭电器设备类	文化娱乐用品及服务类	医疗保健类	交通及通信类
食品类	0.623132	0.039966	0.009734	0.008176	0.025348	0.023426	0.007994
服装类	0.005869	0.695918	0.015442	0.008907	0.072983	0.017882	0.011622
居住类	0.090527	0.043868	0.707166	0.191051	0.154867	0.19562	0.17418
家庭电器设备类	0.00509	0.003593	0.047254	0.340309	0.029541	0.005051	0.051821
文化娱乐用品及服务类	0.077593	0.025091	0.031155	0.038641	0.346294	0.028855	0.019326
医疗保健类	0.098756	0.151962	0.098963	0.206411	0.212245	0.678173	0.079796
交通及通信类	0.099034	0.039601	0.090285	0.206505	0.158721	0.050993	0.65526

表 4 - 6 中国 2010 年投入产出直接消耗系数

	食品类	服装类	居住类	家庭电器设备类	文化娱乐用品及服务类	医疗保健类	交通及通信类
食品类	1.845218	0.043082	0.00904	0.012642	0.019546	0.024999	0.008395
服装类	0.016341	0.733034	0.014312	0.013897	0.0352	0.018743	0.013084
居住类	0.239681	0.041975	0.694907	0.28825	0.12222	0.188547	0.173747
家庭电器设备类	0.013037	0.003511	0.043418	0.510945	0.027365	0.004726	0.053789
文化娱乐用品及服务类	0.203334	0.028629	0.056357	0.104617	0.466673	0.041566	0.045963
医疗保健类	0.25135	0.147717	0.099323	0.284647	0.189896	0.690278	0.082584
交通及通信类	0.289293	0.045133	0.091684	0.30859	0.158646	0.05614	0.630834

第六，计算考虑中间投入的能耗强度。根据投入产出直接消耗系数表的基本经济思想，表中第一象限所对应的消耗系数矩阵列向量反映的是每一个行业对出产每一件产品的要素贡献度，当然其中也体现了能耗的贡献度，所以用行业能耗强度行向量与矩阵中的列向量做乘积运算就可体现其他行业对该行业的中间投入程度了。根据该思想建立的矩阵计算方程如下：

$$\tilde{q}_i^{\,year} = c_i^{\,year} \times A^{year} \qquad\qquad (4-8)$$

其中 $\tilde{q}_i^{\,year}$ 代表合并后的第 i 个行业考虑了中间投入的某年的能耗强度矩阵，为 1×7 的行向量。$c_i^{\,year}$ 代表合并后的第 i 个行业的没有考虑中间投入的某年的能耗强度矩阵，为 7×7 的行向量。A^{year} 代表合并后的我国工业某年的直接消耗系数矩阵，为 1×7 的矩阵。利用 Eviews 8 软件根据式（4-8）进行矩阵计算，计算结果如表 4-7 所示。

表 4-7　2005 年、2007 年和 2010 年我国工业投入产出直接消耗系数

	2005 年	2007 年	2010 年
食品类	0.766931	1.107323	3.407342
服装类	0.95888	1.801509	1.930165
居住类	1.44269	2.165734	2.639661
家庭电器设备类	3.016855	1.792739	3.065611
文化娱乐用品及服务类	1.04352	1.965822	2.088499
医疗保健类	1.155332	4.310227	5.013498
交通及通信类	0.816334	1.35937	1.701067

三　估算结果

首先，需要根据数据处理中所获得的数据分别计算城镇家庭和农村家庭引致消费碳排放，计算公式如下，

$$EMS_i^{\,year,city} = tc \times \tilde{q}_i^{\,year} \times spending_i^{\,year,city} \qquad (4-9)$$

$$EMS_i^{\,year,rural} = tc \times \tilde{q}_i^{\,year} \times spending_i^{\,year,rural} \qquad (4-10)$$

其中，$EMS_i^{year,city}$ 和 $EMS_i^{year,rural}$ 分别代表城镇居民家庭和农村居民家庭的第 i 个行业（合并后）的引致消费碳排放，$spending_i^{year,city}$ 和 $spending_i^{year,rural}$ 分别代表城镇居民家庭和农村居民家庭在第 i 个行业（合并后）的人均消费支出，tc 代表标准煤的碳排放系数，单位为吨碳/吨标准煤。关于 1 吨标准煤完全燃烧产生的"二氧化碳"（CO_2）的"碳排放系数"（C）的确定问题，我国国家发改委能源研究所推荐值为 0.67，日本能源经济研究所参考值为 0.68，美国能源部能源信息署参考值为 0.69，本书取平均值进行计算，即 1 千克标准煤的"碳排放系数"为 0.68，如果将碳排放折合成二氧化碳排放的话，1 吨碳相当于 3.67 吨二氧化碳，即 1 吨标准煤的二氧化碳排放系数为 2.4958，本书计算的是"二氧化碳"的排放量。根据式（4-9）和式（4-10）计算的农村居民家庭、城镇居民家庭引致消费碳排放量如表 4-8 和表 4-9 所示。

表 4-8 2005 年、2007 年和 2010 年我国农村居民家庭引致消费碳排放

单位：吨二氧化碳

	2005 年	2007 年	2010 年
食品类	0.053033	0.078901	0.256576
服装类	0.009936	0.024357	0.036622
居住类	0.03263	0.069525	0.110748
家庭电器设备类	0.022853	0.017626	0.046169
文化娱乐用品及服务类	0.017212	0.041655	0.057481
医疗保健类	0.023192	0.087835	0.123561
交通及通信类	0.008805	0.018897	0.036166

表 4-9 2005 年、2007 年和 2010 年我国城镇居民家庭引致消费碳排放

单位：吨二氧化碳

	2005 年	2007 年	2010 年
食品类	0.135123	0.212124	0.697934
服装类	0.054072	0.134243	0.20989
居住类	0.072031	0.120046	0.190824
家庭电器设备类	0.093653	0.072666	0.18166

续表

	2005 年	2007 年	2010 年
文化娱乐用品及服务类	0.043156	0.092174	0.113855
医疗保健类	0.081283	0.422664	0.754935
交通及通信类	0.059664	0.121176	0.188884

接下来，根据表4-8和表4-9中的数据分析我国居民家庭的引致消费碳排放情况。从二者对比角度来看，城镇居民家庭的引致消费碳排放要大于农村居民家庭。如图4-8所示，城镇居民家庭引致消费碳排放与农村居民家庭引致消费碳排放的比值均大于1，而且大多数行业的比值大于2。尤其在医疗保健类行业上，二者之间的比值逐年增大，说明二者之间的鸿沟在扩大。

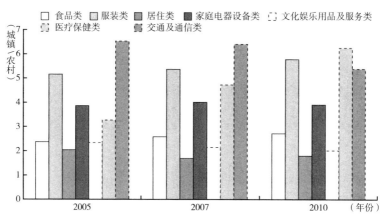

图4-8 2005年、2007年和2010年城镇、农村居民家庭引致消费碳排放比值变化趋势

从引致消费碳排放的内部结构来看，我们以2010年的数据为例，分别将农村居民家庭引致消费碳排放和城镇居民家庭引致消费碳排放的数据做成饼状图，如图4-9和图4-10所示，农村居民家庭引致消费碳排放结构中，排序顺序为食品类—医疗保健类—居住类—文化娱乐用品及服务类—家庭电器设备类—交通及通信类—服装类，其中食品类引致消费碳排放量是最高的，医疗保健类次之，二者引致碳排放量合计达到总碳排

放量的 57%。城镇居民家庭引致消费碳排放结构中，排序顺序为医疗保健类—食品类—居住类—服装类—家庭电器设备类—交通及通信类—文化娱乐用品及服务类，其中医疗保健类和食品类的引致消费碳排放量仍然是最高的，占比高达 62%，居住类、服装类、家庭电器设备类、交通及通信类引致碳排放量属于第二梯队，占比基本持平，合计占比为 33%。

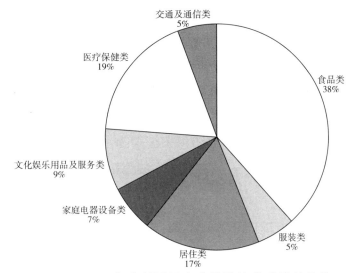

图 4-9　2010 年农村居民家庭引致消费碳排放结构

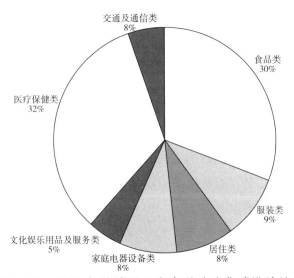

图 4-10　2010 年城镇居民家庭引致消费碳排放结构

从动态角度看，家庭消费引致碳排放总体上呈现不断增加的态势，如图 4 – 11 和图 4 – 12 所示，并且城镇居民家庭的引致消费碳排放增长速度相对快于农村居民家庭的引致消费碳排放增长速度。

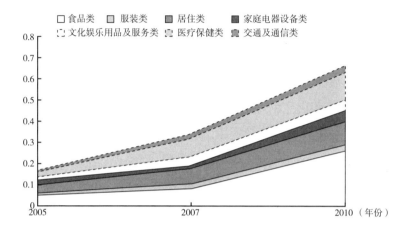

图 4 – 11　2005～2010 年农村居民家庭引致消费碳排放变化趋势

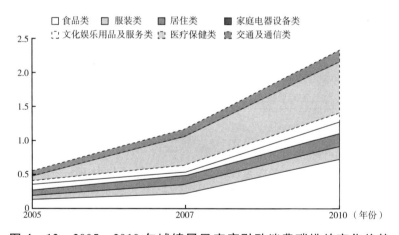

图 4 – 12　2005～2010 年城镇居民家庭引致消费碳排放变化趋势

第三节　引致消费碳排放的价值

测算结果显示：在我国无论是城镇居民还是农村居民，人均引致消费碳排放水平都在逐年上升，家庭引致消费碳排放在我国的碳排放中的影响越来越大。

根据世界银行对外公布的全球各国（地区）的碳排放数据，2005年、2007年、2010年我国人均碳排放分别为 4.4 吨、5.2 吨、6.2 吨[①]，我国农村居民人均引致消费碳排放分别为 0.17 吨、0.34 吨、0.67吨，所占人均碳排放比例分别为 3.9%、6.5% 和 10.8%；我国城镇居民人均引致消费碳排放分别为 0.54 吨、1.18 吨、2.34 吨，所占人均碳排放比例分别为 12.3%、22.7% 和 37.7%。城镇居民引致消费碳排放要远远高于农村居民引致消费碳排放，具体如表 4 - 10 所示。

表 4 - 10　2005 年、2007 年和 2010 年我国人均引致
消费碳排放占总碳排放比例

单位：%，吨

	2005 年	2007 年	2010 年
我国人均碳排放	4.4	5.2	6.2
我国农村居民人均引致消费碳排放	0.17	0.34	0.67
我国城镇居民人均引致消费碳排放	0.54	1.18	2.34
我国农村居民人均引致消费碳排放占比	3.9	6.5	10.8
我国城镇居民人均引致消费碳排放占比	12.3	22.7	37.7

表 4 - 10 说明我国人均引致消费碳排放在人均碳排放中所占比例在逐年增加，其中城镇居民人均引致消费碳排放所占比例在 2010年时高达 37.7%。这一变化趋势充分说明我国建立低碳消费引导政策十分必要。假如引导政策的激励作用可以促使家庭降低 10% 的引致消费碳排放，那么城镇家庭的碳排放最少可降低 3.8%，农村家庭可降低1.08%，尤其是取得这些减排成果不但没有损害相关产业的经济效率，还会对这些产业的转型升级产生强劲拉动力。由此可见，低碳消费引导

[①] 我国人均碳排放的数据主要来源于世界银行数据库（http://data.worldbank.org/topic/climate-change）。

政策制定得越科学，激励效果越好，对社会减排的贡献越大，这说明低碳消费引导政策对我国经济、社会发展特点是适宜的，而且是必要的。

值得注意的是，如果考虑贸易不平衡状况，由于我国在改革开放之后，国际贸易始终处于商品出口大于进口的状态，但是生产商品所产生的碳排放并没有伴随商品的出口而走出国境，这反映在能耗强度指标上为 $q_i = \dfrac{Q_i}{Y_i}$，相当于分子减去净出口部分的产值，即 $q_i' = \dfrac{Q_i}{Y_i - Y_i^{净出口}}$，由此，$q_i' > q_i$，说明如果考虑国际贸易不平衡的情况，我国居民的碳排放消费福利是有所降低的，最终我国居民的人均引致消费碳排放和引致消费碳排放占比要比表 4－10 中计算的结果有所增加。由此可见，在贸易不平衡时我国居民引致消费碳排放比平衡条件下的碳排放量大，说明二者对我国引致消费碳排放的影响方向是一致的，更加印证了通过政策工具引导人们低碳消费的必要性。

该实证过程还得出一些比较有意义的结论。

第一，家庭在食品、居住、医疗保健、交通方面的消费需求旺盛，需求规模大，所产生的引致碳排放在快速增长。这个结论对我国设计低碳消费引导政策工具有启发意义。在执行政策的财政投入受到约束的前提下，政策对象的选择就必须做出轻重缓急的时间序列安排，该结论恰好为该序列安排提供了选择依据。

第二，需求侧内部不同属性的碳排放间建立起有机联系。根据前文的分析，需求侧碳排放共包括两部分，居民家庭生活碳排放和居民家庭引致消费碳排放，本章虽然没有对居民家庭生活碳排放做具体测算，但居民家庭生活碳排放在需求侧碳排放中的重要性是不容忽视的。根据当前对居民家庭生活碳排放的主流研究成果，如陈飞和诸大建（2009）等学者的研究显示居民家庭碳排放主要包括居住碳排放和交通碳排放，这两部分的碳排放一方面与居民家庭的生活方式息息相关，另一方面与载能设备密切相关。通过政策机制设计改变居民家庭的生活方式和家庭用载能设备的选择偏好，是降低居民家庭生活碳排放的有效途径。其中居民家庭引致消费碳排放分析中的家电行业较为特殊，尽管在家庭引致消费碳排放序列中，家电行业碳排放所占比重并不大，但家电行业既是家庭引致消费碳排放的载体，又是家庭直接消费碳排放的耗能载体，本身兼具引致排放和直接排放的双重属性，强调家电产品的节能功效对家庭减排具有特殊意义。该结论也为我国设计低碳消费引导政策工具提供了参考依据。

第五章 低碳消费媒介形象

引 言

　　低碳消费除了是一种经济现象外，还是一种社会现象，低碳消费环境在引导低碳消费潮流和扩大消费规模上具有重要作用。本章从媒介形象视角，将低碳消费置于超过经济过程的更广泛的社会关系之中对我国低碳消费环境状况进行了阐释，发现低碳消费基于共享价值的社会属性尽管令人耳目一新，却淹没于晦暗不明的新闻报道中。例如，媒体虽为低碳消费树立了政策宣传和低碳劝诫形象，但忽略个人理性的媒介形象弱化了低碳消费动机，非群体区隔化的媒介形象阻碍了从众低碳消费行为介入，准强制式媒介形象导致低碳消费心理疏离。良好的媒介形象在于对消费者心理需求结构的情景创造，于此，适宜的社会建构路径为：建立与低碳消费需求动机相匹配的信息文本结构，营造能够激发行为反应的低碳消费拟态环境，基于社会时间视角提高低碳消费媒介形象报道的连续性。本章内容共分为三节，第一节分析低碳消费的社会意义及行为函数，第二节对中国低碳消费媒介形象进行实证研究，第三节对低碳消费媒介形象问题进行反思并提出建构路径。

第一节　低碳消费的社会意义及行为函数

一　维维安娜·泽利泽的消费阐释与低碳消费

　　传统经济学视阈内的研究对象中，消费给经济学家带来的困扰尤甚，表现为认知边界宽泛而缺乏一致性。除了经济学家之外，人类学家、文化心理学家、历史学家、社会学家等都对消费给予了理论阐释。维维安娜·泽利泽在其《文化与消费》一文中，将消费明确界定为"所有的消费都建立在共享观念及其所表现的意义和文化上。理解消费的秘诀在于仔细观察文化、社会关系和经济过程是如何互动的"，她对消费的认知更为宏观及综合，为我们展示了一幅消费概念边界的拓扑图。如果我们从维维安娜·泽利泽的视角来观察低碳消费，就会发现低碳消费还涵盖着尚未被认知到的意义截面，这也进一步促使我们对低碳消费重新理解和对其外延进行拓展。低碳消费的原有解释被限定在"降低碳排放"的语义范畴内，那么"能够减少碳排放的消费行为"就成为低碳消费的基础意义或者意义内边界。如果将维维安娜·泽利泽的共享观念及意义作为低碳消费的意义基础，那么低碳消费意义外边界就会出现多维意义截面。

经济学家从经济过程看消费，维维安娜·泽利泽总结为"将偏好的社会决定置于分析中心"。可见经济学家研究消费的重点在于解析偏好决定问题，且主流研究倾向于建立自我关怀的真空式效用函数，即"涉及消费者偏好的整体变化和多样化时，他们就撒手不干了"。按照这样的分析逻辑，低碳消费效用函数中的自变量选择约束相当严格，被限定在自我相关行为因素范畴之内。那么，此语境下的减排行为也仅限定在传统经济理论框架之内，并隐喻着将减排性的消费行为与传统的非减排性消费行为对立起来，形成替代之势。体现在政策设计语言上，就是通过激励机制设计用低碳消费模式替代传统消费模式，进而完成低碳经济过程建构。不过这并不是理解低碳消费的唯一出口。从人类学家、历史学家、文化研究者的角度理解消费，对物质商品本身的非物质属性的认知将消费从传统经济理论框架中解放出来，于是消费具有了以"心理、身份和文化"为特征的"表现性行为"意义，或者理解为：消费在非物质意义上体现为社会符号或者文化符号的表达，消费则进入了社会关系范畴，更引申出"共享意义"。由此，低碳消费被赋予了新的意义，也为低碳消费政策手段创新开辟了新领域。这也是我们在本书中讨论的关键内容。

关于低碳消费新意义的讨论，我们要回答两个问题，低碳消费的社会符号意义是什么？体现了怎样的社会关系？

低碳消费将是人类社会后工业文明变迁的"表现场所、原因和结果"。人类社会走过了原始文明、农业文明、工业文明，进入后工业文明时代，"后工业文明可以理解为克服了工业文明弊端的形态，其中之一就是克服了工业文明时期非常严重的环境弊端"（刘海霞，2011）。低碳消费作为解决气候环境问题的重要人类行为方式，其行为本身就是以生态文明建设为主要内容之一的时代变迁的特征体现，也是时代变迁的重要推动力，同时也是时代变迁成果的最终享有者。由此可见，低碳消费是后工业时代文明变迁的社会符号和意义表达。

低碳消费表现的是一种人与人、人与自然的"关系性行为"，在人与人的关系上充分体现了共享意义。无论是低碳行为结果本身还是行为过程均在共享意义中完成，比如，个体低碳消费行为会产生致使他人受益的减少温室效应和极端气候问题的良好结果；低碳消费行为过程中的具体分享模式设计（被称为"共享经济"）则又完成了低碳消费的减排目标及结果意义。这种个体消费会被他人贴上具有利他主义的环境意识的赞许标签，这样无论是个体消费者还是消费行为的受益者都在社会互动过程中形成了群体性低碳态度和倾向。此时，低碳消费代表人类深埋已久的与环境共生共享意识的觉醒，并最终上升到低碳文化觉醒。总结一下就是低碳消费由行为主义上升到超行为主义，超行为主义反过来激励强化原行为发生。这个社会关系的动态过程很有政策意义，为低碳消费政策工具设计提供了新方向和新思路。

综合上述分析，低碳消费的全部意义包括：处于经济过程中的减少碳排放的消费行为；处于社会关系中的共享意义；处于社会变迁过程中的社会符号和意义表达。

二 低碳消费媒介形象与低碳行为

由低碳消费的三层意义提炼出的低碳消费效用函数为：

$$U = U(X, R)$$

其中 X 代表消费者低碳消费行为，R 代表其他社会群体的行为、态度。关于这个低碳消费效用函数，我们需要洞察两个逻辑关系。

效用函数因变量与自变量的关系。X 与 R 对 U 均表现为正向关联，消费者低碳消费行为的增强会增加其总效用，其他群体对低碳消费行为的态度越积极，该消费者的总效用越会增加。那么 R 对 U 的促进作用是通过第二个关系，即 R 与 X 的关系来完成的，二者表现为同向变化关系。R 在某个层面上也可以理解为低碳消费的媒介形象，此处媒介形象可以从主观和客观两个方向来理解，社会群体对低碳消费的行为表现和态度是社会媒介树立低碳消费形象的基础，反过来，媒介对低碳消费形象的选择和社会建构过程又具有显著的主观性和倾向性。低碳消费媒介形象对低碳消费行为起到一定的引导和鼓励作用，而且是潜移默化的影响。

第二节　中国低碳消费媒介形象实证

一 研究方法

本研究采用内容分析的方法，对低碳消费的新闻报道进行编码及统计分析。具体操作方法如下：以"低碳消费"为主题，在中国学术文献网络出版总库"中国重要报纸全文数据库"中进行检索，共有报道记录 99 条（检索时间：2017 年 4 月 26 日）。本书选择全样本法，将 99 篇报道作为内容分析的对象。

本书需要验证的基本问题是：以低碳消费媒介形象为核心内容

的 R 变量对我国低碳消费行为的影响状况。基于此基本思想来设计编码选项，相关变量包括以下几类。

1. 低碳消费报道分布变量

这类变量代表社会媒介对"低碳消费"的关注程度和连续性问题。可以细分为时间分布变量和媒体分布变量。

2. 低碳消费报道主题变量

这类变量代表整篇报道的主题思想，包括概念描述、减排行动倡导（低碳消费）、低碳产品投资宣传、低碳政策宣传四个主题变量。每个主题的判断方法是分别从标题、关键词、报道内容基本倾向和暗喻四个方面按先后顺序逐一甄别与上述四个主题变量的匹配程度，然后再将四个方面综合起来分析判断来印证前面的匹配是否合理。

3. 低碳消费媒介形象及气质变量

这类变量代表整篇报道所表现的气质特征或者塑造的低碳消费公众形象。设计低碳劝诫、引领消费时尚、环境友好、节约经济、政策宣传五种气质形象变量。其具体判断过程为：针对每篇报道，在确定主题的基础上，研究团队再根据整篇报道的态度基调、社会影响估测或者关键词情绪色彩等方面进一步判断该主题的形象气质特征。

为了避免因单一个体在文献变量理解上的主观偏误而导致实证研究信度、效度偏低问题出现，课题组每个成员首先在相互独立及同一编码框架下同时对全样本文献阅读理解判别变量信息类型，这一环节旨在使每个个体的初始研读判断不受他人信息干扰进而确保信息提取的客观性和真实性。此外，在筛选出全部成员取得共识判断的信息变量之后，将未取得共识的信息变量分成两类，一类是多数成员有共识的，组内讨论分析商榷最终取得共识；另一类是完全没有取得共识的，需要引入 2 名组外专家参与分析讨论并最终取得共识。

二 实证结果

1. 低碳消费新闻报道的分布规律

在 CNKI 数据库所收录的所有报纸媒介中，进行低碳消费新闻报道的报纸共有 35 种，占报纸总量的 7%。以"低碳消费"为关键词的报道共涉 99 篇，其中全国范围发行的报纸报道有 70 篇，报道量占比为 70.71%；省级范围发行的报纸报道有 12 篇，报道量占比为 12.12%；地方范围发行的报纸报道有 17 篇，报道量占比为 17.17%（见图 5 - 1）。该分布状态说明低碳消费问题的国家关注要强于省级和地方关注，意味着省级和地方推进低碳消费的动力并不强劲。从低碳消费报道的时间分布来看，报道的集中度偏高，报道量主要集中于 2010 年，该年的报道量为 45 篇，占总报道量的 45.45%。其余年份最少报道量为 0，最多报道量也不过 11 篇，分别是 2009 年和 2013 年，占比均为 11.11%，具体如图 5 - 2 所示。这样的时间分布状态说明媒体对低碳消费问题的关注并不具备持续性。

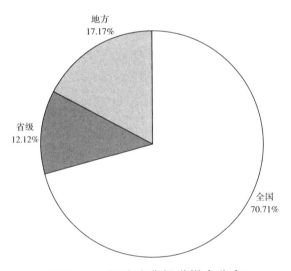

图 5 - 1 低碳消费报道媒介分布

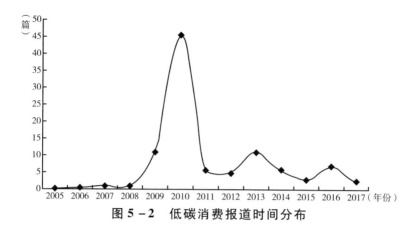

图 5 - 2　低碳消费报道时间分布

2. 低碳消费新闻报道主题

按照研究小组讨论商榷所共同确定的低碳消费新闻报道主题分类，从媒介分布来看，低碳产品投资宣传主题总报道量最高，为 38 篇，占总报道量的 38.38%，其次按降序排列依次为减排行动倡导（消费宣传）31 篇、低碳政策宣传 16 篇、概念描述 14 篇，分别占比 31.31%、16.16%、14.14%。在全国范围发行的媒介报道占比从高到低的主题分别是低碳产品投资宣传、减排行动倡导（消费宣传）、低碳政策宣传、概念描述。在省级媒介报道占比从高到低的主题与前者相同。在地方级媒介报道占比从高到低的主题报道顺序则是减排行动倡导（低碳消费）、低碳产品投资宣传、概念描述、低碳政策宣传，如图 5 - 3 所示。说明媒

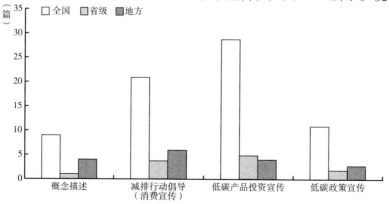

图 5 - 3　低碳消费报道主题各级媒介分布

介对低碳消费的关注更倾向于行动层面，而且宣传低碳产品供给行为的偏好要强于倡导低碳产品消费行为。从时间分布来看，各类主题报道量均在 2010 年达到顶峰，同时各类主题随时间变化趋势基本同步，如图 5 – 4 所示。说明媒介在进行低碳消费报道时受到某系统性因素（如政策）影响较大。

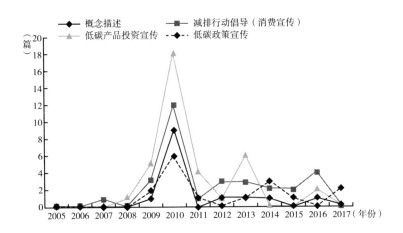

图 5 – 4　低碳消费报道主题时间分布

3. 低碳消费新闻报道形象气质

将每个低碳消费报道主题下所体现出的媒介形象进行归纳汇总后发现，出现频次最高的是政策宣传形象，报道量为 32 篇，占总报道量的 32.32%；其次为低碳劝诫形象，报道量为 25 篇，占总报道量的 25.25%；再次为节约经济形象，报道量为 19 篇，占总报道量的 19.19%；环境友好媒介形象报道量为 14 篇，占总报道量的 14.14%；引领消费时尚的媒介形象报道量最少，为 9 篇，占总报道量的 9.09%。政策宣传、低碳劝诫、环境友好及节约经济四类形象在全国范围发行报纸上的报道量较为集中，远远大于在省级及地方级报纸的报道量。相比较而言，省级和地方级报纸在引领消费时尚形象方面的报道占比要高些，如图 5 – 5 所示。从时间分布上看，除了政策宣传形象分别在 2010 年和 2013 年两个报道期集中之外，其他低碳消费媒介形象报道都集中于 2010

年，如图 5 -6 所示。同样印证了存在系统性因素影响媒体报道的结论，结合图 5 -5 的分析结论发现，该系统性影响因素为国家推进低碳经济发展的一系列政策要求，这也成为新闻媒介追求的新闻热点。

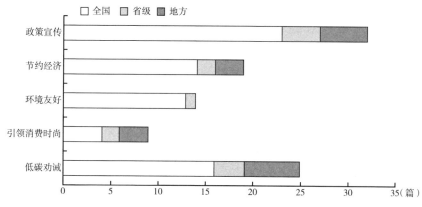

图 5 - 5　低碳消费报道形象媒介分布

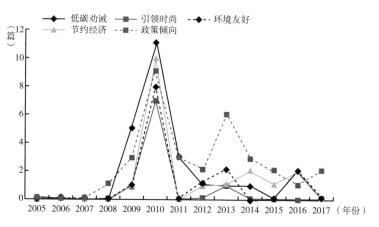

图 5 - 6　低碳消费报道形象时间分布

第三节　低碳消费媒介形象问题反思及建构路径

一　低碳消费媒介形象问题反思

我国低碳消费媒介形象可归纳为：倾向于树立政策宣传和低碳

劝诫形象，照顾环境友好及节约经济形象，弱化引领消费时尚形象。

媒介形象建设问题可归纳为：第一，低碳消费问题的国家关注和领域关注要强于省级和地方关注，意味着省级和地方推进低碳消费的动力并不强劲；第二，媒介对低碳消费问题的关注并不具备持续性；第三，媒介对低碳消费的关注更倾向于行动层面，而且宣传低碳产品供给行为的偏好要强于倡导低碳产品消费行为；第四，媒介在进行低碳消费报道时受到国家推进低碳经济发展的政策因素影响较大。

那么，这样的低碳消费媒介形象对我国低碳消费行为的影响如何呢？接下来我们结合社会建构理论与消费者行为理论来阐释二者之间的影响机理。

（一）忽略个人理性的媒介形象弱化了低碳消费动机

消费作为经济过程中的重要一环，无论是否考虑经济学及以外学科语境下消费行为意义的区别，均有"各种具体的行为目标统一于效用最大化目标"。可见，个体消费行为是以个人理性为基础而存在的。以政策宣传和低碳劝诫为主的低碳消费媒介形象则忽略了低碳消费主体的效用诉求。对于习惯于消费传统商品和服务的消费者而言，低碳消费尚属陌生事物，新闻媒体塑造的低碳消费形象会给从未有过低碳消费心理体验的消费者留下较为深刻的"首因效应"。那么该形象在由传播者编码到接收者解码的过程中，"印象"有可能被放大甚至扭曲。最后消费者对低碳消费的认知可能以这样的形象出现：或者低碳消费不实用；或者低碳消费与我无关；甚至于低碳消费只是一种政策口号，消费者丧失了尝试低碳消费的心理动机。

（二）非群体区隔化的媒介形象阻碍了从众低碳消费行为介入

维维安娜·泽利泽认为"消费作为一种表现性行为"，通过一种群体区隔手段，"将消费理解为社会地位的表现"或者至少"与生活质量紧密联系在一起"。那么，消费就成为人与人在社会关系网络互动过程中的一种"符号"显示，受他人影响的同时也可能影响他人。基于正的"需求连带外部性"的"从众需求"是一种非常重要的相互影响关系，"在同样的价格水平下，从众效应会扩大需求数量"。媒介在扩大从众需求过程中起到的消费"化学的"作用是不可替代的。传播者经过精心设计群体区隔手段来塑造某种消费符号形象并有效传播出去，进而建立市场消费示范及消费文化潮流，引导从众消费行为介入。关于社会区隔手段使用问题，Barber（1957）发现了价格水平是社会分层消费的有效区隔手段。当然，笔者认为采用哪种社会区隔手段不是固定的，而是可以创造的。

但是，以政策宣传和低碳劝诫为主的低碳消费媒介形象并没有引入任何社会区隔手段来树立低碳消费符号形象。低碳消费作为一种全新的消费模式，若想在消费者行为选择集合中替代传统消费模式，仅仅是枯燥乏味的概念传播很难引起消费群体心理共鸣，更难唤醒其采取低碳消费行动的行为动机。而大众媒介树立的低碳消费文化符号则会唤醒消费者的从众低碳消费动机，成为消费者低碳消费效用函数结构中的关键变量。

（三）准强制式媒介形象导致低碳消费心理疏离

实证结果表明低碳消费传播者与受众的关系是支配的关系，是疏离的关系。支配关系具体表现为：传播者根据自己的意图强行灌输低碳消费政策意图，或者由于传播者自身将低碳消费这件事理解为一种自上而下的政策行动，或者由于传播者更倾向于传播与其关系密切的政府信源意图。无论出于何种理由，传播者所建构的这种准强制式媒介形象给受众营造了一种态度倨傲的传播情境，自然衍生出疏离的关系。报纸媒介是满足消费受众"自信、稳定、自尊"

社会性需要的优选媒介。该需要"表现为三个方面：觉得自己有影响力，感觉他人与自己思路相同，感觉他人与自己愿望相同"。好的新闻报道需要与受众建立共享价值观，与受众需求之间形成刺激需要—表达需要—适应需要—满足需要的良性互动关系。但是报纸媒介在低碳消费新闻报道中所造成的疏离关系妨碍了低碳消费价值分享，并没有从本质上提高受众对低碳消费接受动机的强度、深度、高度、广度。

二 良好低碳消费媒介形象的适宜建构路径

（一） 建立与低碳消费需求动机相匹配的信息文本结构

报纸媒体属于再现性媒介，是传播"信息文本"的生产者。有效传播要求生产者的信息文本目标意义与受众的需求价值具有一致性。那么受众对低碳消费的价值需求或者期许形象是什么呢？低碳消费的本质仍然需要回归消费本身。为了能够将低碳消费有效移植进传播系统，首先需要将经济学语系下的效用价值结构翻译成文本意义分析框架能够识别的"意指"系统或者"符号"结构。对于消费受众而言，传播学中的心理需求结构与经济学中的消费效用结构可视作等内涵概念系统，我们从心理需求概念出发来建立低碳消费的需求结构及需求层次。低碳消费在产品物理功能方面的需求与一般商品是没有区别的，其区别在于非物理性需求，主要包括环境友好心理需求（利他主义）、节约经济需求（经济性利己主义）、时尚身份认同感需求（社会性利己主义）。消费受众对这些需求并不是同等对待的，按照需求动机的四个评价指标将这些需求排序（见表5-1）。在低碳消费的需求动机中，处于最高层次的是时尚身份认同感需求，处于中间层次的是节约经济需求，处于最低层次的是环境友好心理需求。

表 5 - 1 低碳消费心理需求分类及程度比较

	强度	深度	高度	广度
低	环境友好心理需求	环境友好心理需求	节约经济需求	环境友好心理需求
中	节约经济需求	节约经济需求	环境友好心理需求	时尚身份认同感需求
高	时尚身份认同感需求	时尚身份认同感需求	时尚身份认同感需求	节约经济需求

媒介在进行低碳消费新闻报道时应该以表 5 - 1 中所表达的受众心理需求层次作为报道文本策划的"所指"，可以选择不同"能指"（罗兰·巴尔特，2008）或"质料"建立符号系统，以此来树立低碳消费的媒介形象。媒介在选择所指内容的时候，可以选择某一层次的心理需求动机，也可以选择多层次需求相融合的方式，比如，将环境友好心理需求与时尚身份认同感需求相统一，将低碳式环境友好行为设定为时尚文化核心内容。

（二）营造能够激发行为反应的低碳消费拟态环境

"决定人们的思想、感情和行动的因素是他们的假环境和他们内心对于世界的认识"（费尔迪南·德·索绪尔，1999）。社会互动过程表现为：行动的环境—人对那种情景的想象—人对从行动的情景中产生的想象的反应。低碳消费在现实中没有形成真实的、可见的、可感知的具体情境，同时人们又受到传统消费环境的感官约束，很难对低碳消费产生强烈的心理体验感受和认知。这就需要媒体借助舆论的社会功效，营造低碳消费行动的"假环境"，即拟态环境。消费受众通过对假环境的想象来完成低碳消费心理体验过程，在该过程中为自己塑造一个想象中的在低碳消费关系中形成的新身份，进而在现实行动中做出反应。比如，媒介在交通领域营造一种低碳消费的时尚生活拟态环境（如共享单车出行方式）。人们会在想象中将自己投射进该虚拟环境中，认为选择低碳出行会在他人目光中呈现自由、时尚、低碳、健康的个人形象，是一种更具魅力的身份象征。这样的认识会促使人们在实际出行行动中做出反应，更倾向于选择低碳出行方式。

（三）基于社会时间视角提高低碳消费媒介形象报道的连续性

时间在社会建构中具有特殊功能，被社会学家表达为"社会时间"，在社会建构过程中，"意义总是把某一事件与其时间性的背景联系在一起，时间被诠释为一种社会认同与情感皈依的生成"（爱弥尔·涂尔干，1999）。也就是说建构媒介形象与时间紧密联系在一起，从某个角度讲，低碳消费媒介形象就是低碳消费社会时间的等价事物。但社会时间又依赖实际时间而存在，这是因为"时间总是社会时间，因为时间反映、规范和安排着社会生活"（徐红曼，2015）。由此可见，在连续性时间上不断施加低碳消费报道，媒介创造出与受众生活同向流动的低碳消费社会时间，会强化拟态环境给受众带来的心理效应。

沃尔特·李普曼通过归纳汇总多人的调研结果发现：人们每天放在阅读报纸上的时间大概是一刻钟，60%～77%的阅读注意力会放在包括商业在内的有关公共事务的新闻和评论。如果现在不区分印刷版报纸和电子报纸，那么当前电子报纸品类和信息容量的快速增加会使李普曼分析的注意力数据有所降低。由此可见，若想使媒介所建构的低碳消费符号结构能够长久且强烈地刺激受众的认知系统，就需要媒介本身提高对低碳消费问题的关注度和增加关注的持续性，并要求相关报道在时间分布上相对均衡。

上述低碳消费媒介形象的社会建构路径并未涉及信息文本本身结构的设计技巧问题，但是这并不意味着这部分不重要，实质上它对低碳消费是否能够树立良好媒介形象以及受众能够准确解读文本均有重要作用。

下篇　低碳政策优化

第六章 我国低碳政策体系框架及现状分析

引 言

本章着眼于更为宏观的低碳消费政策体系，解析整个政策体系的运行现状以及存在的问题。本章是后面政策工具优化、完善和创新研究的现实基础，旨在指出我国低碳消费政策体系的改进路径，为政策工具优化和创新找准着力点。本章共包括两节内容，第一节分析了低碳政策体系及内在逻辑机理，第二节分析了我国低碳消费政策体系的建设情况及基本政策工具的实施效果，并指出我国低碳消费政策体系的优化框架和改进路径。

第一节 低碳政策体系及内在逻辑机理

一 低碳政策体系界定及基本结构

根据陈振明对政策体系的阐述，数量众多、类型各异的公共政策往往相互制约、相互联系，形成了一个有机的政策体系。他明确指出了各项政策单元之间不是孤立的，而是相互联系和相互依存的。当前出台的低碳政策也表现为数量多、所涉部门多、类型各异的特点，构成了专门以降碳减排为目标的低碳政策体系。低碳政策体系是指不同减排政策单元在相互作用、相互影响的过程中形成有效耦合机制的政策系统，该政策系统能够使减排功能达到最大化状态。

低碳政策体系的基本结构在横向上包括供给侧低碳政策、需求侧低碳政策两大类基本政策，在纵向上包括宏观政策和微观政策的具体政策工具。具体如表6-1所示。

表6-1 低碳政策体系基本结构

			具体政策	
			宏观政策	微观政策工具
基本政策	供给侧低碳政策	规制型	管制型政策	若干
			直接供给政策	若干
		经济激励型	财政支出	若干
			税费调节	若干
			产权拍卖	若干
		社会型	信息与劝诫	若干
			自愿性行为	若干
	需求侧低碳政策	规制型	管制型政策	若干
			直接供给政策	若干
		经济激励型	财政支出	若干
			税费调节	若干
			产权拍卖	若干
		社会型	信息与劝诫	若干
			自愿性行为	若干

由表6-1可以看出，低碳政策体系结构复杂，所涉政策内容较为广泛，政策工具种类繁多。尤其最终的微观政策工具存在较大的创新空间。一方面，低碳型微观政策工具的创建历史还比较短暂，尚存众多空白领域需要探索；另一方面，微观政策工具的应用实践匮乏，尚有许多需要完善的地方。

二 低碳政策体系内在逻辑关系

（一）低碳政策的共生性

低碳政策体系内部的供给侧低碳政策和需求侧低碳政策之间

不是彼此孤立的，而是关联紧密，构成具有内在承接促进关系的经济流循环动力结构。供给侧碳排放是产生碳源的人类经济生产活动，供给侧低碳政策的目的在于降低经济活动中生产环节产生的碳排放，产出低碳产品，但同时生产环节减排形成的减排成本也会提高产品出厂价格，这样就在产品市场上创造出了一个低碳产品细分市场，市场上低碳产品的供给与需求是否均衡决定了生产环节减排投入能否得以补偿，也决定了该市场能否长期存在。需求侧低碳政策的目的恰恰是促进市场对低碳产品的消费，完成低碳产品供给与需求的对接，形成降碳良性价值循环系统。由此可见，供给侧低碳政策和需求侧低碳政策具有共生性，仅强调供给侧低碳政策，忽视需求侧低碳政策，则供给侧减排投入无法获得补偿，生产主体就会失去减排动力，减排活动就不具有持续性；强调需求侧低碳政策可以对供给侧减排形成强有力的市场引导作用。

（二）低碳政策的耦合性

各类宏观低碳政策之间存在相互促进、相互制约的关联，经过长期政策实践经验验证，规制型、经济激励型、社会型三类政策分别从不同侧面发挥政策效果，每类政策的政策效果均有积极的一面，也存在消极的一面，需要三类政策相互耦合，起到取长补短、部分之和大于整体的外溢性政策效果。政策间的耦合性质一样适合于低碳政策体系。在进行具体微观政策工具设计时要充分考虑多种政策工具之间的相互影响，将这些影响机制设计纳入政策工具机制系统之中。

三　我国低碳政策工具箱

将我国当前的各类低碳政策工具按照表 6-1 低碳政策体系进行归纳整理，如表 6-2 所示。

表6-2 我国低碳政策工具一览

			具体政策	
		宏观政策	微观政策工具	
基本政策	供给侧低碳政策	规制型	管制型政策	目标责任评价考核制	重点用能单位节能管理
				节能评估审查	资源产品价格改革
				电力需求侧管理	高能耗、高排放行业抑制机制
				节能发电调度	重点领域节能
				"领跑者"标准制度	节能改造
				能效标识	淘汰落后产能机制
				环境影响评价	节能环保标准体系建设
				高能耗淘汰制	技术标准
			直接供给政策	共性关键技术研发与示范推广	
		经济激励型	财政支出	奖励	
				财政补贴	
			税费调节	税收优惠	
				环境税费改革	
			产权拍卖	清洁发展机制项目	
				碳排放权交易	
		社会型	信息与劝诫	节能减排宣传教育	
				节能减排信息公开	
			自愿性行为	节能减排资源协议	
				节能产品认证	
			私人市场	合同能源管理	
	需求侧低碳政策	规制型	管制型政策	电力需求侧管理	
			直接供给政策		
		经济激励型	财政支出	政府采购	
				节能产品惠民工程	
			税费调节		
			产权拍卖		
		社会型	信息与劝诫	节能减排宣传教育	
			自愿性行为		

资料来源：罗敏和朱雪忠（2014）。

我国的减排制度安排状况如何呢？由表6－2可知，我国减排制度安排上存在的主要问题有以下两点。

（一）需求侧减排制度安排不足

经统计发现，在我国出台的近30项与节能减排相关的政策工具中，需求侧政策工具有8项，而直接针对广大社会消费者的政策工具仅有节能减排宣传教育和"节能产品惠民工程"（简称"节能惠民工程"）。由此可见，我国减排制度安排更加强调供给侧，而对需求侧减排关注远远不够。该问题给我国的节能减排带来一系列消极影响。首先，抑制了我国需求侧减排积极性，大大降低了我国的减排能力。当我国进入绝对减排阶段①时，不断加大的减排压力会放大该消极影响。其次，抑制了我国新型消费模式的发展。低碳消费、绿色消费等环境友好型消费是人类未来的主流消费模式，发达国家和地区已经早于中国着手培育这种消费模式及消费价值观。按照消费经济的发展规律，消费模式革命往往会带动技术革命、生产方式革命和发展方式革命。我国新型消费模式发展迟缓会直接导致在新一轮全球竞争中失去先发优势。再次，阻塞了低碳消费所带动的经济体内部的减排传导机制。经济学上的需求决定供给理论在低碳经济领域也同样适用，需求侧的减排行为一方面可以直接减少消费过程中产生的碳排放，另一方面可以补偿生产侧减排成本投入，激励生产侧进行减排再投入，使经济体进入良性减排循环。而只关注生产侧减排忽视需求侧减排的做法，会造成减排行为与经济行为相分离，这样的减排行为是不可持续的。

---

① 2014年11月12日，中美双方共同发表了《中美气候变化联合声明》，美方承诺2020～2025年努力减排28%，中方承诺最迟到2030年二氧化碳排放达到峰值。这预示着我国即将进入绝对减排阶段，需要用最多15年的时间将我国二氧化碳排放增速降到0值，对于碳源方而言，在产量增速不减情况下降低二氧化碳排放增速就意味着降低既有碳排放水平，而且降低速率逐年增大。

可见，我国当前低碳政策体系内部结构失衡，需求侧低碳政策工具的创建与设计有待强化。

（二）政策体系内部关联薄弱

相对弱化需求侧低碳政策必然造成供给侧与需求侧低碳政策工具间的关联度低。供给侧低碳政策工具种类丰富，数量充足。规制型政策工具多达 17 个，经济激励型政策工具 6 个，社会型政策工具 5 个。能够与供给侧低碳政策工具建立政策机制关联的需求侧低碳政策工具实质上只有一个——"节能惠民工程"直补政策工具。而且在政策工具设计中，关于节能惠民补贴政策与既有供给侧低碳政策工具的匹配机制设计很不完善。尤其导致在"节能惠民工程"政策执行过程中，出现了"骗补"现象，最终该项政策全面退市。由此可见，我国当前低碳政策体系中供给侧低碳政策与需求侧低碳政策的匹配度较低，有待优化。

第二节　我国低碳消费政策体系实施现状分析

一　我国低碳消费政策体系实施效果评价

我国低碳消费政策体系建立的相对晚些，体系中较为明确的政策工具主要可归纳为两大类：第一类是教育型引导政策，主要包括低碳消费教育引导政策；第二类是经济型引导政策，主要包括针对部分用能产品的庇古型低碳消费补贴政策和强制执行的政府采购政策。接下来对这两类政策工具的具体实施效果进行评估。

（一）教育型引导政策实施效果评价

我国低碳消费教育引导政策主要包括制定《"十二五"节能减排全民行动实施方案》和确立"节能周、环保日、低碳日"。这两项引导政策对树立我国居民的低碳消费理念和价值观起到了积极引导作用。

首先，促使低碳消费教育具有较强的系统性和广泛性。例如，由国家发改委会同中宣部、教育部、科技部等部委共同制定的《"十二五"节能减排全民行动实施方案》涉及社区、学校、军队、政府、农村、媒体等诸多社会主体及单位部门，规定了这些主体单位和部门的主要行动方向（见表6-3）。

表6-3　《"十二五"节能减排全民行动实施方案》基本内容

节能减排专项行动	主要活动
节能减排家庭社区行动	(1)树立绿色低碳家庭生活消费新理念 (2)开展家庭社区节能减排系列主题活动 (3)开展家庭社区节能减排宣传教育 (4)树立节能环保家庭典范
节能减排青少年行动	(1)动员青少年积极参与节能减排实践 (2)开展节能减排志愿者活动 (3)加强青少年节能减排宣传教育 (4)树立青少年节能减排典型
节能减排企业行动	(1)继续开展"我为节能减排做贡献"活动 (2)深入推进节能减排义务监督员行动 (3)积极组织职工参与企业节能减排工作 (4)开展中央企业节能表率行动 (5)开展企业节能减排宣传教育活动
节能减排学校行动	(1)深化节能环保基础教育 (2)建设一批循环经济教育示范基地 (3)继续开展青少年科学调查体验活动
节能减排军营行动	(1)创新发展节约型供应保障方式、消费方式和训练模式 (2)实施重点节能工程 (3)深化完善相关制度体系 (4)开展系列主题活动 (5)深入抓好宣传教育
节能减排农村行动	(1)开展节能减排农村行活动 (2)传播农业清洁生产技术 (3)构建农村低碳生活方式 (4)深入抓好节能减排宣传培训工作

续表

节能减排专项行动	主要活动
节能减排政府机构行动	(1)开展绿色办公活动 (2)开展绿色出行活动 (3)开展资源循环利用活动 (4)开展政府机构节能宣传教育活动
节能减排科技行动	(1)开发全民节能减排科技工具包 (2)推广应用节能减排适用技术成果 (3)组织开展节能减排综合科技示范 (4)建设节能减排技术服务体系
节能减排科普行动	(1)开发集成节能减排科普资源 (2)举办节能减排科普展览 (3)开展系列节能减排科普活动 (4)广泛开展节能减排科普宣传
节能减排媒体行动	(1)做好节能减排相关法律和政策的宣传报道 (2)做好节能减排各项工作进展的宣传报道 (3)做好重点领域节能减排和节能减排重点工程的宣传报道 (4)加强节能减排宣传教育 (5)加强和改进舆论监督

资料来源:《关于印发节能减排全民行动实施方案的通知》,中央政府网站,http://www.gov.cn/zwgk/2012 - 02/07/content_ 2059923.htm。

为了该行动方案能够有效落实,我国确立了"节能周、环保日、低碳日"以及出台《国家发展改革委:低碳社区试点建设指南》《公共机构节能条例》《公共机构能源资源消费统计制度》等配套政策。这些政策手段的应用,使我国的低碳消费教育主体更趋多元化且更具广泛性,动员社会多领域、多行业、多单位、多个体了解、宣传低碳消费,传播低碳消费常识,这本身就是一次对全社会进行低碳消费教育的动态过程。另外,我国的低碳消费教育引导政策是由中央政府牵头,地方政府、各类社会组织、事业单位组织动员全社会成员参与的一项系统性消费教育行动。该类引导政策在提高人们低碳消费意识、传播和普及低碳消费知识、了解低碳消费行为规范方面具有积极作用。关于低碳消费教育引导政策实施效果的直接量化评估存在较大难度，笔者联合使用内容分析法对该类引导政策进行间接评估，具体评估思路为：对 CNKI 数据库中 2010~2015 年有关"低碳消费调查"的文章进行梳理统计，根据众多相互独立的调查结果找到共识性统计规律或结论。具体评估过程如下。

首先，确定评估目标。评估我国在 2010~2015 年施行的低碳消费教育引导政策对低碳消费的影响。

其次，分解低碳消费变量，确定内容分析对象。结合既有文献资料中所体现出的共识性调查内容，笔者将低碳消费分解为三个变量：①"低碳消费理念认知程度"；②"低碳消费知识和技巧"；③"低碳商品及服务选择行为"。

最后，使用对比法，对政策实施初期和后期的社会低碳消费情况进行比较来粗略评估政策实施效果。将文献的时间分为2010~2011 年和 2014~2015 年两个阶段，分别对这两个时间段内的文献进行梳理。需要说明的是：之所以这样划分时间段，主要是因为我国自 2010 年后政府将节能减排问题提高到了战略高度，大量节能减排政策集中出现，各类低碳消费政策和行动方案出台，经过 4 年左右时间，政策效果有所显现。笔者对 CNKI 数据库中关于2010~2011 年时间段的低碳消费行为调查文献进行梳理，汇总内容如表 6-4 所示。

表 6-4　2010~2011 年低碳消费行为调查文献内容分析

作者	方法	地区	变量	调查人数（有效问卷）	调查结论
张松梅	问卷调查访谈	青岛	②、③	2737（2688）	低碳知识少,不愿意采取低碳行为
任力张越	问卷调查	厦门	①、③	400（349）	不了解低碳消费概念,购买行为具有不确定性
庞晶李文东	问卷调查	济南	③	700（552）	低碳产品的需求不足

续表

作者	方法	地区	变量	调查人数（有效问卷）	调查结论
王建明 贺爱忠	访谈	浙江	③	26（26）	知强行弱
巢桂芳	问卷调查	江苏常州	①、③	205（195）	84%的调查者对低碳消费信息了解不多，52%的调查者在同等价格下会选择低碳商品或服务
朱臻 沈月琴 黄敏	问卷调查	杭州	①	1200（1072）	居民低碳消费意识不强
贺爱忠 盖延涛 李韬武	抽样调查	东部：山东省；中部：湖南省和河南省；西部：四川省和新疆维吾尔自治区	③	300（291）	农村居民的低碳消费知识较为匮乏
白莹	网络调查	全国	③	1036（1036）	不了解低碳生活方式
孟艾红	问卷调查	杭州	③	550（532）	34.7%的调查者具有低碳消费知识
兰佳 兰敏 夏燕雯	问卷调查	上海	①	200（178）	低碳知识普及度不高且认识不深刻
许守任	问卷调查	广东门江	①	105（100）	居民对低碳消费的感知认识少

由表6-4统计内容可知，在2010~2011年，我国20名研究者针对我国低碳消费行为问题展开调查研究，调查方法包括抽样调查、问卷调查、网络调查、访谈。受访人数达到7459人，发放7459份调查问卷，回收有效问卷7019份。受访人分布于全国各地，其中直接面对面调查和访谈的地区包括广东、上海、浙江、江苏、山东、

福建、湖南、河南、四川和新疆维吾尔自治区。由此可见，表 6－4
所反映的内容分析结论应具有较好的代表性。

　　关于变量①"低碳消费理念认知程度"的一致性内容分析结论为：
我国民众关于低碳消费的认知十分有限，且存在误区。关于变量②"低
碳消费知识和技巧"的一致性内容分析结论为：我国居民在现实消费过
程中所掌握的低碳消费知识和技巧都很匮乏。关于变量③"低碳商品及
服务选择行为"的一致性内容分析结论为：我国居民在没有外界刺激和
价格激励的情况下基本不会采取有效的低碳产品或服务的购买行为。

　　接下来再对 CNKI 数据库中关于 2014～2015 年时间段的低碳消
费行为调查文献进行梳理，汇总内容如表 6－5 所示。

表 6－5　2014～2015 年低碳消费行为调查文献内容分析

作者	方法	地区	变量	调查人数 （有效问卷）	调查结论
李丽洁	问卷调查 资料查询 访谈	南京	②、③	1000（958）	96%的受访者主动学习 低碳知识,27%的受访 者愿意购买环保产品
石洪景	问卷调查	福州	③	320（279）	城市居民对于实施低 碳消费行为的心理意 愿一般
彭迪云 马诗怡 白锐	问卷调查	南昌	①	434（412）	城镇居民对低碳消费 的认知程度处于中上 水平
张丽妍	问卷调查 访谈	湖南湘潭	①	100（95）	大学生对低碳消费概 念的认知度也较高
陈黎琴 张捷景 曹希绅	问卷调查	北京	①	300（286）	55.25%的大学生对 "低碳消费"有所了解
程超	问卷调查	北京、上 海、广州	③	1000（967）	我国发达地区低碳商品 购买行为发生率一般
胡雯 陈林长 严静娴 胡凯 陈胜东	抽样调查	江西新余	①	153（150）	居民低碳消费意愿 显著

由表6-5统计内容可知，在2014~2015年，有15名研究者针对我国低碳消费行为问题展开调查研究，调查方法包括抽样调查、问卷调查和访谈等。受访人数达到3307人，发放3307份调查问卷，回收有效问卷3147份。受访人同样分布于全国各地，其中直接面对面调查和访谈的地区包括北京、上海、广州、南昌、福州、南京、江西、湖南，表6-5所反映的内容分析结论同样具有较好的代表性。

关于变量①"低碳消费理念认知程度"的一致性内容分析结论为：我国民众关于低碳消费的认知显著提高。关于变量②"低碳消费知识和技巧"的调查资料不足，无法得出结论。关于变量③"低碳商品及服务选择行为"的一致性内容分析结论为：我国居民对低碳产品或服务的有效消费行为没有显著增加。

对表6-4和表6-5的内容分析结论进行对比发现我国的低碳消费教育引导政策在提高居民低碳消费意识方面有显著效果，而在低碳消费知识和技巧的掌握方面的政策效果还不明显，同时低碳消费教育引导政策对居民的低碳消费选择行为的激励作用不足。

（二）经济型引导政策实施效果评价

1. 低碳产品的政府采购政策

第一，政策内容。为了强化社会对低碳产品的消费意识，鼓励低碳类产业健康发展，我国在公共部门消费板块中增加了节能消费引领力度，建立政府低碳采购制度，经历了从2004年的鼓励采购到2007年的强制采购，政府有关部门制定了《节能产品政府采购实施意见》和《关于建立政府强制采购节能产品制度的通知》，列入公共购买清单的采购对象主要包括符合低碳认证标准的产品和服务①，如表6-6所示。

---

① 关于政府低碳采购政策内容的主体精神借鉴了韩玉玲（2013）。

表 6 - 6 政府低碳采购产品和服务

政府低碳采购大类		采购细分项目	备注
低碳服务采购		能源审计	
		节能培训	
		推广宣传	
低碳产品采购	强制采购类	计算机设备	台式计算机、便携式计算机和平板式微型计算机
		输入输出设备	激光打印机、针式打印机、液晶显示器
		制冷空调设备	
		镇流器	管型荧光灯镇流器
		生活用电器	空调机、电热水器
		照明设备	普通照明用自镇流荧光灯、普通照明用双端荧光灯
		电视设备	
		视频监控设备	
		便器	
		水嘴	
	非强制采购类	新能源汽车	
		外墙等围护结构节能改造	

第二，政策实施效果。首先，政府低碳采购极大地促进了节能产品的市场供给及低碳产品销售。如表 6 - 7 所示，2009 ~ 2014 年，全国政府对节能产品的采购金额从 157.2 亿元增加到了 2100 亿元，增长了 12.36 倍，政府购买节能产品金额占同类产品采购金额比值从 2009 年的 70% 增长到了 2014 年的 81.7%，我国市场对节能产品的供应大幅度提高，扩大了节能产品的销售规模，对全社会节能产品消费具有一定的示范作用。

表 6 - 7 全国政府节能产品强制和优先采购比值

年份	采购金额（亿元）	占同类产品采购金额比值（%）
2009	157.2	70
2014	2100	81.7

资料来源：财政部官方网站（http://www.mof.gov.cn）。

其次，政府低碳采购促进节能减排。由于当前缺乏对政府采购使用节能产品后的直接节能数据统计，应用估算办法对该项政策的节能效果进行粗略计算，估算过程如下。

第一步，估算政府低碳采购政策之前全国政府机构的能耗总量。我国政府机构年电力消耗总量占全国总消耗量的5%[①]，以2004年为例，国家统计局统计数据显示，2004年我国电力总消耗为21971.37亿千瓦时，那么我国政府机构电力消耗总量为1908.57亿千瓦时。

第二步，获得政府机构主要能耗项目的能耗比重及主要节能设备的平均节能参数。

第三步，估算政府低碳采购政策的节能水平。政府实施低碳采购后，对主要能耗项目如空调、照明、办公电脑的能耗影响较大，所以主要估算这三项的节能水平（见表6-8），估算公式为：

$$1908.57 \times (32.52\% \times 20\% + 14.74\% \times 80\% + 15.79\% \times 50\%) = 499.87 亿千瓦时$$

表6-8 2014年政府机构节能设备的节能参数

单位：%

主要能耗项目	2004年能耗占比[*]	平均节能水平[#]
空调	32.52	20(1)
照明	14.74	80(2)
办公电脑	15.79	50(3)

资料来源：* 标记数据来自清华大学技术科学系对在京中央国家机关办公建筑能耗测试的内部研究报告，该三项占比指标代表了全国政府机构最高水平；# (1) 数据来源于 http://www.shushi100.com/article/xitong/article - 5438.html；# (2) 数据来源于曾惠容（2011）；# (3) 数据来源于许崇庆（2011）。

第四步，估算政府低碳采购政策的减排水平。根据电能的碳排放水平为：平均生产1度电排放0.997千克二氧化碳，由此可节

[①] 5%数据来自国家有关部门的调查数据，该数据被多方引用，其中赵汝周在《"构建和谐社会与深化行政管理体制改革"研讨会暨中国行政管理学会2007年年会论文集》公开发表的学术论文《降低政府管理成本的路径分析》中也引用了该数据。

约 499.87 亿千瓦时电能，可减少二氧化碳排放 4983.7 万吨。

2. 低碳产品消费补贴政策

第一，政策内容。为了鼓励低碳消费，政府出台的经济激励政策以财政补贴为主，自 2009 年起实施消费补贴政策，具体政策统计如表 6－9 所示。

表 6－9　我国节能产品补贴政策

补贴产品种类	补贴政策	备注
高效节能家用电器	《财政部 国家发展改革委关于开展"节能产品惠民工程"的通知》（财建〔2009〕213 号）	空调、冰箱、平板电视、洗衣机、电视机、台式计算机、风机、变压器等
节能汽车	《财政部 国家发展改革委 工业和信息化部关于印发"节能产品惠民工程"节能汽车（1.6 升及以下乘用车）推广实施细则的通知》（财建〔2010〕219 号）	
新能源汽车	《财政部 国家发展改革委 工业和信息化部关于印发"节能产品惠民工程"节能汽车（1.6 升及以下乘用车）推广实施细则的通知》（财建〔2010〕219 号）	
新能源汽车	《财政部 科技部 工业和信息化部 发展改革委关于继续开展新能源汽车推广应用工作的通知》（财建〔2013〕551 号）	
节能照明设备	《2012 年半导体照明产品财政补贴推广项目》《关于组织开展 2012 年度财政补贴半导体照明产品推广工作的通知》（发改办环资〔2012〕2671 号）	

第二，政策实施效果。首先，我国在 2009～2013 年实施的低碳消费经济激励政策在降低碳排放方面做出了突出贡献，其中节能空调和高效照明灯具两项消费补贴政策尤其突出，根据《中国低碳年鉴》（2010～2014 年）的统计数据，我国共推广节能空调 8500 万台，假如以 1.5 匹额定输出功率为 1.2 千瓦时的定频空调作为能耗

参照系，每台节能空调可节电 20%，每台节能空调每年可节约 576 度电，8500 万台节能空调每年可节约电能 489.6 亿度电，可减少二氧化碳排放 4881.312 万吨；推广高效照明约 8.4 亿只，假如以 45 瓦白炽灯作为能耗参照系，每只节能灯可节电 80%，每年可节约 92 度电，8.4 亿只节能灯每年可节约电能 772.8 亿度电，可减少二氧化碳排放 7704.816 万吨。关于新能源汽车推广政策的减排问题，根据国家发改委能源研究所张扬的研究成果，"在目前的发电效率和电源结构下，电动汽车的能耗水平与柴油车相差无几；就温室气体排放而言，虽然电动汽车在运营阶段是零排放，但如果考虑到发电过程中的排放（按排放强度 860 克/千瓦时计算），则二氧化碳排放强度约为 1.12 千克二氧化碳/公里，比普通柴油车的排放强度（约 0.93 千克二氧化碳/公里）还高 20%"[①]，表明在当前的发电效率和电源结构情况下，我国的新能源汽车推广政策对减排的贡献十分有限，但是随着我国新能源政策的逐步推进，清洁能源占一次性能源比重逐渐提高，新能源汽车的减排效应会随之增强。

二 我国低碳消费政策体系现存问题及原因分析

从对我国低碳消费政策体系实施效果来看，虽然低碳消费教育政策对居民低碳消费选择行为的激励作用不足，但政府低碳采购政策和低碳产品消费补贴政策在促进低碳产品供给方面起到了显著作用，用能型低碳产品的能效水平得到提升，在促进低碳产品消费方面，从市场消费结果来看，高能效节能产品所占的消费比重也得到提升，这两项政策每年可以减少二氧化碳排放约 1.27 亿吨，占总碳排放的 1.2%，如果不考虑政府管理成本的话，这两项政策具有很好的减排效应，符合减排效率要求。但是否符合经济效率要求呢？这个问题在第七章会详细讨论。

---

① 该部分资料及数据来自张扬（2012）。

　　但是这些引导政策的激励对象仅是用能型产品，非耗能型低碳产品、服务的消费及采用低碳生活方式均没有被纳入政策框架，其主要原因在于前面两项政策工具不能解决全部问题，例如，政府低碳采购政策，不可能将所有产品和服务都纳入政府采购清单，政府所购买产品的种类是有限的；如果针对所有产品和服务都使用政府补贴政策，政府财政将无力承担，而且经济效率将会极低。这说明我国低碳消费政策体系存在结构性缺陷，如图 6－1 所示。

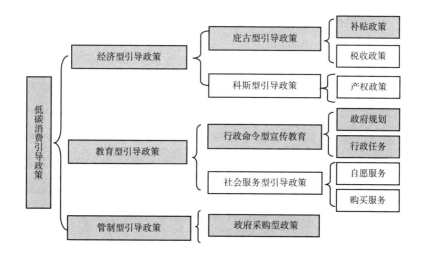

图 6－1　我国的低碳消费政策体系

　　图 6－1 中带有深色背景的文本框表示我国当前正在或者已经执行了的低碳消费政策，空白背景的文本框代表未被采用的低碳消费政策。由图 6－1 反映的信息可以看出，我国当前的低碳消费政策体系存在以下不足。

　　一是，从直观上看，我国的低碳消费政策体系并不完整，市场型引导政策工具严重不足，主要反映在经济型引导政策和教育型引导政策均未充分发挥市场这只"看不见的手"将外部性问题内部化的积极引导作用。

　　二是，由于上述政策体系结构上的缺陷，我国当前低碳消费政策执行成本过高，给政府财政带来了较大压力。

三是，同样由于政策体系结构上的缺陷，我国低碳消费政策对我国居民低碳型消费需求的激励效果并不理想。

四是，我国针对低碳消费服务的引导政策缺失，导致居民低碳消费缺乏基本的社会保障，例如，低碳消费知识及技能的获得途径十分有限，仅靠行政命令型的不系统的间歇性低碳宣传没有办法满足各阶层居民的低碳消费需求。

三　我国低碳政策体系优化的基本框架及改进路径

我国当前所处的发展阶段要求我国低碳政策体系的科学性具有更加特殊的精神内涵，一方面要求政策体系内部结构在政策目标上的一致性以及局部功能的互补性，另一方面要求政策体系与外部环境的共生性。我国低碳政策体系优化目标不仅要强调提升体系的减排能力，更应该强调体系在节能减排与经济增效上的兼容能力。由此形成的基本优化思想是：通过政策体系内部结构优化来促使减排问题由经济体的外生变量变成内生变量、由成本增量变为收益增量，解决经济主体减排行为的体外循环问题。由此形成的基本优化架构如图 6-2 所示。

本优化框架的基本特点：改变原有政策体系中的激励传导机制，强调需求侧低碳政策子系统在整个政策系统中的引导性作用，由低碳需求市场信号引导生产主体减排行为在经济体内部有序开展，提高减排行为与经济行为在经济逻辑上的一致性；在政策工具优化分析及改进机制设计中强调需求侧与供给侧的共生关系，尤其强调供需双方低碳政策工具间的环节关联、机制共生；在对供给侧低碳政策子系统进行优化的过程中，对于像碳税、碳交易、碳金融工具这些已被广泛研究并且研究成果十分丰富的低碳政策工具，本书没有对其再做重复性工作，而是将优化分析重点放在已实施但受关注度不足的低碳政策工具上。

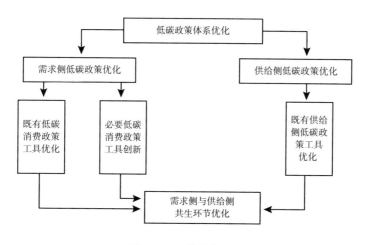

图 6 - 2　优化框架

依据上述优化框架，需求侧低碳政策改进路径如下。

第一条路径，需要肯定并继续执行低碳消费补贴政策和政府低碳采购政策。一是因为这部分被补贴产品具有特殊性，该类产品对于节能减排影响大且相较于普通同类商品而言又单价较高，如新能源汽车、更高效的节能家电、低碳建筑等。这类产品中低碳产品和非低碳产品之间具有较大的价格差，对我国中低收入居民的低碳消费意愿构成消费门槛，所以使用补贴政策仍有必要。二是因为这些已被实施的补贴政策总体上已经对我国低碳消费市场形成了良性引导效果，例如，针对节能家电的"节能惠民工程"价格补贴政策使得四级以下能效产品完全退出市场，购买高效节能家电产品已经成为我国广大地区居民的选择习惯；再如，新能源汽车的推广大大加深了消费者对该类产品的认知，随着充电基础设施的不断完善，消费者对新能源汽车的选择偏好会大幅度提高。由此可见，根据我国当前的低碳消费市场情况，补贴政策还没有达到退出市场的时机，为了提高该类节能产品的市场占有率，政府仍然需要使用补贴手段来强化消费者对该类产品的消费偏好。政府仍然可以沿用新能源汽车和低碳建筑的消费补贴政策，但需要对这些政策机制设计中的缺陷进行完善和优化，使其更符合减排效率和经济效率的双重目标原则。

第二条路径，需要建立以强化市场引导为主的复合型政策机制。建设该类政策工具的关键在于市场引导型政策工具的选择，要求所有产品、服务的消费者均可在该政策激励下既实现减排效率又实现市场经济效率。在这种情况下，可以将科斯型引导政策作为选择方向，并与其他政策工具进行配套，原因在于：在影响消费者选择偏好的因素序列中，低碳因素的影响力还很薄弱，以市场信号来突破初始禀赋路径锁定效应，以其他手段强化甚至固化低碳偏好，这样的复合型政策机制可以将长、短期政策效应有机组合起来。

第七章 我国低碳消费补贴政策的
问题及优化

引 言

根据第五章研究给出的第一条政策体系改进路径要求，对我国低碳消费补贴政策进行优化和完善，本章任务是剖析消费补贴政策在机制设计上存在的重要缺陷以及缺陷形成机理，旨在为第六章探索补贴政策机制的优化路径找准切入点。本章共包括两节内容，第一节对我国低碳消费补贴政策进行详细的结构解析，为分析模型做准备；第二节建立三方委托代理模型分析机制设计中的委托代理问题以及对低碳消费市场效率造成的影响。

第一节 我国低碳消费补贴政策的问题分析

我国的庇古型（庇古，2003）低碳消费政策虽然取得了一定的减排成效，但是在政策实施过程中也出现了种种问题，尤其是针对低碳产品的消费补贴政策，其中由国务院同意，财政部、国家发改委联合实施的"节能惠民工程"最具典型性。该政策自 2009 年 6 月 1 日起，先后经过两轮实施，于 2013 年 5 月 31 日退市，国家共安排补贴资金 327.82 亿元[①]，

[①] 《2013 年第 25 号公告：5044 个能源节约利用、可再生能源和资源综合利用项目审计结果》，审计署官网，http://www.audit.gov.cn/n5/n25/c63633/content.html。

但根据相关部门及家电企业透漏的信息，在政策收尾阶段拨付资金还不到预算的一半，其中还包括了审计署公布的近 9000 万元[①]的骗补资金，同时终端消费者和家电生产厂商对这项补贴政策的态度并不一致，这项直补政策受到终端消费者的广泛欢迎，但却受到家电大厂商的冷落和联合抵制，这在一定程度上反映了补贴政策的市场拉动和节能减排效果并不如预期。由此可见，应用补贴政策工具来启动低碳消费远没有理论那么简单，在政策具体实施过程中所遇到的干扰因素复杂而隐蔽，对问题形成机理及传导机制的分析十分必要且紧迫。

一　政策工具机制设计机理解析

我们先对我国低碳消费补偿政策的根本属性和特征做详细解析。从理论上讲，低碳消费价格直接补贴政策属于一种激励性规制工具，根本目的在于激励有利于社会减排的低碳产品或服务的消费行为和消费方式，限制不利于社会减排的高碳产品或服务的消费行为和消费方式。具体通过减少消费者在进行低碳消费时的经济成本或经济代价，与一般商品相比较，形成低碳商品或服务的价格优势，达到增加消费者剩余，改变消费者消费行为预期的效果，最后促成低碳消费选择行为发生。在我国的低碳消费补偿政策中，以节能空调消费补贴政策为例来说明我国低碳消费补偿政策的设计机理及特点。政策参与方包括政府（国家发改委、财政部、工业和信息化部三部委联合）、家电生产企业、消费者三个主体部分，其中政府是补偿政策的设计制定者，首先以政府文件的形式发布《节能产品惠民工程高效节能房间空气调节器推广实施细则》，设计了消费补贴工具的运行机制，运行机制主要包括以下几部分。

第一，节能目标设计。根据节能目标，规定节能产品节能水平，确定节能产品推广规模。在实现单机节能能力目标的机制方面，对补贴单机类型和能效水平做了规定，第一次补贴的是 2 级及以上能

---

① 《2013 年第 25 号公告：5044 个能源节约利用、可再生能源和资源综合利用项目审计结果》，审计署官网，http://www.audit.gov.cn/n5/n25/c63633/content.html。

效的定频空调，第二次补贴的是 2 级及以上能效的变频空调。在产品推广规模上规定了企业申请条件之一为：企业年推广高效节能空调数量不少于 10 万台（套）。

第二，补偿流程设计。根据三部委先后下发的《关于认真做好节能家电推广工作的通知》和《关于简化节能家电高效电机补贴兑付信息管理及加强高效节能工业产品组织实施等工作的通知》相关内容，可归纳出节能补偿款的补偿流程，如图 7 - 1 所示。

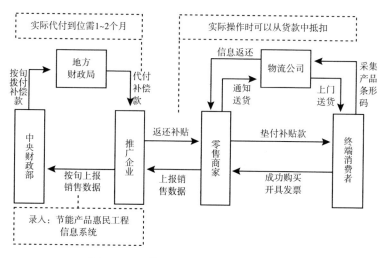

图 7 - 1　节能家电消费的补偿流程

第三，合约保障约束条件设计（见表 7 - 1）。

表 7 - 1　补贴合约保障及约束条件

保障约束对象	保障约束条件
产品节能能力	申请高效节能房间空气调节器(以下简称"高效节能空调")推广的产品必须满足以下要求： 1. 定速空调能源效率达到国家标准《房间空气调节器能效限定值及能源效率等级》(GB12021.3 - 2010)中能效等级为 2 级及以上水平；转速可控型空调能源效率达到国家标准《转速可控型房间空气调节器能效限定值及能源效率等级》(GB21455 - 2008)现行版本中能效等级为 2 级及以上水平；

保障约束对象	保障约束条件
产品节能能力	2. 通过能效标识备案； 3. 通过国家认可的第三方机构能效检测和节能产品认证； 4. 在近三年内国家产品质量监督抽查和国家能效标识市场专项检查中，该品牌的空调产品无不合格
企业推广能力	申请高效节能空调推广的生产企业必须满足以下要求： 1. 为中国大陆境内注册的独立法人； 2. 年推广高效节能空调数量不少于10万台（套）； 3. 拥有所申请推广产品的自主品牌或品牌合法使用权，同一品牌只能由一家生产企业申请推广； 4. 具有完善的销售网络和产品销售、安装及用户信息管理系统； 5. 具备完善的质量管理和环境管理体系。 纳入推广企业销售网络的流通企业及销售网点必须满足以下要求： 1. 为中国大陆境内注册的独立法人； 2. 具有健全的财务管理制度，会计核算规范； 3. 具有及时向消费者兑付补贴资金的能力； 4. 能够有效收集、管理推广产品销售信息
补偿依据真实性	1. 推广企业将销售、安装及用户信息及时录入"节能产品惠民工程"信息管理系统，于月终了后10日内将月度推广报告，上报财政部、工业和信息化部； 2. 工业和信息化部会同财政部组织有关第三方机构对推广情况进行审核； 3. 年度终了后30日内，推广企业提出年度补贴资金清算报告，逐级上报财政部、国家发改委、工业和信息化部； 4. 财政部根据工业和信息化部出具的审核意见和专项核查情况进行补贴资金清算

　　我国政府制定的这个低碳消费补偿政策可看作由政府主导设计的一份激励性规制合约，合约的多方参与者构成委托代理关系，我们用静态委托代理理论框架来分析该委托代理关系的内部结构（见图7-2），具体辨析这些关系中哪些是真实的委托代理关系。关系①中的政府和推广企业是补偿行为的主要承担者，二者之间存在直接信息交流，存在显性委托代理关系；关系④中的政府和零售商之间没有直接信息交流，间接关联也十分微弱，不单独构成委托代理

关系；关系③中政府与消费者之间虽然没有直接的信息交流，但消费者是政府真实的补贴对象，其消费节能家电的消费行为会影响到家庭直接消费碳排放和引致消费碳排放情况，二者之间构成了委托代理关系；关系②中的推广企业和消费者之间是典型的供给与需求关系，是显性的委托代理关系；关系⑤中的消费者和零售商之间构成市场交易关系，也是显性的委托代理关系。值得注意的是，由于关系⑥中的推广企业和零售商之间在市场目标上高度一致，可将二者视为一个整体，由此可将关系⑤和关系②进行合并，将推广企业与零售商统称为厂商，关系①、关系②和关系③为真实的委托代理关系。

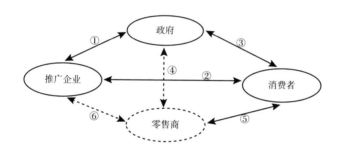

图 7 - 2　节能家电消费补偿政策的委托代理关系

在委托代理关系①中，政府不具有私人信息，属于委托方，厂商拥有私人信息，属于代理人方。在委托代理关系②中，尽管消费者真实偏好信息对厂商而言并不是完全的，但在交易合约发生过程中消费者偏好不属于消费者的私人信息，而厂商却不同，其生产和销售的节能产品的真实质量及产品真实价格始终是厂商的私人信息，从这个角度看，消费者属于委托方，厂商属于代理人方。在委托代理关系③中，消费者的真实消费偏好属于私人信息，消费者属于代理人方，政府不拥有私人信息，属于委托方。根据规制经济学理论，激励性规制往往要受到各种规制约束的限制，其中信息约束的影响更为深远，深刻影响到规制者对其偏好政策的实施效果，即在信息不对称情况下激励规制措施容易产生逆向选择问题（李富强、李斌，

2003）。这些问题产生的前提条件是委托方和代理方之间存在信息不对称的问题，一方掌握的信息量多于另一方掌握的信息量，进而导致隐蔽行为或隐蔽动机存在。

二　政策工具机制设计问题及成因分析

根据激励规制理论，我们假定我国低碳消费补偿政策中的"骗补"行为属于逆向选择行为，据此，我们选择逆向选择行为的经典分析框架——委托代理模型（让－雅克·拉丰、让·梯若尔，2004）理论精髓和基本框架，对我国低碳消费补偿政策设计机制提取变量，建立包括政府、厂商、消费者三方在内的委托代理模型，分别刻画了厂商、消费者的参与约束和激励相容约束，规范分析我国政府在低碳消费激励可行配置上的最优化限制条件和目标函数，以此论证我国低碳消费最优规制合约与骗补行为的内在逻辑。

（一）委托代理模型基本描述

为了很好地解决前面提出的问题，我们需要进入委托代理模型的规范化分析框架，我们将我国政府制定的低碳消费补偿政策视作一种激励规制，相关参与方进入该激励规制等同于各方共同签署了一份激励规制合约，在后面的分析中我们简称"合约"，特指该激励规制合约，也就是我国政府实施的这项政策，我们的任务就是分析这份合约中存在的委托代理问题，首先需要对该合约的基本结构和相互关系进行基本描述。

1. 总契约

合约的基本目标。在政府部门、厂商部门和居民部门[①]三者之间存在一个正式的总契约，由前文归纳的三类委托代理关系来看，总契约由三个子契约构成，但实质上政府是该合约的总设计者和制定

---

① 注：在本书中，消费者、居民部门和家庭部门三者可以同等对待。

者，合约的目标体现的是规制者的根本意图。我们这里假定规制者的目标是通过全社会实现一定数量的低碳产品或服务的消费，来使社会碳排放量在某一时间达到某一合意水平。这样的目标预设在我国当前的减排状况下是有可能存在的，例如，我国已与美国关于减排问题达成一致，承诺我国到 2030 年的时候，碳排放总量不再增长，达到排放峰值，碳排放增速为 0，之后中国将进入绝对碳排放量的递减阶段，这就意味着我国必须要在绝对碳排放增速上进行严格的量化控制，即有计划有步骤地降低碳排放增速。同时政府有能力、有方法测算出对应合意减排水平所需要的低碳商品的产出量。

　　这个目标的经济洞见为：以低碳消费为导向的消费转型带动需求结构调整，以需求结构调整撬动供给结构调整和产业优化升级，促进企业突破既有技术边界，提升低碳、节约、环境友好型技术的创新能力，增加该类技术的社会供给量。进一步可归结为，该目标显性表述的是减排目标，但却隐含着效率目标动机，能够将减排目标、经济效率目标、发展质量目标进行有机融合，并通过巧妙的机制设计理顺三个目标之间的关联逻辑及递进关系，找准规制作用点。

　　该契约中存在三方博弈者和三层代理结构，如图 7-3 所示。政府部门是整个规制合约的规制者和主导者。这里的政府并不需要区分中央政府和地方政府，因为减排指标具有强约束力，从这个角度来看，中央政府和地方政府具有相同的目标取向。居民部门是低碳终端消费的主体，也是低碳消费补贴的最终对象，是整个激励性规制合约内部传导机制的终端。规制者理想的规制合约执行结果就是消费部门能够获得全额低碳消费补贴，并转变偏好习惯，由一般商品偏好者转向低碳商品偏好者。关于厂商部门，假设生产商和零售商在商品终端售价上达成共识，二者所有信息共享，结成定价联盟，这样不需要对二者进行区分，这种定价共识模式在现实中是被广泛应用的。厂商部门的存在十分重要，在整个委托代理结构中，该部门一是重要的信息传递部门，包括产品信息、技术信息、补偿信息、交易信息、成本信息，信息的真实程度对激励规制策略的成败有着决定性作用；二是减排目标的重要实现部门，因为该环节是碳源的主要制造者，也是降低碳排放的终端操控者；三是低碳商品或服务交易的参与方，这种规制者期许的消费交易量能否实现与商品供给方的参与度密不可分。

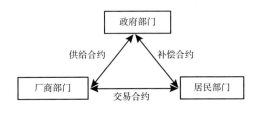

图 7 – 3　子契约结构

在该代理结构中，存在三个契约关系，即政府部门与厂商部门之间的供给合约、政府部门与居民部门之间的补偿合约、厂商部门与居民部门之间的交易合约。这三个子契约之间相互影响、相互制约。政府通过与厂商、消费者分别签订供给子契约和补偿子契约的方式，达到从供给侧、需求侧双向促成交易子契约的目的，交易子契约的完成间接实现了节能减排目标，并且将经济效率与减排效率有机结合起来。其中，供给子契约和补偿子契约是捆绑在一起的，政府部门并没有单独与消费部门直接签订契约，而是通过厂商部门来完成其补偿子契约。该捆绑契约的主要内容是：政府部门向厂商部门同时发出低碳产品申报和消费补偿的捆绑式信息，厂商根据自身的技术条件、资金条件、销售网络条件等对该信息进行回应，决定是否与政府部门签署合约。政府部门在该合约中将低碳产品的供给量、节能减排的技术能力、低碳商品营销能力等作为申报条款进行详细规制，能达到规制门槛的厂商部门才具有申报资格，如果厂商部门愿意申报并获得申报审批，就意味着厂商部门与政府部门签署了激励性规制合约。交易合约的主要内容如下。首先，生产厂商和零售厂商就低碳商品终端价格进行协商谈判，谈判信息为隐蔽信息，最终在零售终端向作为代理人的居民部门显示他们达成一致的协商价格，将该价格作为消费补偿的基准价格。其次，居民部门依据补贴后的价格、节能回报、一般商品价格等信息进行理性抉择，决定是否与厂商签署交易合约。

该合约的补偿顺序如图7-4所示，最初执行图中①次序的补偿行为，假设政府部门对单位商品价格的平均补偿额度为 t，在厂商部门与居民部门完成交易合约的同时也完成了补偿程序，厂商部门代替政府部门垫付补偿款，直接在终端售价中扣除补偿金 t；然后执行②次序，厂商部门在某一时间节点将销售信息传递给政府部门，政府部门对该信息进行审核；最后执行③次序，政府部门根据厂商的销量数据及合约执行情况给厂商返还其代付的补偿款。

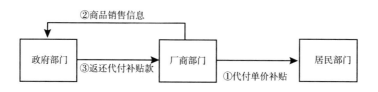

图7-4　补偿路径

值得注意的是在整个补偿流程中，合约执行行为会产生执行成本。具体成本结构如下：厂商部门在进行补偿操作时会产生直接和间接两类成本，直接成本包括与补偿规制相配套的软件、硬件服务设施的建设成本、人工成本、低碳型生产技术、工艺、设备创新升级成本、低碳消费的营销推广，这类成本是好的成本，设为 c；该成本是厂商低碳努力程度 e 的函数，即 $c(e)$；由于低碳型厂商引领了新的创新模式及盈利模式，会使其他厂商竞相跟进和模仿，对低碳型厂商造成市场损失，这些成本是坏的成本，是间接成本，设为 c_{bad}，除此之外，这种激励规制措施会对产业结构产生影响，促进产业结构优化升级，淘汰一些高碳型、技术创新能力缺失的厂商，出现部分厂商倒闭、人员失业、社会矛盾和摩擦增多现象，将这些视作社会成本，这些也是坏的成本，设为 C_{bad}，总的坏成本为 $c_{bad} + C_{bad}$，我们可将这部分成本标准化为 0，即 $c_{bad} + C_{bad} = 0$。居民部门的低碳努力或建立起低碳偏好所要付出的成本主要指低碳选择行为产生的机会成本，即低碳努力将造成对价格低廉的普通商品弃选，其机会成本表现为低碳商品与普通商品的价格差。由政府部门和居民部门共同完成对厂商成本 $c(e)$ 的补偿，居民部门以价格协议的方式分别对 $c(e)$ 进行补偿；同时政府部门以 t 的转移支付形式对居民部门的机会成本进行补偿。

2. 合约的信息结构

信息结构①，对于厂商部门而言，政府部门关于低碳消费的激励信息全部是公开透明的。

信息结构②，对于政府部门而言，通过设立低碳产品生产企业的申报制度，可以获得厂商部门生产低碳产品的部分直接成本和间接成本信息，社会成本 C 的信息也可视为已知，只是获得这些信息需要付出一些成本，对厂商的低碳产品计划推广数量是已知的，但是厂商的低碳商品推广的努力程度以及厂商部门内部生产企业和终端零售部门之间的合谋信息如真实价格信息、真实销量信息对于政府部门来说属于隐匿信息，政府部门很难甄别到厂商的隐蔽行为，或者甄别成本过高，厂商的有利选择是恶意抬高低碳商品终端售价和虚报低碳商品销量，以此获得更多的经济补贴，即厂商部门在逆向选择时更倾向于谎报销量，以及将低碳商品终端售价在原有基础上提升。

信息结构③，对于居民部门来说，厂商部门在商品价格信息、减排技术信息上拥有绝对优势，假设政府推行严格的碳标识（能耗标识）制度，那么减排技术信息的不对称缺陷就被弥补了，可视作减排技术信息是透明而完全的，那么只有商品价格信息存在不对称性，居民部门不能判断政府部门的真实补贴信息，理性居民部门只能通过与一般商品进行对比来判断自己的效用水平，进而决定选择行为。那么居民部门要根据厂商部门的反应方程来构建自己的反应方程。假设居民部门对厂商部门所付出的低碳努力的高低并不能进行有效甄别，而是根据自己的收益方程进行消费选择。

信息结构④，对于厂商部门而言，居民部门的选择偏好是未知的，但可以按理性经济人的一般选择规律，估计居民部门的反应方程，并根据居民部门的反应方程调整自己的反应方程。合约的信息结构见图 7-5。

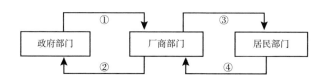

图 7-5　合约的信息结构

3. 合约的时间顺序

所有参与方博弈的时间顺序如下。第一，政府部门向厂商部门提供一个供给—补偿契约，厂商部门接受则继续博弈，如果不接受则博弈结束。第二，厂商部门内部的生产厂商和零售厂商进行私下的价格谈判，如果没有达成抬高价格的内部契约，就执行激励性规制合约，否则，就执行低效或无效的激励性规制合约。第三，厂商部门与居民部门执行交易合约。第四，厂商部门将销量信息报告给政府部门。第五，政府部门完成与厂商部门的返还补偿款的约定。

（二）政府—厂商的委托代理问题分析

在这对委托代理关系中，作为委托人的政府和作为代理人的厂商为相互独立的个体，政府不能直接观察到厂商节能产品的生产过程和出售过程，在节能产品的节能水平（质量知识）、真实成本信息（生产成本、营销成本及其他成本知识）、定价策略（行为）、报送真实销售信息（行为）等方面掌握的信息少于厂商，只能通过最终的行为结果来观察。厂商的私人信息可能会对政府的效用函数目标产生影响。

1. 委托、代理人效用函数

代理人厂商的期望效用。厂商与政府签订合约（相关产品成功进入国家节能补贴名录，视同该企业与政府签订合约）后，厂商以追求自身利益最大化为目标，假设厂商为风险中性者，厂商的可能可观测收益为努力推广节能产品获得的真实市场收益，表示为：

$$\pi_1 = P_{低碳} y(e) - c(e) \tag{7-1}$$

其中，π_1 代表厂商努力推广节能产品获得的真实市场收益，$y(e)$ 代表厂商通过低碳努力而产生的低碳商品供给，并假设该函数为严格增函数，厂商的低碳努力程度与低碳商品的供给呈正相关关系，$c(e)$ 代表厂商低碳努力成本，该函数也为增函数，厂商低碳努力程度的增加，会在一定程度上增加厂商的科研投入和宣传投入，使厂商营业成本上升，但对于理性厂商来说，在 $y(e)$ 增速快于 $c(e)$ 增速的情况下，厂商才会投入生产。$P_{低碳}$ 代表节能产品市场定价。值得注意的是，这里暗示着市场并不时时处于出清状态。

政府在合约中承诺的激励条件所带来的收益，实际上，政府在合约中并没有明确提出对厂商的低碳努力给予什么样的具体奖励，但政府的潜在想法是政府的价格补偿计划有助于厂商增加市场销量，扩大市场占有率，同时也提高产品、企业声誉，这些是潜在的奖励。但对于厂商而言，厂商更看重节能形象给厂商声誉带来的积极影响，而市场销量和市场占有率是否真的给企业带来货真价实的收益并不确定，因为普通意义上的产品同样可以达到这样的市场效果，一定意义上可以替代节能产品。由此我们认为政府合约给厂商带来的收益表现为产品品牌声誉提高进而扩大市场销量，设为品牌效应系数，用 $\Theta(e)$ 来表示，该系数会随着厂商低碳努力的增加而增大，

$\varTheta\ (e)$ 为增函数，该系数对厂商收益的放大作用，有 $\varTheta\ (e)\ \geqslant 1$，则式（7-1）可改写成：

$$\pi_2 = P_{\text{低碳}}\varTheta(e)y(e) - c(e) \tag{7-2}$$

厂商私人信息收益。厂商利用其私人信息的非对称性获得违约收益，称之为信息租金。这里的违约行为可以包括虚报销售数据、故意提高定价、与小企业进行能效标识交易等方式，但当前互联网普及使得信息获得性大大增强，消费者对产品终端售价的比价能力提高，故意提高定价行为的暴露风险也在提高，另外，出于行业竞争的考虑，大企业与小企业间开展能效标识交易的可能性不大，由此可见，厂商违约行为更多集中于虚报销售数据，称之为"骗补"行为，用 $\Delta\chi$ 来代表。关于厂商的违约成本部分，政府在合约中只是提到要在政策期末进行补偿资金审计，没有明确提出惩罚措施，没有确定违约罚金，我们在这里假设违约惩罚为0；虽然政府也没提出对厂商违约信息进行披露，但可以肯定的是政策期末一定要开展补贴资金的审计程序，公布审计结果必备程序，就存在披露厂商违约信息的可能性，我们假设存在 ρ 的可能性降低企业声誉 $\Delta\varTheta\ (e)$。

此时厂商的收益方程为：

$$\pi_3 = P_{\text{低碳}}[(1 - \rho\Delta\varTheta)\varTheta(e)y(e) + \Delta\chi] - c(e) \tag{7-3}$$

委托人政府的期望效用。假设我国政府制定合约的目标序列中，最主要的是减排目标，希望厂商做出最大的减排努力，政府期望效用函数可表示为：

$$W = d_{co_2}y(e) \tag{7-4}$$

其中，d_{co_2} 代表单位产品的减排系数，W 代表政府期望效用。

2. 合约的优化条件

厂商的参与约束或称个人理性约束（IR）是指厂商签署合约的期望效用不能小于不签署合约时所能获得的最大效用，即保留效用，

用 π_0 表示，保留效应可以理解为厂商生产销售非节能产品的最大效用。那么厂商的参与约束可表示为 $\pi_2 \geq \pi_0$，即：

$$P_{低碳}\Theta(e)y(e) - c(e) \geq \pi_0 \qquad (7-5)$$

厂商的激励相容约束（IC）是指在政府不能观测到厂商行动的情况下，只有当厂商从执行与政府签订的合约中所获得的期望效用不小于他不执行合约情况下所获得的期望效用时，厂商才能像政府期望的那样执行合约，付出低碳努力。可表示为 $\pi_3 \geq \pi_2$，即：

$$P\Delta\Theta\Theta(e)y(e) - \Delta\chi \geq 0 \qquad (7-6)$$

政府期望效用最大化问题可以表述为：

$$\max W = \max d_{co_2}y(e)$$
$$\text{s. t. } P_{低碳}\Theta(e)y(e) - c(e) - \pi_0 \geq 0$$
$$\rho\Delta\Theta\Theta(e)y(e) - \Delta\chi \geq 0$$
$$e \geq 0$$

现构造拉格朗日方程，令：

$$L = d_{co_2}y(e) - \lambda_1[P_{低碳}\Theta(e)y(e) - c(e) - \pi_0] - \lambda_2[\rho\Delta\Theta\Theta(e)y(e) - \Delta\chi]$$

合约的一阶优化条件为：

$$\frac{\partial L}{\partial e} = \begin{pmatrix} d_{co_2}y'(e) \\ -\lambda_1\{P_{低碳}[\Theta(e)y(e)]' - c'(e)\} \\ -\lambda_2\{\rho\Delta\Theta[\Theta(e)y(e)]'\} \end{pmatrix} = 0 \qquad (7-7)$$

由 $y(e)$、$c(e)$ 和 $\Theta(e)$ 为增函数，可知：

$$c'(e) > 0 \qquad (7-8)$$

$$y'(e) > 0 \qquad (7-9)$$

$$\Theta'(e) > 0 \qquad (7-10)$$

又由于 $y(e)$ 的增速要快于 $c(e)$ 的假设，则有：

$$y'(e) > c'(e) \qquad (7-11)$$

由此可得：

$$P_{低碳}\Theta'(e)y(e) + P_{低碳}\Theta(e)y'(e) - c'(e) > 0 \qquad (7-12)$$

因此，式（7-7）可变形为：

$$\frac{d_{co_2}y'(e)}{\left[P_{低碳}\Theta'(e)y(e) + P_{低碳}\Theta(e)y'(e) - c'(e)\right]} = \lambda_1 + \lambda_2$$
$$\frac{\rho\Delta\Theta\left[\Theta'(e)y(e) + \Theta(e)y'(e)\right]}{\left[P_{低碳}\Theta'(e)y(e) + P_{低碳}\Theta(e)y'(e) - c'(e)\right]} \qquad (7-13)$$

将式（7-8）、式（7-9）、式（7-10）和式（7-12）的限定条件应用于式（7-13），可知：

$$\frac{d_{co_2}y'(e)}{\left[P_{低碳}\Theta'(e)y(e) + P_{低碳}\Theta(e)y'(e) - c'(e)\right]} > 0$$
$$\frac{\rho\Delta\Theta\left[\Theta'(e)y(e) + \Theta(e)y'(e)\right]}{\left[P_{低碳}\Theta'(e)y(e) + P_{低碳}\Theta(e)y'(e) - c'(e)\right]} > 0$$

由此可推知，λ_1 和 λ_2 不能同时为零。

根据李富强和李斌（2003）对库恩-塔克定理的理解及条件归纳，当拉格朗日乘子大于零的时候，其对应的约束条件为紧，取等号，如果拉格朗日乘子等于零，则对应的约束条件自动满足。据此原理，我们接下来的工作讨论并判断我国低碳消费补偿合约的优化问题。

λ_1 和 λ_2 不能同时为零，也就是说厂商参与约束与激励相容的约束不能同时为松，该合约不能同时满足厂商参与约束和激励相容的约束条件，即在同一合约中，委托人在激励厂商接受并执行合约时不能避免厂商获得私人信息租金。说明由我国政府制定的低碳消费补偿合约不是最优规制合约。

厂商对这份合约的应激行为有以下三种可能性。

情形1，$\lambda_1 = 0$，$\lambda_2 > 0$。参与约束为松，激励相容约束为紧，政府没能在合约中有效规避厂商的作弊行为，厂商有机会获得信息租金，同时政府在该合约中给予的激励机制又很诱人，厂商执行合约的预期收益要大于保留效用。这是一份诱导违约型的合约。

情形 2，$\lambda_1 > 0$，$\lambda_2 > 0$。参与约束为紧，激励相容约束为紧，政府没能在合约中有效规避厂商的作弊行为，厂商有机会获得信息租金，但该合约的激励机制十分匮乏，厂商对该合约不感兴趣。在这种情况下，理性的厂商如果拥有更充足的私人信息可以选择参与合约并以攫取信息租金为目的，如果拥有的私人信息并不丰富，可以选择拒绝参与合约。

情形 3，$\lambda_1 > 0$，$\lambda_2 = 0$。参与约束为紧，激励相容约束为松，说明政府在合约中避免了厂商的作弊行为，但这份合约对厂商的激励手段是无效的，厂商参与合约的预期收益等同于保留效用，对于厂商而言，这份合约没有任何吸引力，理性厂商会选择直接拒绝该合约。

我国低碳消费补偿政策执行期间出现的"骗补"行为说明厂商选择了情形 1 的相机抉择行为。那么这份激励性合约里出现了什么样的委托代理问题呢？

3. 委托代理问题

根据情形 1 中 $\lambda_1 = 0$，$\lambda_2 > 0$ 可以得到政府的规制合约如下：

$$P_{低碳}\Theta(e)y(e) - c(e) - \pi_0 > 0 \qquad (7-14)$$

$$\rho\Delta\Theta\Theta(e)y(e) - \Delta\chi = 0 \qquad (7-15)$$

$$e \geqslant 0$$

将式（7-14）与式（7-15）联立消除 $\Theta(e)y(e)$ 可得到：

$$P_{低碳}\Delta\chi > \rho\Delta\Theta c(e) + \rho\Delta\Theta\pi_0 \qquad (7-16)$$

式（7-16）经济内涵如下。第一，厂商虚报销量的最低收益水平可以弥补委托人甄别到其骗补行为时给厂商带来的成本变化。其中，$\rho\Delta\Theta c(e)$ 代表给低碳努力成本带来的变化，$\rho\Delta\Theta\pi_0$ 代表给机会成本带来的变化。第二，ρ 代表了政府的监督机制，对厂商虚报销量这一行为有直接的影响，式（7-16）反映出一个非常有意思的现象，厂商的虚报销量收益随着 ρ 的增加而增加，也就是说政府监督越强，厂商虚报的销量越大，这一违背正常思维逻辑的行为背后隐藏着什么样的动机呢？由于政府在合约中没有提出明确的惩罚措施，厂商预估其行为对产品及企业声誉有所损害，政府发现其虚报销量的可能性越大，这一损害就越大，理性厂商就会将这一损害考虑到虚报销量收益之中，并得以补偿。除此之外，厂商的低碳努力程度与它虚报销量的数量之间有什么样的关系呢？

将式（7-15）变形为：

$$\Delta\chi = \Delta\Theta(\rho)\Theta(e)y(e) \qquad (7-17)$$

对式（7-17）两边分别对厂商低碳努力 e 求导，有：

$$\frac{\mathrm{d}\Delta\chi}{\mathrm{d}e} = \rho\Delta\Theta[\Theta'(e)y(e) + \Theta(e)y'(e)] \qquad (7-18)$$

式（7-18）的右侧大于0，即厂商虚报销量对低碳努力的一阶导数大于零，这表示厂商的低碳努力程度越高，其虚报的销量也就越大。这印证了我们在情形2中的分析假设——"理性的厂商如果拥有更充足的私人信息可以选择参与合约并以攫取信息租金为目的"，厂商低碳努力程度高，说明厂商在低碳技术、低碳产品推广方面投入高使得厂商拥有更高的低碳技术水平及更大的市场号召力，于是，厂商就会拥有更丰富的私人信息，更有"资本"选择违约行为。我国低碳消费补偿政策执行中也恰恰出现了这样的现象，在被审计部门通报家电行业"骗补"名单中，越有实力的家电厂商骗补数额越高。

归纳以上分析，在政府与厂商的委托代理关系中，存在明显的委托代理问题。在厂商与政府签约前，厂商通过政府发布的政策通知可以获知政府的政策意图及政策全部运行机制原理，掌握政府关于此合约的全部信息，但政府对厂商的成本信息、真实技术能力、营销努力程度等并不全然了解，二者之间在签约前就存在非对称信息情况，所以在我国低碳消费补偿政策合约中，政府与厂商的委托代理问题主要属于逆向选择问题，现实表现为以虚报销量为主的"骗补"行为。

（三）厂商—消费者的委托代理问题分析

在这对委托代理关系中，作为委托人的消费者和作为代理人的厂商各自拥有相互独立的效用函数，消费者不能直接观察到厂商的生产过程和对节能产品定价过程，关于价格，我们通过分析后假定厂商不会显性提高价格。但消费者对节能产品的真实节能水平，只能通过发生在购买行为之后的长期使用行为来观察了解，二者之间存在严重的信息不对称，并且厂商的私人信息可能会对消费者的期望效用产生影响。

1. 委托人、代理人效用函数

代理人厂商的期望效用。厂商与消费者签订交易合约时，以追求自身利益最大化为目标，假设厂商为风险中性者，厂商的可能可观测收益为努力推广节能产品获得的真实市场收益，表示为：

$$\pi_1 = P_{低碳}X - c(e) \qquad (7-19)$$

厂商降低产品品质带来成本节约。这里所说的厂商降低产品品质主要是指降低产品节能能力，表现为产品的真实节能能力低于产品能效标识所承诺的节能标准，用 Ω 代表节能能力的下降水平，Ω 值不能超过能效标识所标注的节能标准 Ω_0，即：

$$\Omega_0 \geqslant \Omega \geqslant 0 \qquad (7-20)$$

假设节能能力下降 1 单位带来的成本节约为 Δc，那么厂商质量下降所带来的成本节约量为 $\Delta c\Omega$。但质量下降会带来损害产品声誉的风险，用 $\Theta(\Omega)$ 来表示，产品声誉下降将直接影响产品的市场销量；另外，我们假定质量下降越多，对产品声誉造成的损害越大，$\Theta(\Omega)$ 为增函数，即：

$$\Theta'(\Omega) > 0 \qquad\qquad (7-21)$$

另外假设节能产品品质下降被市场发现的概率为 $\bar{\rho}$，$0 \leqslant \bar{\rho} \leqslant 1$。此时，厂商的预期效用函数为：

$$\bar{\pi}_1 = P_{低碳}[1 - \bar{\rho}\Theta(\Omega)]X - [c(e) - \Delta c\Omega] \qquad (7-22)$$

委托人消费者的期望效用。消费者以追求自身利益最大化为目标，其目标序列中包括效用和成本两部分，效用由两部分组成，一是指消费者从低碳商品消费中所获得的满足效用，用 $U(X)$ 表示，其中 X 代表消费者对节能产品的需求数量；二是购买节能产品带来的使用成本节约，用 $P_{能源}$ 代表能源价格，那么消费者的用能节约收益为 $TP_{能源}\Omega_0 X$，其中 T 代表产品使用年限。成本主要包括政府补贴单价 t 情况下的购买支出，表示为 $(P_{低碳} - t)X$。消费者的期望效用方程为：

$$U = U(X) + TP_{能源}\Omega_0 X - (P_{低碳} - t)X \qquad (7-23)$$

2. 合约的优化条件

在此交易合约中，厂商的参与约束指厂商与消费者达成交易所获得的期望效用，表达为 $\pi_1 \geqslant \bar{\pi}_0$，即：

$$P_{低碳}\Theta(e)X - c(e) \geqslant \bar{\pi}_0 \qquad (7-24)$$

其中 $\bar{\pi}_0$ 代表厂商的保留效用，实质上该保留效用与 π_0 的内涵基本一致，只是对不同的委托人所表现的形态不同而已，仍然可以理解为厂商生产销售非节能产品的最大效用。

厂商的激励相容约束指厂商与消费者进行交易的期望效用不低于其违反交易合约的期望效用，表达为 $\pi_1 \geqslant \bar{\pi}_1$，即：

$$P_{低碳}X - c(e) \geqslant P_{低碳}[1 - \bar{\rho}\Theta(\Omega)]X - [c(e) - \Delta c\Omega]$$

可整理得：

$$P_{低碳} \bar{\rho} \Theta(\Omega) X - \Delta c \Omega \geqslant 0 \tag{7-25}$$

那么消费者的期望效用最大化问题可以表述为：

$$\max U = \max [U(X) + TP_{能源} \Omega_0 X - (P_{低碳} - t) X]$$
$$\text{s. t. } P_{低碳} X - c(e) - \bar{\pi}_0 \geqslant 0$$
$$P_{低碳} \bar{\rho} \Theta(\Omega) X - \Delta c \Omega \geqslant 0$$
$$X \geqslant 0; \Omega \geqslant 0$$

现构造拉格朗日方程，令：

$$LL = \begin{pmatrix} [U(X) + TP_{能源} \Omega_0 X - (P_{低碳} - t) X] \\ - \lambda_3 [P_{低碳} X - c(e) - \bar{\pi}_0] \\ - \lambda_4 [P_{低碳} \bar{\rho} \Theta(\Omega) X - \Delta c \Omega] \end{pmatrix}$$

合约的一阶优化条件为：

$$\frac{\partial LL}{\partial X} = [U'(X) + TP_{能源} \Omega_0 - (P_{低碳} - t)] - \lambda_3 P_{低碳} - \lambda_4 P_{低碳} \bar{\rho} \Theta(\Omega) = 0 \tag{7-26}$$

$$\frac{\partial LL}{\partial \Omega} = - \lambda_4 [P_{低碳} \bar{\rho} \Theta'(\Omega) X - \Delta c] = 0 \tag{7-27}$$

由式（7-26）可得：

$$\frac{[U'(X) + TP_{能源} \Omega_0 - (P_{低碳} - t)]}{P_{低碳}} = \lambda_3 + \lambda_4 \bar{\rho} \Theta(\Omega) \tag{7-28}$$

讨论：式（7-28）中 λ_3 和 λ_4 有四种组合方式，下面分别讨论。

情形 1，假设 $\lambda_4 > 0$，$\lambda_3 = 0$。

当 $\lambda_4 > 0$ 时，激励相容约束为紧。当 $\lambda_3 = 0$ 时，参与约束为松，由此可得方程组如下：

$$P_{低碳} X - c(e) - \bar{\pi}_0 > 0$$
$$P_{低碳} \bar{\rho} \Theta(\Omega) X - \Delta c \Omega = 0$$

对以上两个方程式分别变形，可得：

$$P_{低碳} > \frac{c(e) + \bar{\pi}_0}{X} \tag{7-29}$$

$$P_{低碳} = \frac{\Delta c \Omega}{\overline{\rho} \Theta(\Omega) X} \qquad (7-30)$$

式（7-29）的经济含义是节能产品的价格大于平均经营成本与机会成本之和，式（7-30）的经济含义是节能产品的价格与由于降低产品质量而获得的平均节约成本相等，联立式（7-29）和式（7-30），我们可以推导出这样的结论：厂商的平均节约成本超过了平均经营成本与机会成本之和，这是不现实的，所以情形1不成立。

情形2，假设 $\lambda_4 > 0$，$\lambda_3 > 0$。

当 $\lambda_4 > 0$ 时，激励相容约束为紧。当 $\lambda_3 > 0$ 时，参与约束为紧，由此可得方程组如下：

$$P_{低碳} X - c(e) - \overline{\pi}_0 = 0$$
$$P_{低碳} \overline{\rho} \Theta(\Omega) X - \Delta c \Omega = 0$$

对以上两个方程式分别变形，可得：

$$P_{低碳} = \frac{c(e) + \overline{\pi}_0}{X} \qquad (7-31)$$

$$P_{低碳} = \frac{\Delta c \Omega}{\overline{\rho} \Theta(\Omega) X} \qquad (7-32)$$

联立式（7-31）和式（7-32），我们可以推导出：厂商的平均节约成本等于平均经营成本与机会成本之和，意味着厂商将产品的节能能力降为0，理性的厂商不会让这种情况发生。所以情形2也不成立。

情形3，$\lambda_4 = 0$，$\lambda_3 > 0$。

当 $\lambda_4 = 0$ 时，激励相容约束为松。当 $\lambda_3 > 0$ 时，参与约束为紧，由此可得方程组如下：

$$P_{低碳} X - c(e) - \overline{\pi}_0 = 0$$

$$P_{低碳} \overline{\rho} \Theta(\Omega) X - \Delta c \Omega > 0$$

对以上两个方程式分别变形，可得：

$$P_{低碳} = \frac{c(e) + \overline{\pi_0}}{X} \tag{7-33}$$

$$P_{低碳} > \frac{\Delta c \Omega}{\overline{\rho} \Theta(\Omega) X} \tag{7-34}$$

约束条件为紧，说明厂商参与节能产品交易合约所获得的预期效用等同于保留效用，这个合约对厂商没有吸引力，式（7-33）也印证了这个结论，该合约中产品价格刚刚可以弥补经营成本和机会成本，厂商没有收益空间。激励相容约束为松，说明委托人在合约中可以有效规避厂商的私人信息。综合两个条件可以看到，厂商在该合约中既不能获得超过保留效用的收益，又无法获得信息租金，理性厂商会拒绝执行合约。

情形4，$\lambda_4 = 0$，$\lambda_3 = 0$。

当 $\lambda_4 = 0$ 时，激励相容约束为松。当 $\lambda_3 = 0$ 时，参与约束为松，由此可得方程组如下：

$$P_{低碳} X - c(e) - \overline{\pi_0} > 0$$

$$P_{低碳} \overline{\rho} \Theta(\Omega) X - \Delta c \Omega > 0$$

这是一个最优规制合约，约束条件为松说明厂商参与节能产品交易合约所获得的预期效用大于保留效用，这个合约可以激励厂商的参与动机。同时激励相容约束为松又表明该合约有效规避了厂商的信息租金。

归纳上述分析，厂商与消费之间的委托代理关系是积极有效的，二者之间的交易合约是最优的。尽管厂商可能拥有比消费者更多的产品信息，但是长期的市场运行机制起到了有效监督作用，理性的厂商会做出这样的假设，如果厂商选择降低产品质量，随着消费者对产品使用时间的延长，厂商作弊行为最终会暴露，最终会丧失全部市场，所以厂商会放弃获得私人信息租金的动机。

（四）政府—消费者的委托代理问题分析

在这对委托代理关系中，作为委托人的政府和作为代理人的消费者拥有相互独立的效用函数，政府不能直接观察到消费者的真实偏好，只有在消费行为发生后，政府才能从消费者的消费行动中观测到消费者的真实偏好情况。所以在关于消费偏好方面，二者之间存在信息不对称，并且消费者的私人信息可能会对政府的期望效用产生影响。

1. 委托人、代理人效用函数

代理人消费者的期望效用。消费者与厂商签订交易合约的同时，实际上还签订了一份附加协议，政府没有直接出面，由厂商代表政府来完成。关于节能产品消费补偿，消费者购买节能产品行为完成，就意味着消费者与政府间达成协议。对于消费者而言，追求期望效用最大化是其理性追求的表达，消费者的可能可观测收益如下。

消费产品行为给消费者带来的满足感，用 $U(X)$ 来代表，其中 X 代表消费者所消费的产品序列。当消费者的消费序列中均是节能产品（这是委托人政府所希望的）时，消费者的期望效用方程为：

$$U_1 = U(X) - (P_{低碳} - t)X + TP_{能源}\Omega_1 X \qquad (7-35)$$

当消费者的消费偏好发生改变，消费序列中还可能包括非节能产品（这是委托人不希望看到的），我们引入 χ（$0 < \chi \leq 1$）变量，代表在消费者消费的产品序列中，节能产品所占的比重。此时，消费者的期望效用方程为：

$$U_2 = U(X) - (P_{低碳} - t)\chi X - P_{一般}(1 - \chi)X + TP_{能源}\Omega_1 \chi X \qquad (7-36)$$

委托人政府的期望效用。政府的政策目标非常明确，完成社会减排目标，在制定合约之初经过测算，如果社会可以完成规定节能产品推广限额的交易量，就可以完成减排目标，所以政府的期望效用函数为：

$$W = d_{co_2}X \qquad (7-37)$$

2. 合约的优化条件

在该合约中，消费者的参与约束指消费者在接受节能补偿合约时消费节能产品所获得的期望效用不小于保留效用，表达为：$U_1 \geqslant U_0$，其中的保留效用是指消费者的机会成本，其中也包括消费非节能产品给其带来的效用。此时，消费者的参与约束方程为：

$$U(X) - (P_{低碳} - t)X + TP_{能源}\Omega_0 X \geqslant U_0 \qquad (7-38)$$

消费者激励相容约束是指消费者完全参与合约获得的期望效用不低于不完全参与合约所获得的收益，可表达为：

$$U(X) - (P_{低碳} - t)X + TP_{能源}\Omega_0 X \geqslant U(X) - (P_{低碳} - t)\chi$$
$$X - P_{一般}(1 - \chi)X + TP_{能源}\Omega_0 \chi X \qquad (7-39)$$

那么政府的期望效用最大化问题可以表述为：

$$\max W = \max d_{co_2}X$$
$$s.t. \ U(X) - (P_{低碳} - t)X + TP_{能源}\Omega_0 X \geqslant U_0$$
$$(\chi - 1)(P_{低碳} - t)X + P_{一般}(1 - \chi)X + (1 - \chi)TP_{能源}\Omega_0 X \geqslant 0$$
$$X \geqslant 0; \chi \geqslant 0$$

现构造拉格朗日方程，令：

$$L_3 = \begin{pmatrix} d_{co_2}X \\ -\lambda_5[U(X) - (P_{低碳} - t)X + TP_{能源}\Omega_0 X - U_0] \\ -\lambda_6[(\chi - 1)(P_{低碳} - t)X + P_{一般}(1 - \chi)X + (1 - \chi)TP_{能源}\Omega_0 X] \end{pmatrix}$$

合约的一阶优化条件为：

$$\frac{\partial L_3}{\partial X} = \begin{pmatrix} d_{co_2} \\ -\lambda_5[U'(X) - (P_{低碳} - t) + TP_{能源}\Omega_0] \\ -\lambda_6[(\chi - 1)(P_{低碳} - t) + (1 - \chi)TP_{能源}\Omega_0 + P_{一般}(1 - \chi)] \end{pmatrix} = 0$$

$$(7-40)$$

$$\frac{\partial L_3}{\partial \ell} = -\lambda_6 [P_{低碳} - t - P_{一般} - TP_{能源}\Omega_0]X = 0 \quad (7-41)$$

接下来讨论 λ_5 和 λ_6 的取值情况。首先将式（7-40）和式（7-41）整理为：

$$d_{co_2} = \lambda_5 [U'(x) + t + TP_{能源}\Omega_0 - P_{低碳}] \\ + \lambda_6(\chi - 1)(P_{低碳} - P_{一般} - t - TP_{能源}\Omega_0) \quad (7-42)$$

$$\lambda_6(P_{低碳} - t - P_{一般} - TP_{能源}\Omega_0) = 0 \quad (7-43)$$

将式（7-43）带入式（7-42）中，可得到：

$$d_{co_2} = \lambda_5 [U'(X) + t + TP_{能源}\Omega_0 - P_{低碳}] \quad (7-44)$$

由式（7-44）可推断出：

$$\lambda_5 > 0$$

假设 $\lambda_6 = 0$，则有消费者的激励相容约束为松，有：

$$(\chi - 1)(P_{低碳} - t)X + P_{一般}(1 - \chi)X + (1 - \chi)TP_{能源}\Omega_0 > 0 \quad (7-45)$$

整理式（7-45）可得，$\chi > 1$，这与 $0 < \chi \leq 1$ 相矛盾，所以 $\lambda_6 = 0$ 不成立。于是我们可以推断出：

$$\lambda_6 > 0$$

当 $\lambda_5 > 0$ 时，消费者的参与约束为紧，当 $\lambda_6 > 0$ 时，消费者的激励相容约束也为紧，该合约的优化条件为：

$$U(X) - (P_{低碳} - t)X + TP_{能源}\Omega_0 X = U_0 \quad (7-46)$$

$$(\chi - 1)(P_{低碳} - t)X + P_{一般}(1 - \chi)X + (1 - \chi)TP_{能源}\Omega_0 X = 0 \quad (7-47)$$

3. 委托代理问题

由式（7-46）和式（7-47）两个优化条件来看，政府制定的补偿合约并没有规避消费者隐藏真实的偏好行为，合约中的激励手段也没有对消费者产生足够的吸引力，理性消费者会拒绝参与该合约。我们接下来分析其背后的原因。

由式（7-46）我们可以整理并变形得到：

$$X = \frac{U(X) - U_0}{P_{低碳} - TP_{能源}\Omega_0 - t} \qquad (7-48)$$

式（7-48）两端对 t 求导，有：

$$\frac{dX}{dt} = \frac{U(X) - U_0}{(P_{低碳} - TP_{能源}\Omega_0 - t)^2} \qquad (7-49)$$

式（7-49）充分说明政策在合约中给出的补偿额度 t 对节能产品消费量的影响情况，等式左端节能产品市场销量对政府补偿 t 一阶导数的正负完全取决于消费者对节能产品的满足感与其他保留效用的对比关系，如果前者强过后者，则该一阶导数为正值，说明补偿政策对节能产品消费具有促进作用，如果后者强于前者，说明补偿政策对节能产品消费没有促进作用，而在该合约中没有设计这样的机制环节来加强消费者对节能产品的满足感，也就是说仅价格补贴本身还不足以完全调动消费者对节能产品的消费偏好，需要其他配套政策与其形成政策叠加效用。

三　问题及成因归纳总结

通过将我国低碳消费补偿政策转化为委托代理模型，并利用状态空间模型化方法对政策中的委托代理问题细致刻画，发现在该政策中三组委托代理关系所结成的三个子契约中，仅有厂商与消费者之间的交易子契约是最优激励规制合约，而政府与厂商的供给子契约以及政府与消费者的补偿子契约都不是最优激励规制合约，其中，供给子契约和补偿子契约均出现了严重的逆向选择问题，造成"骗补"和激励失效。尽管经典委托代理理论将其归咎为信息不对称，我们在前面的模型分析过程中也以此作为逻辑起点，但是这个诱因是天然存在的，即便我们采取信息传递的方法，也不可能从根本上改变信息不对称的现实，优化规制合约的关键在于：在合约机制设计过程中减少不对称信息寻租空间。根据这样的思想，我们探究我国低碳消费补偿政策设计上的薄弱环节。

（一）激励工具的杠杆功能设计不足

供给子契约尽管没有特意为激励厂商而设计机制环节，但对于具有实力的厂商而言，这个子契约暗含着两个激励功能，一是提高产品及企业的品牌形象，因为节能技术是节能产品的核心竞争力，而节能技术具有非常好的技术形象，可以大幅度提高产品品牌形象；二是有助于优化产业结构，增强有实力厂商的行业竞争力。但是该供给子契约却没有对这两个激励点进行强化设计，例如，企业及品牌准入门槛过低（见表 7-1），大多数企业都可进入补偿政策名录，一些资质不足的家电企业也进入政策补贴框架，这样的补贴政策扭曲了市场价格信息，干扰了市场竞争秩序，也打击了科研实力较强家电企业的创新积极性，在"骗补"家电企业名单中不乏行业龙头企业，其"骗补"的真实动机除了经济利益诱使之外，也包含了对"非正当"市场竞争的对抗，通过这种方式来抵消二、三级家电企业的政策性竞争优势。我国第二阶段的节能惠民补贴政策虽然强化了企业准入审核，但这只是排除了申报材料造假的企业，并没有提高企业准入门槛，仍然不能将科研水平低、市场竞争力弱的家电企业排除在外，所以家电龙头企业仍然联合抵制第二轮补贴政策的出台。

在补偿子契约的激励工具设计过程中，仅注意到价格补偿这个激励手段，却忽略了价格补偿激励工具与其他激励工具的联动激励效应。实际上，消费者的消费选择行为是在不断比较过程中完成的，对比结果的信息披露有助于消费者决策。而该子契约完全忽略了这个环节的设计，想当然认为消费者是完全理性的，可以快速准确地计算出自己的收益损失方程，事实上，完全根据收益损失方程来做消费决策的消费者并不是多数，也就是说改变消费者损益方程的价格补偿激励工具，需要能直接显示基本损益状况的配套工具来放大它的激励效应。

（二）监督、惩罚协同机制设计不足

我国低碳消费补偿政策前后分两个阶段来实施，在政策设计方面也略有差别，具体如表7-2所示，我国第一阶段的节能补贴政策没有对违约监管做出明确的机制设计，在第二阶段节能补贴政策伊始对第一阶段的补贴款进行了审计并且处罚了一些违规企业，这样的举措对第二阶段政策的执行具有警示作用，但在第二阶段的具体补贴政策设计中仍然没有发现明确的监管机制。第一阶段同样也没有设置任何惩罚机制，第二阶段虽然意识到存在"骗补"问题，但也没有在政策机制中嵌入惩罚模块，而是通过改变其他环节的设计来约束家电厂商的违约行为。

表7-2 我国低碳消费补偿政策

	第一轮	第二轮
补贴对象	能效等级1级或2级以上的定频空调等	能效等级1级或2级以上的变频空调、冰箱、平板电视、洗衣机、电热水器
申报机制	核准制	多轮评审制
补贴机制	补贴款预拨制	补贴款预付制
监督机制	无	事后审查
惩罚机制	无	没有明确
能效补贴占售价比	约10%	约10%

由此可见，监管机制和惩罚机制是联动发挥作用的，没有监管机制，惩罚机制形同虚设，而惩罚机制的缺失也意味着监管机制失

效，二者之中，任何环节的缺失都会助长逆向选择行为，最终导致规制合约失效。

上述分析表明我国在 2009～2013 年执行的"节能惠民"激励性规制设计中并没有充分发挥激励要素和约束要素的积极作用，该合约不是最优激励规制合约，而是次优合约。以至于该政策在 2013 年 6 月彻底退出市场，在 2015 年两会后有关部门宣称这样的消费补贴政策管理难度较大，彻底取消该类政策。我们认为在我国低碳型消费模式还远远没有被广大消费者接受，低碳型商品或服务在整体消费结构中所占比例还很小，在这种情况下，带有普惠性质的低碳消费激励性规制十分必要。如果采取抽租方式，对一般商品征税，虽然在促进完成减排目标的理论结果上，两类政策具有相同的政策效果，但就国内外政策实践来看，抽租手段更多地应用于能源类商品消费，难以在所有品类消费中推行，另外这种方式会给本就难以启动的居民消费造成冲击，激起消费者的抵触情绪，削弱政策效果。激励性规制则可规避抽租方式的不足，鼓励引导消费者对低碳消费模式进行尝试和感受，并了解消费者对低碳消费的真实反应。

消费补贴规制作为典型的委托代理关系，潜在的逆向选择行为是委托代理关系的固有行为，有效规避逆向选择行为，不断优化政策设计是我国低碳消费补偿政策的努力方向。

第二节　我国低碳消费补贴政策优化分析

本节选择建立封闭型 DSGE 模型，一是因为通过第三章的实证分析可以判断出"在贸易不平衡时我国居民引致消费碳排放比平衡条件下的碳排放量大，说明二者对我国引致消费碳排放的影响方向是一致的，均说明通过政策工具引导人们低碳消费的必要性"，说明开放型 DSGE 模型和封闭型 DSGE 模型对政策工具的优化方向是一致的。二是因为我国实行的"节能惠民工程"补贴政策只针对国内消费者，而对国外消费市场没有任何经济激励功能，相当于政策影响效应并未走出国门，这说明我国的节能补贴政策并不影响国外需求，仅影响国内需求。三是因为国际上并没有建立起关于国际贸易碳排放权的划分标准，虽然在研究层面上关注此问题，但国际上实际执行的碳排放权分配机制没有将商品国际贸易问题考虑进去，所以该问题对各国实际碳排放承担没有产生实质作用。基于以上三点，本部分研究选择建立封闭型 DSGE 模型。

在本节模型的经济主体选择上同样引入家庭部门、厂商部门和政府部门。本节模型的贡献在于：在已有广泛应用于货币市场分析 DSGE 模型基础上（Rotemberg and Woodford，1997）剔除了货币市场分析，而是通过将商品市场分割成低碳商品市场和普通商品市场的办法，刻意强化低碳商品市场的内生变量，通过模型设计思路上的变化使其更加符合本章的研究目标。但是在分析技术上本章借鉴了 Woodford（2003）的福利函数二阶近似方法，利用社会福利函数优化最优的低碳消费补偿政策体制。

一 家庭部门低碳消费行为决策

在人类经济活动的碳循环中，假设家庭部门（将家庭部门作为居民群体单元）承担了最终碳消费职能，这里所说的最终碳消费并不是物理层面的碳消耗，而是强调碳在经济运动周期中各个环节的经济状态，家庭部门在经济运行中处于终端消费环节，家庭的碳消费也处于终端消费环节。我们做这样的假设是为了便于将生态系统中的碳循环纳入既有的经济分析框架中来。

假定社会上的家庭在 $[0，1]$ 上均匀连续分布，家庭部门属于同质个体。在任一时期第 j（$j \in [0，1]$）个家庭均对家庭所拥有的资源进行配置决策，主要包括低碳商品和一般商品的消费配置决策。家庭在消费过程中获得期望效用，第 j 个家庭在 t 的效用函数为：

$$E_t \sum_{t=0}^{\infty} \beta^t U(X_{j,t}^{\text{低碳}}, X_{j,t}^{\text{一般}}) \qquad (7-50)$$

其中，E_t 是数学期望；β 是贴现因子，$0 < \beta < 1$，代表资源的时间成本；$X_{j,t}^{\text{低碳}}$ 为第 j 个家庭在 t 时刻的低碳商品消费量；$X_{j,t}^{\text{一般}}$ 为第 j 个家庭在 t 时刻的一般商品消费量。$X_{j,t}^{\text{低碳}}$ 和 $X_{j,t}^{\text{一般}}$ 共同组成第 j 个家庭在 t 时刻的总商品消费束 $X_{j,t}$。根据第三章的研究结论，低碳商品与一般商品具有替代性，所以家庭部门在同等功能属性商品上的消费只能在低碳商品和一般商品之间进行二择其一，假设该家庭在 t 时刻总的消费束中低碳商品所占比例为 $\chi_{j,t}$，$0 \leqslant \chi \leqslant 1$，则有 $X_{j,t}^{\text{低碳}} = \chi_{j,t} X_{j,t}$，$X_{j,t}^{\text{一般}} = (1 - \chi_{j,t}) X_{j,x}$。家庭效用函数式（7-50）可改写成：

$$E_t \sum_{t=0}^{\infty} \beta^t U[\chi_{j,t} X_{j,t}, (1 - \chi_{j,t}) X_{j,t}] \qquad (7-51)$$

家庭采用常相对风险规避（CRRA）效用函数形式：

$$U[\chi_{j,t} X_{j,t}, (1 - \chi_{j,t}) X_{j,t}] = \frac{(\chi_{j,t} X_{j,t})^{1-\sigma}}{1-\sigma} + \frac{[(1 - \chi_{j,t}) X_{j,t}]^{1-\gamma}}{1-\gamma} \qquad (7-52)$$

其中，σ、γ 分别是家庭低碳产品消费、一般产品消费的常相对风险规避系数。用常相对风险规避系数来衡量消费者对风险的态度，该衡量方法不同于以往用效用函数二阶导函数符号的判断方法，其优势在于避免了函数线性化过程的影响，在绝对风险回避度量方法的基础上考虑了消费者消费资源在总资源中的比例关系，同时该系数的倒数又很好地刻画了效用函数跨期替代情况。

接下来我们讨论居民家庭的预算约束情况。为了弱化货币市场对本模型的干扰，假定家庭在每期期末持有的货币余额均用于下期家庭消费，不做投资决策，由此，家庭拥有的资源主要来源于工资收入和政府转移支付，家庭没有投资类收益。同时，劳动市场为家庭提供全部收益来源 $\tilde{W}_{j,t}$，$\tilde{W}_{j,t}$ 为第 j 个家庭在 t 时刻的劳动收益。消费者每消费 1 单位的低碳产品会获得来自政府的补贴 S。家庭总预算为：

$$[(P^{低碳} - S)\chi_{j,t} + P^{一般}(1 - \chi_{j,t})]X_{j,t} - \tilde{W}_{j,t} = 0 \qquad (7-53)$$

式（7-53）中，为了便于分析低碳产品价格与一般产品价格的比较关系对家庭消费决策的影响，我们对价格信息做了如下处理，在式（7-53）两端除以一般产品价格 $P^{一般}$，令 n_t 代表低碳产品价格与一般产品价格的比值，即：

$$n_t = \frac{P^{低碳}}{P^{一般}}$$

令 s 代表政府补贴与一般产品价格的比值，即：

$$s = \frac{S}{P^{一般}}$$

令 $W_{j,t}$ 代表家庭收益与一般产品价格的比值，即：

$$W_{j,t} = \frac{\tilde{W}_{j,t}}{P^{一般}}$$

经过以上替代，式（7-53）变为：

$$[(n_t - s)\chi_{j,t} + (1 - \chi_{j,t})]X_{j,t} - W_{j,t} = 0 \qquad (7-54)$$

值得注意的是，我们在处理价格信息的时候，实质上针对的是产品的行业价格信息，如此处理基于两点假设。

第一，根据当前的低碳技术水平及低碳商品的规模生产水平，低碳商品与一般商品具有不同的价格水平是取得社会共识的，一般情况下低碳商品价格水平往往高于一般商品价格水平，这也正是低碳消费补偿政策制定及实施的根本动因。

第二，假设本书研究的家电产品（主要针对空调产品）市场是完全竞争市场，在该类型的市场中，每个生产商都是行业价格的接受者。实际上，该假设与我国空调行业基本接近，在线上、线下产品市场的互动过程中，市场竞争较为充分，价格信息公开性、透明度都较好。

另外，在本预算约束中，我们假定家庭消费低碳产品获得的政府转移支付不受生产商逆向选择行为的影响，这个假设由第六章的分析结果得出，有着严谨的模型推断逻辑。因此，S 没有被设计为受到外界冲击的变量，是常数值。

居民家庭收益的预算约束，主要由上期收益余额和当期低碳消费的政府转移支付组成，约束等式为：

$$W_{j,t} = \alpha\, W_{j,t-1} + (n_t - s - 1)\, \chi_{j,t} X_{j,t} + \varepsilon_t \qquad (7-55)$$

式（7-55）中，α 代表上期收益余额比例系数。

居民家庭在式（7-54）和式（7-55）的预算约束情况下，期望效用最优化问题可描述为：

$$\max_{\chi_{j,t};n_t;W_{j,t}} E_t \sum_{t=0}^{\infty} \beta^t \left\{ \frac{[\chi_{j,t} X_{j,t}]^{1-\sigma}}{1-\sigma} + \frac{[(1-\chi_{j,t}) X_{j,t}]^{1-\gamma}}{1-\gamma} \right\}$$
$$\text{s.t.} \; [(n_t - s)\chi_{j,t} + (1-\chi_{j,t})] X_{j,t} - W_{j,t} = 0$$
$$W_{j,t} = \alpha\, W_{j,t-1} + (n_t - s - 1)\, \chi_{j,t} X_{j,t} + \varepsilon_t$$

建立拉格朗日函数，令：

$$L_1 = \begin{pmatrix} E_t \sum_{t=0}^{\infty} \beta^t \left\{ \dfrac{[\chi_{j,t} X_{j,t}]^{1-\sigma}}{1-\sigma} + \dfrac{[(1-\chi_{j,t}) X_{j,t}]^{1-\gamma}}{1-\gamma} \right\} \\ - \lambda_{j,t}^1 \left\{ [(n_t - s - 1)\chi_{j,t} + 1] X_{j,t} - W_{j,t} \right\} \\ - \lambda_{j,t}^2 [W_{j,t} - W_{j,t-1} - (n_t - s - 1)\chi_{j,t} X_{j,t} + \varepsilon_t] \end{pmatrix}$$

其中，$\lambda_{j,t}^1$、$\lambda_{j,t}^2$ 分别为拉格朗日乘子，一阶优化条件为：

$$\frac{\partial L_1}{\partial \chi_{j,t}} = E_t \begin{bmatrix} [\chi_{j,t}^{-\sigma} X_{j,t}^{1-\sigma} - (1-\chi_{j,t})^{-\gamma} X_{j,t}^{1-\gamma}] \\ - \lambda_{j,t}^1 (n_t - s - 1) X_{j,t} \\ + \lambda_{j,t}^2 \beta (n_t - s - 1) X_{j,t} \end{bmatrix} = 0$$

$$\frac{\partial L_1}{\partial n_t} = E_t [-\lambda_{j,t}^1 \chi_{j,t} X_{j,t} + \lambda_{j,t}^2 \beta \chi_{j,t} X_{j,t}] = 0$$

$$\frac{\partial L_1}{\partial W_{j,t}} = E_t [\lambda_{j,t}^1 - \lambda_{j,t}^2 + \lambda_{j,t+1}^2] = 0$$

整理以上公式得：

$$\chi_{j,t}^{-\sigma} - (1 - \chi_{j,t})^{-\gamma} X_{j,t}^{\sigma-\gamma} = 0$$

至此，一阶优化条件与约束条件联立，获得家庭部门的全部动态方程如下：

$$
\begin{aligned}
&\chi_{j,t}^{-\sigma} - (1 - \chi_{j,t})^{-\gamma} X_{j,t}^{\sigma-\gamma} = 0 \\
&E_t[\lambda_{j,t}^1 - \lambda_{j,t}^2 + \lambda_{j,t+1}^2] = 0 \\
&\lambda_{j,t}^1 = \beta \lambda_{j,t}^2
\end{aligned}
\qquad (7-56)
$$

$$
\begin{aligned}
&W_{j,t} = \alpha W_{j,t-1} + (n_t - s - 1)\chi_{j,t} X_{j,t} + \varepsilon_t \\
&[(n_t - s)\chi_{j,t} + (1 - \chi_{j,t})] X_{j,t} = W_{j,t}
\end{aligned}
$$

由于方程组（7-56）对任何居民家庭 j 都是相同的，在完全竞争市场里，拉格朗日乘子 $\lambda_{j,t}^1$、$\lambda_{j,t}^2$ 不依赖于居民家庭类型，所以有：

$$
\begin{aligned}
\lambda_{j,t}^1 &= \lambda_t^1 \\
\lambda_{j,t}^2 &= \lambda_t^2
\end{aligned}
$$

根据家庭在 [0, 1] 上均匀连续分布的假设，社会上全部居民家庭变量可以写成：$X_t = \int_0^1 X_{j,t} \mathrm{d}(j)$；$\chi_t = \chi_{j,t}$；$W_t = \int_0^1 W_{j,t} \mathrm{d}(j)$，家庭的总量方程为：

$$
\begin{aligned}
&\chi_t^{-\sigma} - (1 - \chi_t)^{-\gamma} X_t^{\sigma-\gamma} = 0 \\
&E_t[\lambda_t^1 - \lambda_t^2 - \lambda_{t+1}^2] = 0 \\
&-\lambda_t^1 = \beta \lambda_t^2
\end{aligned}
\qquad (7-57)
$$

$$
\begin{aligned}
&W_t = \alpha W_{t-1} + (n_t - s - 1)\chi_t X_t + \varepsilon_t \\
&[(n_t - s)\chi_t + (1 - \chi_t)] X_t = W_t
\end{aligned}
$$

假定 X_t 具有增长率为常数的确定性趋势，设 g_1 为 X_t 的趋势项，设 $W_{j,t}$ 同样具有固定趋势项 g_2，有：

$$x_t = \frac{X_t}{g_1}; \quad w_t = \frac{W_t}{g_2}$$

式（7-57）去趋势项后并整理得：

$$\chi_t^{-\sigma} - (1 - \chi_t)^{-\gamma} x_t^{\sigma-\gamma} = 0$$
$$E_t[\lambda_t^1 - \lambda_t^2 + \lambda_{t+1}^2] = 0$$
$$\lambda_t^1 = \beta\lambda_t^2 \tag{7-58}$$
$$x_t = \alpha w_{t-1} + \varepsilon_t$$

在对以上方程组求解之前，首先需要对非线性方程进行线性化处理，由于方程组中各等式多表现为积、和的形式，乘积形式易于对数处理，但和的形式不能采用常规形式进行处理，需采用相加变量的对数线性化方法，具体线性化方法如下。

①常规的乘积形式的对数线性化方法。根据刘斌（2010）归纳，假设：

$$z_t = \prod_{i=1}^{n} x_{i,t}$$

则线性化后的表达式为：

$$\hat{z}_t = \prod_{i=1}^{n} \hat{x}_{i,t} \tag{7-59}$$

其中，$z_t = \sum_{i=1}^{n} x_{i,t}$，$\hat{z}_t = \ln(z_t) - \ln(z^{ss})$，$\hat{x}_{it} = \ln(x_{j,t}) - \ln(x^{ss})$，$z^{ss}$ 代表 z_t 的稳态值，$x^{i,ss}$ 代表 $x_{i,t}$ 的稳态值。

②和的形式的对数线性化方法。我们采用了 Weijie Chen 的推导结果：

$$\hat{x}_t \approx \frac{x_t - 1}{x} \tag{7-60}$$

虽然刘斌（2010）归纳的 $\hat{z}_t = \sum_{i=1}^{n} \frac{x^{i,ss}}{z^{ss}} \hat{x}_{i,t}$ 是式（7-60）进一步归纳的结果，但是后者掩盖了一些信息，容易导致使用者在某些细节上模棱两可，前者虽然在使用时需要做一些必要的推导，但清晰的过程可以避免出现处理差错。

利用式（7-59）和式（7-60）的方法对式（7-58）非线性

方程进行线性化处理，得到拟线性动态方程组为：

$$\hat{\lambda}_t^1 - \frac{\lambda^{2,ss}}{\lambda^{1,ss}}\hat{\lambda}^2 + \frac{\lambda^{2,ss}}{\lambda^{1,ss}}\hat{\lambda}_{t+1}^2 = 0$$

$$\hat{\lambda}_t^1 = \hat{\lambda}_t^2$$

$$(\sigma - \gamma\frac{\chi^{ss}}{\chi^{ss}-1})\hat{\lambda}_t + (\sigma - \gamma)\hat{x}_t = 0$$

$$\hat{x}_t = \hat{w}_{t-1}$$

二 生产部门的低碳生产行为决策

第一，假设社会上的企业具有较高同质性，所有企业只生产一种商品。如果面向经济体内所有行业，该假设过于苛刻，但本研究的实证客体为家电行业中的空调细分行业，在这样的研究语境下，该假设对经济现实的代表性能相对良好。

第二，在人类经济活动的碳循环中，生产部门是产生碳源的主要环节。我们将生产部门中的中间产品部门略去，主要强调最终产品部门的低碳生产决策行为分析。这样处理一方面为了简化起见，另一方面在低碳消费补偿政策执行过程中直接发挥关键桥梁作用的部门是终端产品部门。

第三，我们没有将直接参与消费补偿的零售商独立出来进行行为分析，而是假设零售商和终端产品部门具有一致的价值目标和决策行为，将二者视为一体。

第四，最终产品包括低碳产品和一般产品，也就是说低碳生产部门并不意味着仅提供低碳产品，而是提供混合类型产品，既生产低碳产品，也生产一般产品。

第五，假设最终产品市场是完全竞争市场，生产部门是市场价格接受者。

根据上述假设，我们建立生产部门的行为模型。最终产品部门在成本不变的情况下追求利润最大化目标。假设第 i 个生产商满足柯布－道格拉斯生产函数，为了使 C－D 类型的函数形式更加符合本书的研究意图，需要不同于常规意义上的变量设置技术。

首先，本研究在生产要素的划分上并没有采用传统经济学的划分方式，假设资金、技术、劳动等要素能够按照某种方式进行有机化合，例如，以劳动为依托，资金、技术可以物化进以劳动者为载体的劳动上，设化合后的总投入要素为 $A_{i,t}$，表示第 i 个生产商在 t 时期的总投入要素；设该生产商生产低碳产品的投入要素为 $\tilde{A}_{i,t}$，令 $e_{i,t}$ 代表生产低碳产品投入要素占总投入的比值，也代表第 i 个生产商在 t 时期的低碳努力，$0 < e \leqslant 1$，

$$e_{i,t} = \frac{\tilde{A}_{i,t}}{A_{i,t}}$$

则生产部门的柯布 – 道格拉斯生产函数为：

$$Y_{i,t} = (e_{i,t}A_{i,t})^{\varphi}\left[(1 - e_{i,t})A_{i,t}\right]^{\tau} \tag{7 – 61}$$

式（7 – 61）中，$Y_{i,t}$ 表示第 i 个生产商在 t 时期的产出，由低碳产品产出 $Y_{i,t}^{低碳}$ 和一般产品产出 $Y_{i,t}^{一般}$ 组成，φ、τ 分别代表生产商的低碳产品生产要素与一般产品生产要素的替代弹性系数。

在生产商的成本约束上，为了可以更直接地反映低碳产品生产要素成本与一般产品生产要素成本的对比情况，我们也采取了特殊的处理方式，令 $m_{i,t}$ 代表第 i 个生产商在 t 时期生产低碳产品的单位要素成本价格与生产一般产品的单位要素成本价格的比值，该比值受到来自市场价格的冲击为 z_t^c，冲击的动态方程为：

$$\dot{z}_t^c = \rho_c \dot{z}_{t-1}^c + \varepsilon_t^c \tag{7 – 62}$$

生产商进行产品生产的要素投入成本为：

$$(z_t^c m_{i,t} e_{i,t} + 1 - e_{i,t})c_t A_{i,t}$$

其中，c_t 代表生产一般产品的单位要素成本价格。除此之外，生产商如果采取了逆向选择行为，在增加其收益 $SQ_{i,t}$ 的同时，也可

能面临着来自政府的罚金 $F_{i,t}$，成本约束方程可表达为：

$$(z_t^c m_{i,t} e_{i,t} + 1 - e_{i,t}) c_t A_{i,t} + F_{i,t} = TC_{i,t} - SQ_{i,t} \qquad (7-63)$$

式 (7-63) 中，$F_{i,t}$ 代表第 i 个生产商在 t 期有可能接收到的政府罚单，受到来自政府的冲击为 z_t^F 的动态方程为：

$$z_t^F = (z_t^{F,ss})^{1-\rho F} (Z_{t-1}^F)^{\rho F} e^{\varepsilon_t^F} \qquad (7-64)$$

$z_t^{F,ss}$ 是稳态时的违约罚金，ε_t^F 表示违约罚金冲击。

$TC_{i,t}'$ 代表厂商真实总投入，在预算总投入 $TC_{i,t}$ 不变的情况下，厂商逆向选择行为带来的信息租金可以为企业节约投入资金，有：

$$TC_{i,t}' = TC_{i,t} - SQ_{i,t}$$

S 为政策规定的单价补偿标准，$Q_{i,t}$ 为第 i 个生产商在 t 期虚报的销量。值得注意的是，生产商当期虚报的销量一方面受到上期虚报数量的影响，另一方面也会受到政府罚金预期的影响。假设其满足理性预期基本原理，其逆向选择行为方程为：

$$Q_{i,t} = Q_{i,t-1} - \nu F_{i,t-1} + \varepsilon_t \qquad (7-65)$$

生产商当期所虚报的销量，在上期虚报销量的基础上，以 ν 的固定比例参照上期政府罚金数额进行缩减。

生产商在固定成本预算情况下的最大化产出可表述为：

$$\max_{\chi_{j,t}; n_t; W_{j,t}} E_t \sum_{t=0}^{\infty} \beta^t \{ (e_{i,t} A_{i,t})^\varphi [(1-e_{i,t}) A_{i,t}]^\tau \}$$
$$\text{s. t. } (z_t^c m_{i,t} e_{i,t} + 1 - e_{i,t}) c_t A_{i,t} + z_t^F F_{i,t} = TC_{i,t} + SQ_{i,t}$$
$$Q_{i,t} = Q_{i,t-1} - \nu F_{i,t-1} + \varepsilon_t$$

构造拉格朗日方程，令：

$$L_2 = \begin{pmatrix} E_t \sum_{t=0}^{\infty} \beta^t \{ (e_{j,t} A_{j,t})^\varphi [(1-e_{i,t}) A_{i,t}]^\tau \} \\ - h_{i,t}^1 [(z_t^c m_{i,t} e_{i,t} + 1 - e_{i,t}) c_t A_{i,t} + z_t^F F_{i,t} - TC_{i,t} - SQ_{i,t}] \\ - h_{i,t}^2 [Q_{i,t} - Q_{i,t-1} + \nu F_{i,t-1} + \varepsilon_1] \end{pmatrix}$$

其中，$h_{i,t}^1$、$h_{i,t}^2$ 为拉格朗日影子价格，其一阶优化条件为：

$$\frac{\partial L_2}{\partial e_{i,t}} = (A_{i,t})^{\varphi+\tau}[\varphi(e_{i,t})^{\varphi-1}(1-e_{i,t})^{\tau} - \tau(e_{i,t})^{\varphi}(1-e_{i,t})^{\tau-1}] - h_{i,t}^1 A_{i,t} c_t (z_t^c m_{i,t} - 1) = 0$$

$$\frac{\partial L_2}{\partial F_{i,t}} = E_t[-h_{i,t}^1 Z_t^F - h_{i,t+1}^2 \nu] = 0$$

$$\frac{\partial L_2}{\partial Q_{i,t}} = E_t[h_{i,t}^1 S - h_{i,t}^2 + h_{i,t+1}^2] = 0$$

将一阶条件与模型约束条件联立可得生产商的动态方程组：

$$(A_{i,t})^{\varphi+\tau}[\varphi(e_{i,t})^{\varphi-1}(1-e_{i,t})^{\tau} - \tau(e_{i,j})^{\varphi}(1-e_{i,j})^{\tau} - 1] - h_{i,t}^1 A_{i,t} c_t (z_t^c m_{i,t} - 1) = 0$$

$$E_t(h_{i,t}^1 + h_{i,t-1}^1 \frac{z_{t-1}^F}{z_{t-1}^F + S\nu}) = 0$$

$$(Z_t^c m_{i,t} e_{i,t} + 1 - e_{i,t}) c_t A_{i,t} + Z_t^F F_{i,t} = TC_{i,t} + SQ_{i,t}$$

$$Q_{i,t} - Q_{i,t-1} = -vF_{i,t-1} + \varepsilon_t$$

$$(7-66)$$

由于式（7-66）对任何厂商 i 都是相同的，在完全竞争市场里，拉格朗日乘子 $h_{i,t}^1$ 和 $h_{i,t}^2$ 不依赖于厂商类型，所以有：

$$h_{i,t}^1 = h_t^1$$
$$h_{i,t}^2 = h_t^2$$

假定生产企业也在 $[0,1]$ 上均匀连续分布，在任一时期第 i（$i \in [0,1]$）个企业对自己所拥有的要素资源进行配置并做出最优生产决策，整个产业的各变量可以写成：$e_t = \int_0^1 e_{i,t} \mathrm{d}(i)$；$m_t = \int_0^1 m_{i,t} \mathrm{d}(i)$；$F_t = \int_0^1 F_{i,t} \mathrm{d}(i)$；$TC_t = \int_0^1 TC_{i,t} \mathrm{d}(i)$；$A_t = \int_0^1 A_{i,t} \mathrm{d}(i)$；$Q_t = \int_0^1 Q_{i,t} d(i)$，总量方程可写做：

$$(A_t)^{\varphi+\tau}[\varphi(e_t)^{\varphi-1}(1-e_t)^{\tau} - \tau(e_t)^{\varphi}(1-e_t)^{\tau-1}] - h_t^1 A_t c_t (z_t^c m_t - 1) = 0$$

$$E_t(h_t^1 + h_{t-1}^1 \frac{z_{t-1}^F}{z_{t-1}^F + S\nu}) = 0 \qquad (7-67)$$

$$(z_t^p m_t e_t + 1 - e_t) c_t A_t + z_t^F F_t = TC_t + SQ_t$$

$$Q_t - Q_{t-1} = -vF_{t-1} + \varepsilon_t$$

假定 A_t 具有增长率为常数的确定性趋势，设 g_A 为 A_t 的趋势项，

设 TC_t 同样具有固定趋势项，且为 g_{TC}，则有：

$$\alpha_t = \frac{A_t}{g_A}; tc_t = \frac{TC_t}{g_{TC}}$$

式（7-67）去趋势项后变为：

$$(\alpha_t)^{\varphi+\tau}[\varphi(e_t)^{\varphi-1}(1-e_t)^{\tau} - \tau(e_t)^{\varphi}(1-e_t)^{\tau-1}] - h_t^1 a_t c_t(z_t^c m_t - 1) = 0$$

$$(S - \frac{z_t^F}{\nu})h_t^1 = h_t^2 \qquad (7-68)$$

$$(z_t^p m_t e_t + 1 - e_t)c_t a_t + z_t^F F_t = tc_t + SQ_t$$

$$Q_t - Q_{t-1} = -\nu F_t + \varepsilon_t$$

式（7-68）方程组中拉格朗日乘子方程式中携带滞后项，假设此预期为与模型一致的预期，误差的实际值等于其预测值，于是采用迭代法来确定 h_t^1，通过迭代得：

$$h_t^1 = (-1)^t h_0^1 \frac{z_{t-1}^F}{z_t^F + S\nu} \frac{z_{t-2}^F}{z_{t-1}^F + S\nu} \cdots \frac{z_0^F}{z_1^F + S\nu} \qquad (7-69)$$

在对以上方程组求解之前，首先需要通过在稳态附近做泰勒级数展开的方法将式（7-68）和式（7-69）非线性方程进行线性化处理，整理得到拟线性动态方程组为：

$$\left(\begin{array}{c} [(\varphi-1) + (\tau-1)\frac{e^{ss}}{e^{ss}-1} + (\varphi+\tau)\frac{e^{ss}}{(\varphi+\tau)e^{ss}-\varphi}]\hat{e}_t \\ + (\varphi+\tau-1)\hat{\alpha}_t - \hat{h}_t^1 - \hat{c}_t - \hat{z}_t^c - \hat{m}_t \end{array} \right) = 0$$

$$\hat{h}_t^1 = -\hat{z}_t^F$$

$$\frac{Q^{ss}}{Q^{ss} + \nu F^{ss}}\hat{Q}_t - \hat{Q}_{t-1} + \frac{\nu F^{ss}}{Q^{ss} + \nu F^{ss}}\hat{F}_{t-1} = 0$$

$$\left(\begin{array}{c} \frac{[(Z^{c,ss}m^{ss}-1)e^{ss}+1]\alpha^{ss}}{[(Z^{c,ss}m^{ss}-1)e^{ss}+1]\alpha^{ss}+z^{F,ss}}(\hat{Z}_t^c + \hat{m}_t + \hat{e}_t + \hat{a}_t) \\ + \frac{z^{F,ss}}{[(Z^{c,ss}m^{ss}-1)e^{ss}+1)]a^{ss}+z^{F,ss}}\hat{Z}_t^F - \frac{tc^{ss}}{tc^{ss}+SQ^{ss}}\hat{tc}_t - \frac{SQ^{ss}}{tc^{ss}+SQ^{ss}}\hat{Q}_t \end{array} \right) = 0$$

$$\hat{Z}^F = \rho_F \hat{Z}_{t-1}^F + \varepsilon_t^F$$

$$\hat{Z}_t^c = \rho_c \hat{Z}_{t-1}^c + \varepsilon_t^c$$

三　政府行为决策

在上述封闭经济模型中，政府受到下面的减排压力约束和财政预算约束，在财政预算约束下完成减排目标是政府的理性选择。我们首先讨论减排约束问题。减排约束主要表现为刚性减排目标，分解减排目标是落实减排工作的首要任务，本书并不讨论政府在行政区之间分配减排任务（或称碳权分配）的问题，我们更关注从减排实效角度划分的减排序列，也就是按照碳源序列来设计减排目标，这种划分方式更有助于设计减排政策机制。那么，总减排目标可以做如下分解（见图 7-6）。

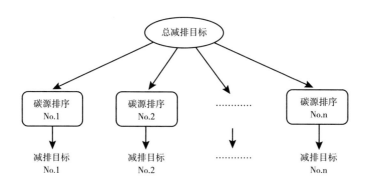

图 7-6　减排目标分解

在该目标分解体系中，家庭引致消费碳排放尤为重要，一方面，该类型碳排放在社会总碳排放中占比较大，第三章的研究分析显示：在 2010 年，家庭人均引致消费碳排放几乎达到人均全部碳排放的38%。另一方面，该部分碳排放具有良好的经济特性，是关联低碳消费和低碳生产两个经济环节的关键所在，这一特性对减排政策设计的启发意义在于，将具有公共产品性质的减排行为内生进经济运行规律。

我们假设政府可以准确计算出各细分行业碳排放，据此进行减排目标分解，要完成该目标，需要细分行业在技术创新、生产工艺、过程管理等方面进行低碳投入，并将这些低碳投入分担进低碳产品，这样就形成单位产品的减排指标，即单位产品减排水平。由此可见，产品的减排能力主要由生产技术、工艺、管理等因素决定，也就是说，在完成产品生产时，就确定了产品的减排能力，由此可确定社会低碳产品的最低产量。

我们按这样的目标分解思路来设计空调行业的减排机制。设 D_t、d_t 分别代表居民家庭对空调细分行业的引致消费碳排放的减排总目标和单位产品的减排水平，由此确定的节能空调最低产量 $\overline{Y}_{低碳,t}$ 为：

$$\overline{Y}_{低碳,t} = \frac{D}{d} \tag{7-70}$$

政府制定低碳消费政策时，期望生产商对节能空调的供给不低于式（7-70）中规定的产量，生产商对节能空调的供给比例为 k_t，有：

$$k_t Y_t \geqslant \overline{Y}_{低碳,t} \tag{7-71}$$

将式（7-61）和式（7-70）代入式（7-71）有：

$$k_t (e_t A_t)^{\varphi} \left[(1 - e_t) A_t \right]^{\tau} \geqslant \frac{D}{d} \tag{7-72}$$

我们取最低限，式（7-72）改写成：

$$k_t (e_t A_t)^{\varphi} \left[(1 - e_t) A_t \right]^{\tau} = \frac{D}{d} \tag{7-73}$$

去趋势项后，式（7-73）变为：

$$k_t (e_t \alpha_t)^{\varphi} \left[(1 - e_t) \alpha_t \right]^{\tau} = \frac{D}{d} \tag{7-74}$$

式（7-74）线性化后，有：

$$\dot{k}_t + (\varphi + \tau) \dot{\alpha}_t + \left(\tau \frac{e^{ss}}{e^{ss} - 1} + \varphi \right) \dot{e}_t = 0 \tag{7-75}$$

另外，政府同时受到下面的财政预算约束，假定政府在低碳产品上所获得税收收入完全用于促进降低碳排放上，用以鼓励低碳消费。

$$\chi_t X_t S + C_t - F_t = R \tag{7-76}$$

其中，$\chi_t X_t S$ 为政府在第 t 期对低碳消费者的全部转移支付，F_t 为政府在第 t 期从违约生产商处获得的全部罚金，C_t 为政府在第 t 期的低碳政策执行成本，假设政策执行成本主要来源于对厂商逆向选择行为的监督及管理成本，为了简化起见，我们假设对厂商的违约罚金刚好抵消政策执行成本，即 $C_t = F_t$，则式（7-76）可改写为：

$$\chi_t X_t S = R \tag{7-77}$$

去趋势项后，式（7-77）改写成：

$$\chi_t X_t S = R \tag{7-78}$$

式（7-78）线性化后，有：

$$\hat{\chi}_t + \hat{x}_t = 0 \tag{7-79}$$

四 市场出清条件

假设产品市场全部出清，包括低碳产品市场出清和一般商品市场出清，商品市场出清的基本条件是社会总需求等于社会总供给。社会总需求包括居民总消费、企业总投资和政府总支出。本研究集中于低碳商品市场的出清问题，首先我们假设一般商品市场是出清的。那么低碳商品市场的出清条件为：低碳商品的社会总需求等于低碳商品的社会总供给。用 ad_t、$X_{低碳,t}$、I_t、G_t 分别代表社会总低碳需求、总低碳消费、总低碳投资、政府总低碳支出。

$$ad_t = X_{低碳,t} + I_t + G_t \tag{7-80}$$

其中，政府支出为：

$$G_t = S\chi_t X_t + C_t \tag{7-81}$$

由于 $C_t = F_t$，式（7-81）变为：

$$G_t = S\chi_t X_t + F_t \qquad (7-82)$$

为了简化起见，假设生产部门投资 $I_t = 0$，将式（7-81）和 $I_t = 0$ 代入式（7-80），社会的低碳产品总需求为：

$$ad_t = \chi_t X_t + S\chi_t X_t + F_t \qquad (7-83)$$

由式（7-71）可知，低碳产品的社会总供给为 k_t、Y_t，则低碳商品市场出清条件为：

$$\chi_t X_t + S\chi_t X_t + F_t = K_t Y_t \qquad (7-84)$$

将式（7-61）代入式（7-84），有：

$$\chi_t X_t + S\chi_t X_t + F_t = k_t (e_t A_t)^{\varphi} \left[(1-e_t) A_t \right]^{\tau} \qquad (7-85)$$

去掉趋势项后，式（7-85）变为：

$$\chi_t X_t + S\chi_t X_t + F_t = k_t (e_t \alpha_t)^{\varphi} \left[(1-e_t) \alpha_t \right]^{\tau} \qquad (7-86)$$

式（7-86）经线性化处理后，有：

$$\frac{(1+S)\chi^{ss} x^{ss}}{(1+S)\chi^{ss} x^{ss} + z^{F,ss}} (\dot{\chi}_t + \dot{x}_t) + \frac{z^{F,ss}\dot{F}_t}{(1+S)\chi^{ss} x^{ss} + z^{F,ss}} = \dot{K}_t + (\varphi+\tau)\dot{\alpha}_t + \left(\tau \frac{e^{ss}}{e^{ss}-1} + \varphi\right)\dot{e}_t$$

五 参数校准及估计

（一）模型的稳态及确定稳态有关参数

根据前面各行为主体模型可以确定模型的稳态，具体稳态方程如下：

$$(\chi^{ss})^{-\sigma} - (1-\chi^{ss})^{-\gamma}(\alpha w^{ss})^{\sigma-\gamma} = 0$$

$$\begin{pmatrix} (\alpha^{ss})^{\varphi+\tau} \left[\varphi(e^{ss})^{\varphi}(1-e^{ss})^{\tau} - \tau(e^{ss})^{\varphi+1}(1-e^{ss})\tau - 1 \right] \\ -h^{1,ss}(tc^{ss} + SQ^{ss} - z^{F,ss} - \nu S z^{F,ss} - c^{ss} a^{ss}) \end{pmatrix} = 0$$

$$h^{1,ss} = h_0^1 \left(-\frac{z^{F,ss}}{z^{F,ss} + S\nu} \right)^{\tau}$$

$$k^{ss}(e^{ss})\varphi(1-e^{ss})^{\tau}(a^{ss})^{\alpha+\tau} = (1+S)\chi^{ss} x^{ss} + z^{F,SS}$$

$$k^{ss}(e^{ss})^\varphi(1-e^{ss})^\tau(\alpha^{ss})^{\varphi+\tau} = \frac{D}{d}$$

为了确定上述稳态，首先需要对稳态中的有关参数进行校准，基本校准思想为：根据历史数据参照 Gali（2000）的方法对稳态值进行校准。在校准之前，先对所得数据进行去趋势项处理，然后计算调整后数据的历史平均值（刘斌，2010），具体校准过程如下。

第一，W^{ss} 稳态值的校准。W^{ss} 代表趋势项后的居民部门收入稳态值，值得注意的是本模型要模拟分析的对象是空调行业，家庭的全部收入并不完全用于空调消费支出，此时，W^{ss} 的确切含义是在居民部门收入中用作空调消费支出预算部分的稳态值，稳态值是通过对 W_t 历史数据去趋势项（平均增速）取平均值来获得。另外，由于在国家统计局公布的统计指标中没有关于该参数的直接指标，所以无法获得 W_t 的直接数据。我们采用的间接估算办法是：

$$W_t = 居民部门第\ t\ 期收入水平 \times 居民部门第\ t\ 期空调消费预算系数 \quad (7-87)$$

$$居民部门第\ t\ 期空调消费预算系数 = \frac{居民部门第\ t\ 期空调消费支出}{居民部门第\ t\ 期消费总支出} \quad (7-88)$$

其中，我们通过历史消费观察值来估算居民空调消费预算系数，这种估算方法虽不能达到完全精确，但可以基本反映居民部门对空调产品的消费支出意愿。

第二，α^{ss} 稳态值的校准。α^{ss} 代表模型中所规定的生产商生产全部产品所投入的"合成要素"稳态值。模型中规定的合成方式是：以劳动为依托，将资金、技术等物化进以劳动者为载体的劳动上，此时的劳动者我们称之为"全能劳动者"，具体合成方式为：

$$A_t(全能劳动者) = \frac{K_t(资本投入以及以资本状态表示的技术)}{L_t(劳动者)} \quad (7-89)$$

通过式（7-89）计算出每一期的"合成要素"全能劳动力数值，然后对历史数据去趋势项（平均增速）后计算均值，可得全能劳动者稳态值 α^{ss}。

第三，c^{ss} 稳态值的校准。c^{ss} 代表模型中所规定的"合成要素"成本价格，依据全能劳动者的基本化和思想，全能劳动者价格的化和公式如下：

$$c_t = \frac{\ell_t L_t + r_t K_t}{K_t / L_t} \qquad (7-90)$$

其中，ℓ_t 代表空调行业第 t 期人均工资水平，r_t 代表第 t 期资本收益率。c_t 历史数据去趋势项后的均值即为 c^{ss}。

第四，tc_{ss} 稳态值的校准。tc_{ss} 代表空调行业生产部门总成本稳态值，对总成本历史数据去趋势项后取平均值。

第五，$z^{F,SS}$ 稳态值的校准。$z^{F,SS}$ 代表生产部门违约罚金的稳态值，虽然国家审计署在2013年公布了8家家电企业"骗补"金额的审计结果，但最终没有给出明确的惩罚措施及具体罚金数额。我们假设处罚金额为0。

稳态有关参数的具体校准值以及某些常数值详见表7-3，但是有些稳态值以及模型中的一些参数需要采用估计的办法获得，所以暂时还不能得到模型的稳态。

表7-3　空调行业稳态有关参数校准值及部分常数值

参数	解释意义	校准值
W^{ss}	居民部门收入中用于空调消费预算部分（万元）	746
X^{ss}	居民部门总消费量（万台）	3197.934
χ^{ss}	居民部门节能空调消费占比	0.119661
e^{ss}	厂商生产低碳产品投入要素比	0.2370641
a^{ss}	生产商生产全部产品所投入的"合成要素"（万元/人）	51.17
c^{ss}	"合成要素"成本价格（万元）	4.659445
tc_{ss}	生产部门总成本（万元）	16339813
Q_{ss}	厂商虚报销量（万台）	80
$Z^{F,SS}$	生产部门违约罚金（万元/年）	0
S	每台空调消费补贴（元/台）	290
D	空调行业碳排放总量（千吨）（2013~2030年）	282366
d	平均每台空调减排能力（吨/年）	0.16

表 7 - 3 内核算原始数据主要来源于《中国轻工业年鉴》（2002 ~ 2013 年），其中数据为测算数据，测算依据为"我国承诺最迟到 2030 年二氧化碳排放达到峰值"，具体测算过程如下。首先，测算我国未来碳排放上限。假设以 2005 年为基年，并假设 2013 年为中国碳排放增速的拐点年，就是说从 2013 年开始，中国碳排放增速开始降低，直至 2030 年，增速降为 0，由此可见，2013 ~ 2030 年，中国碳排放增速上限为 2005 ~ 2013 年的增速值，由此可以估算出中国在 2013 ~ 2030 年的碳排放上限值。其次，测算空调行业碳排放占比估算出空调行业的碳排放限额。关于 d 数据的测算方法为：以 1 级能效空调为准，相比较 3 级能效，每年的节电量换算为二氧化碳当量。

（二）模型的动态方程

归集居民家庭部门、生产部门、政府部门的动态行为方程及市场出清条件方程，得到我国低碳消费补偿政策优化模型的动态随机方程组如下：

$$\hat{\lambda}_t^1 - \frac{\lambda^{2,ss}t}{\lambda^{1,ss}}\hat{\lambda}^2 + \frac{\lambda^{2,ss}}{\lambda^{1,ss}}\hat{\lambda}_{t+1}^2 = 0$$

$$\hat{\lambda}_t^1 = \hat{\lambda}_t^2$$

$$\left(\sigma - \gamma\frac{\chi^{ss}}{\chi^{ss}-1}\right)\hat{\chi}_t + (\sigma - \gamma)\hat{x}_t = 0$$

$$\hat{x}_t = \hat{W}_{t-1}$$

$$\begin{pmatrix} \left[(\varphi-1)+(\tau-1)\dfrac{e^{ss}}{e^{ss}-1}+(\varphi+\tau)\dfrac{e^{ss}}{(\varphi+\tau)e^{ss}-\varphi}\right]\hat{e}_t \\ +(\varphi+\tau-1)\hat{\alpha}_t - \hat{h}_t^1 - \hat{z}_t^c - \hat{m}_t \end{pmatrix} = 0$$

$$\hat{h}_t^1 = -\hat{z}_t^F$$

$$\frac{Q^{ss}}{Q^{ss}+\nu F^{ss}}\hat{Q}_t - \hat{Q}_{t-1} + \frac{\nu F^{ss}}{Q^{ss}+\nu F^{ss}}\hat{F}_{t-1} = 0$$

$$\begin{pmatrix} \dfrac{[(z^{c,ss}m^{ss}-1)e^{ss}+1]a^{ss}}{[(z^{c,ss}m^{ss}-1)e^{ss}+1]a^{ss}+z^{F,SS}}(\hat{Z}_t^c+\hat{m}_t+\hat{e}_t+\hat{a}_t) \\ +\dfrac{z^{F,ss}}{[(z^{c,ss}m^{ss}-1)e^{ss}+1]a^{ss}+z^{F,SS}}\hat{z}_t^F \\ -\dfrac{tc^{ss}}{tc^{ss}+SQ^{ss}}\hat{tc}_t - \dfrac{SQ^{ss}}{tc^{ss}+SQ^{ss}}\hat{Q}_t \end{pmatrix} = 0$$

$$\dot{k}_t + (\varphi + \tau)\dot{a}_t + (\tau \frac{e^{ss}}{e^{ss} - 1} + \varphi)\dot{e}_t = 0$$

$$\chi_t X_t S + C_t - F_t = R$$

$$\frac{(1 + S)\chi^{ss} x^{ss}}{(1 + S)\chi^{ss} x^{ss} + Z^{F,SS}}(\dot{\chi}_t + \dot{x}_t) + \frac{Z^{F,SS}\hat{F}_t}{(1 + S)\chi^{ss} x^{ss} + Z^{F,SS}} = \dot{k}_t + (\varphi + \tau)\dot{a}_t + (\tau \frac{e^{ss}}{e^{ss} - 1} + \varphi)\dot{e}_t$$

$$\dot{z}_t^F = \rho_F \dot{Z}_{t-1}^F + \varepsilon_t^F$$

$$\dot{z}_t^c = \rho_c \dot{Z}_{t-1}^c + \varepsilon_t^c$$

上面的模型包括三部分动态方程，一类是反映主体行为的动态方程，也就是控制变量的动态方程，是我们重点观察的方程；一类是恒等式方程；一类是外生变量的动态方程，是我们动态优化和模拟时主要施加冲击的动态方程。这里我们比较关心政府关于低碳消费补偿政策参与主体违约行为的监督和惩罚冲击会对主体行为产生什么样的影响，以及低碳产品与一般产品相对价格变化冲击会给主体行为带来怎样的冲击。我们用一阶自回归 AR（1）来刻画外生变量的变化情况。

对上面模型中的动态参数及部分稳态值，我们采用极大似然估计法进行参数估计，为了避免估计过程中出现随机奇异状况，模型中的可观测变量数量不超过来自外部冲击的数量，模型中外部冲击主要包括违约成本冲击、低碳产品与一般产品相对市场价格冲击、低碳产品与一般产品相对成本价格冲击、居民部门收入预期冲击，假设这些冲击变量（随机变量）满足独立同分布。模型参数估计的数据来源为《中国轻工业年鉴》及国家发改委的相关通知、文件，数据为年度数据，样本区间为 2002～2012 年。另外，由于本书建立的是封闭经济模型，所以空调行业总消费量、节能空调消费量均剔除出口数量。对居民部门收入和厂商部门投资的历史数据采用 X－Ⅱ平滑法，并对数据采取 HP 滤波剔除趋势项，保证数据的平稳性。模型参数的估计结果如下。

第一，居民部门消费低碳产品和一般产品的常相对风险规避系数 σ、γ 分别为 0.001850 和 0.942456（见表 7－4）。低碳产品消费的常相对风险规避系数远远小于一般产品的常相对风险规避系数，说明居民部门对低碳产品消费属于风险偏好型，这种偏好特性会使消费部门对低碳消费政策较为敏感。

表 7 - 4　空调行业动态参数估计值

参数	解释意义	估计值
σ	家庭低碳产品消费常相对风险规避系数	0.001850
γ	家庭一般产品消费的常相对风险规避系数	0.942456
φ	低碳产品生产要素的替代弹性系数	0.0376
τ	一般产品生产要素的替代弹性系数	0.0206
ν	厂商虚报销量对违约罚金的敏感系数	- 2.149753
α	家庭部门预期收入敏感系数	1.230046

第二，居民部门预期收入敏感系数为 1.230046。

第三，厂商部门的生产函数中，低碳产品生产要素的替代弹性系数为 0.0376，一般产品生产要素的替代弹性系数为 0.0206，二者之和为 0.0582，说明为社会供给低碳产品的生产活动并不具备规模效应，从生产层面看，这也是社会低碳产品供给不足的直接原因。

第四，厂商虚报销量对违约罚金的敏感系数为 - 2.149753，说明厂商部门的逆向选择行为对政府的惩罚机制较为敏感，政府增大违约的惩罚力度，厂商部门会快速减少自身的逆向选择行为，反之亦然。

第五，厂商违约罚金冲击一阶自回归系数为 1.45，这是个较大的数量级，说明厂商逆向选择预期受到以往行为的影响较为显著。

六　政策冲击模拟及优化路径

"节能惠民"低碳消费政策的根本目标在于提高家庭高载能类低碳产品的消费量，属于家庭引致消费碳排放中一类特殊产品，以拉动家电消费和节能减排两个子目标联合实现作为政策的主目标。理论上的目标体系如图 7 - 7 所示。

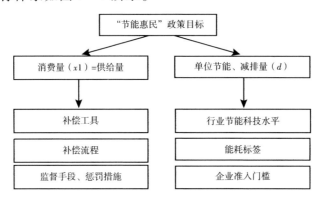

图 7 - 7 理论目标体系

上图中两个子目标分别对应两个设计板块，一是准入板块，该板块包括企业准入和产品准入两方面的设计，企业准入门槛很低[1]，通过"2 级及以上水平能效标识备案"条件来限定产品的节能下限；二是消费激励板块，该板块包括激励额度和激励路径两个方面的设计，为了拉动家电消费，政府给予低能耗家电消费者约占售价 10% 的单价补贴额度；采用的补贴方式是通过生产商和零售商的中间环节对消费者实施补贴。

原"节能惠民工程"的政策目标强调低碳产品的供给量，通过每家企业 10 万台（套）硬性指标约束的推广量，第一期参与企业为22 家，第二期为 27 家，激励销量无上限，同时放松监管环节、企业准入环节。将其刻画为政策目标函数为：

$$k_t(e_t\alpha_t)^\varphi\big[(1-e_t)\alpha_t\big]^\tau = \frac{D}{d}$$

---

[1] 《节能产品惠民工程高效节能房间空调器推广实施细则》规定："申请高效节能空调器推广的生产企业必须满足以下要求：1. 为中国大陆境内合法注册的独立法人；2. 承诺年推广高效节能空调器数量不少于 10 万台（套）；3. 拥有所申请推广产品的自主品牌或品牌合法使用权，同一品牌只能由一家生产企业申请推广"；4. 具有完备的产品销售、安装及用户信息管理系统。"大多数家电企业均可满足这样的准入条件。

在这样的政策目标下，虽然使用了消费补偿手段，但补偿链条依托于生产企业和零售企业之间的生产和商贸流通网络，政策资源消耗大，补偿"暗箱"增多，过多补偿环节导致信息失真，增加了管理难度和管理成本。

改进后的政策目标应强调在保证最低供给量的情况下最大限度地增加低碳产品的市场占有量，由此我们将低碳产品市场占有率作为政府的政策目标函数，刻画目标函数方程为：

$$k_t = \frac{\chi_t X_t}{(e_t \alpha_t)^\varphi [(1 - e_t)\alpha_t]^\tau}$$

值得注意的是，需要知道我国在指定该政策时的真实目标是确实增加低碳产品的市场占有量，还是增加所有产品的市场占有量。这决定于补贴路径设计及产品门槛的设置，具体改进路径如下。

（一）既有补偿路径下的优化措施

当前我国对消费者补贴的可选路径十分有限，国外已实施的积分制及消费税返还或所得税抵扣等方式在我国没有实施基础，因为现在我国还没有建立起完备的统一征信体系以及家庭统一纳税制度，尤其是消费税征缴架构模糊、所得税征缴不平衡等因素，在一定程度上阻塞了对家庭消费补偿的管道。由此可见，在短期内，若重启"节能惠民工程"，保留既有补偿路径仍然是第一选择，在既有补偿路径下，增加低碳节能产品市场占有率及降低政策管理难度的改进路径如下（见图7-8）。

（1）启动市场、行业对能效标识信息准确性的监督机制

在保留既有"企业自我声明＋备案＋监督管理"模式的同时，在监督管理环节进行创新，建立市场、行业双重监管机制。

（2）强化企业违约监管机制设计

从前面章节的分析来看，我国"节能惠民"政策在生产企业违约监督惩罚环节的机制设计较为薄弱，例如，在政策通知中监管环节、违约惩罚环节表述不清，模棱两可，在补偿资金审计中发现

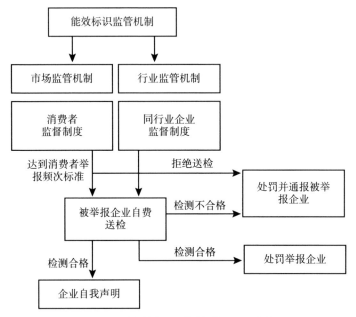

图 7 - 8 能效标识监管的改进路径

"骗补"行为，但后期的惩罚措施模糊，这也是造成政策执行中出现严重违约行为的重要原因。根据原"节能惠民"政策内容，政策的监督和惩罚不是经常性的，监管频率较低，现实中表现为政策执行四年仅做了一次补贴资金审计工作，尤其政策内容中没有明确提出惩罚措施，罚金损失对于厂商来说具有偶然性。对该惩罚机制的函数描述上，我们把 $F_{i,t}$ 作为外生虚拟变量来处理，即：

$$(z_i^c m_{i,t} i_{i,t} + 1 - e_{i,t})c_t A_{i,t} + \overline{FF}_{i,t} = TC_{i,t} - SQ_{i,t}$$

$$F_{i,t} = \begin{cases} 0 & \text{发现} \\ 1 & \text{未发现} \end{cases}$$

假设在政策设计机制中加入监管和惩罚环节，对惩罚机制进行改进，重新设计惩罚函数，累进惩罚方式，函数如下：

$$F_t = \nu F_{t-1}$$

在该惩罚机制下，企业虚报销量的决定方程为：

$$Q_{i,t} = \tilde{q}\,(\,Q_{i,t-1} - \frac{F_{i,t-1}}{S}\,)$$

对该种情景进行模拟，模拟结果与真实情况进行对比，如图 7 –
9 所示，假设 A、W、X、TC 四个外生变量不发生变化，仅是 F 图的
惩罚函数发生改变，政府设置了明确的监管和惩罚机制，首先惩罚
具有累进效应，假设惩罚函数自回归系数为 1.2，基础罚金标准系数
为 0.226525，施加该冲击后，生产企业逆向选择行为受到明显的抑
制，但同时企业的低碳努力程度较原来也有明显下降，但是随着惩
罚机制效应的逐渐显现，消费者低碳消费偏好受到鼓励，有明显的增
加。这说明增加监督机制和惩罚机制是把双刃剑，在短期内会损伤生产
商的积极性，但是会通过惩罚监管机制向市场显示低碳产品信誉，进而

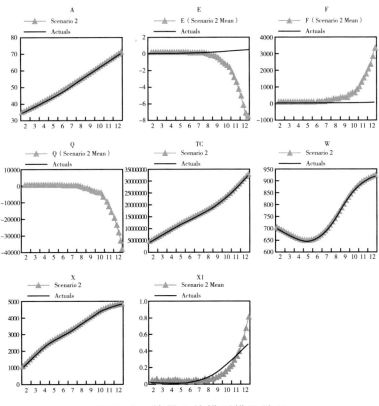

图 7 – 9 情景 1 的模型模拟结果

鼓励市场消费积极性。由此可见，在机制设计中加入惩罚机制能有力约束企业的逆向选择行为，但是也带来了降低生产者低碳努力积极性的负面影响。

那么我们改变另外一种惩罚思路，按照生产企业完成规定低碳产品供给承诺的情况来建立惩罚机制，其惩罚函数设为：

$$F_t = \nu \left(\frac{D}{d} - Y_t^{\text{低碳}} \right)$$

此时的惩罚机制冲击情况如图 7 - 10 所示，该种惩罚机制能够大大提高生产企业的低碳努力程度，但不利的一面在于诱使企业产生逆向选择行为，也大大降低了消费者对低碳产品的消费积极性。

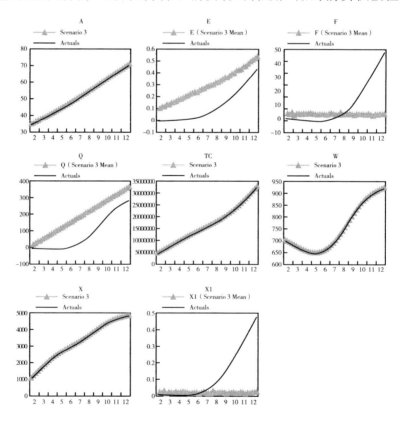

图 7 - 10　情景 2 的模型模拟结果

综合以上两种情景，我们发现在保留既有补偿路径的情况下，惩罚机制都要面临市场效率与生产企业逆向选择行为的两难选择，也就是说没有最优惩罚机制，只存在次优惩罚机制，允许一定程度逆向选择行为存在是企业参与政策的条件之一，虽说为了使政策能够被执行，惩罚机制不能完全杜绝逆向选择行为，但惩罚机制的存在可以降低逆向选择程度，所以，增加惩罚机制是必要的。

（二）改变补偿路径后的优化措施

从长期来看，我国新一轮的税制改革能够完善我国的征信体系和消费税、个人所得税征缴体系，我国低碳消费补偿政策改进路径为：将原来的"价格直补"改为"积分制＋低碳产品消费税返还"。具体路径如图 7 - 11 所示。

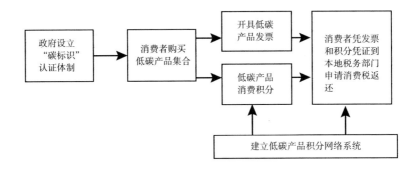

图 7 - 11　积分制 + 低碳产品消费税返还模式

该补偿路径的主要优势有以下三点。

一是，该路径可以有效扩大补贴范围。实施补贴的低碳产品范围可以从家电类产品拓展到多种类产品，通过"碳标识"信息传递工具增进消费者对低碳产品的认知，同时便于消费者在低碳产品和非低碳产品之间做出选择，提高家庭引致消费减排比例。

二是，减少管理环节，降低政策管理成本。该路径中，政府对供给侧的管理只需针对"碳标识"认证环节实施常规管理即可，可以借鉴能效标识的成熟管理经验，通过低碳产品积分制保证社会低碳产品的节能减排质量；关于需求侧，政府直接对消费者实施补贴，不需要经过生产商和零售商的复杂"转补"环节，杜绝了补贴环节的逆向选择行为。

三是，真正激发了以低碳需求拉动低碳供给的低碳经济内驱力，进而激发了企业的低碳技术创新活力，有效促进产业转型升级。

值得注意的是图 7 – 11 中表示信息准确性的监管激励仍然适用于本优化路径。

第八章 我国交易型低碳消费政策工具创新

引 言

本章根据第五章给出的第二条政策体系改进路径要求，将交易型"低碳消费碳节约交易"作为引导政策，建立以碳标识制度、低碳消费社会服务体系、消费碳信用制度、监管制度为配套的复合型政策体系。本章共包括三节内容，第一节界定低碳消费碳节约交易的内涵、范围、目标，并分析交易机制的现实意义，第二节设计低碳消费碳节约交易的激励机制，第三节设计低碳消费碳节约交易的监督及保障机制。

第一节 什么是低碳消费碳节约交易

由于关乎低碳消费的消费品种类极其复杂，因此设计经济激励机制，需要创造一种可以激励居民在消费实践中主动搜寻机遇以实现节能减排的机制，这就要求居民通过该类消费行为获得的节能减排成果可以达到一定的经济诉求，按此思路，这种机制设计必须达到两个目标，一是保证居民的节能减排成果具有产权性质，二是保证居民的具有产权性质的节能减排成果可实现自由交易，因此建议我国政府借鉴碳排放权交易机制建立交易型低碳消费政策。对于需求侧而言，该类引导政策工具尚属于全新领域，可喜的是广东省发展和改革委员会开创性地出台了《广东省碳普惠制试点建设指南》，在实践层面初步尝试碳排放权设计及数据采集工作。受到该指南的启发，本章内容以此为基础并借鉴 Gunasekera 和 Cornwell （1998）提出的排放权交易机制设计结构理论，尝试针对我国交易型低碳消费政策的政策工具进行创新设计并展开学术探讨，期望为低碳消费政策创新提供一种思考方向。

一　低碳消费碳节约交易的界定

低碳消费碳节约交易（简称"碳节约交易"）机制是鼓励居民家庭在日常生活、消费活动中将自发节约的碳排放量通过市场交易获得经济回报的一种政策手段，交易双方分别是居民家庭与企业单位，直接交易对象是以单个居民家庭为核算单位的居民家庭在生活、消费过程所节约的碳排放量，将其称为"节约碳权"。

碳节约交易的政策目标主要有两个，一是全面启动我国低碳消费，促进我国社会消费的低碳化升级；二是以需求侧低碳化倒逼供给侧创新升级。

碳节约交易机制适用范围非常广泛。从减排规模来看，该机制直接影响需求侧减排规模，主要包括居民生活减排量（直接减排量）和引致消费减排量（间接减排量）两部分，其中的引致消费减排量在理论上可以包括大部分企业层面的减排数量，在现实中，引致消费减排量与其所对应的相关企业减排量之间的数量偏差主要来自碳标识体系的完备程度，如果该体系可以将企业减排项目全部纳入系统核算体系，那么企业在全部生产环节、管理环节的减排量都可以反映到碳标识的数据标签上。从交易参与者来看，我国境内所有居民家庭和具有独立法人资格的企业单位均可参与交易，从交易所涉内容来看，所有符合节能减排标准的产品、服务、生活方式、出行方式等均可纳入交易范畴，在实际交易过程中，到底有多少产品、服务、行为方式被纳入进来，这决定于政府的节能减排标准设计机制，也就是说政府对节约碳权的核算原则、方式、方法、技术等因素会直接影响低碳消费对象的内部结构。从长期发展来看，随着我国碳排放监测技术的提升以及核算体系的不断完善，碳节约交易机制可以将产品、服务、行为方式全部纳入低碳范畴。

碳节约交易机制有三个根本特性。

第一个特性，碳节约交易属于减量激励机制。当前关于排放治理的交易机制设计均针对排放物增量（排放物供给侧）来界定排放产权，以达到控制增量的目的。这一机制内部存在天然的对立逻辑，用激励手段抑制排放物增量，激励手段在促进供给上的效果要好于抑制供给，这自然会增加机制设计的复杂性和矛盾性；而碳节约交易却进行了反向操作，从需求侧着手，对减排施加产权属性，用激励方法增大减排产权的社会供给量，将排放问题在经济逻辑内部实现了增量产权向减量产权的转换，进而促使经济逻辑与激励机制的最直接传导逻辑保持一致性，强化激励效应。

第二个特性，碳节约交易属于总量交易与基线交易相融合的交易。该机制既不同于单独的总量交易也不同于单独的基线交易，在节约碳权的核算上采用基线交易机制中的核算方法，在界定全社会节约碳权总交易边界上采用总量交易理念，并以此设计激励手段。相当于在减排总量值固定情况下的基准交易制度，该机制的突出优势在于政府可以根据自身财政支出意愿来调控减排总量阀门和基础交易水平，既保证了减排效率又有效提高了经济效率。

第三个特性，碳节约交易属于自愿型交易。该机制的最显著优势在于避免了碳排放权交易机制中的碳权初始分配环节。无论是对交易参与方的居民家庭还是企业单位都不强制施加节约碳权配置份额，双方自愿选择交易行为。从碳排放控制的角度看，碳节约交易机制通过设计基线碳排放标准来实现对居民家庭排放限额的控制，当然，该控制不是强制的，居民家庭可以自愿选择是否遵守基线排放限额，其对基线遵守的程度决定了其经济损益程度。那么对于另外的参与方企业而言，政府的碳排放控制手段更为灵活，通过选择建立不同机制的碳标识制度来实现对企业碳排放标准的控制，例如，如果采用碳排放等级模式的碳标签制度，那么政府不会强制划定行业碳排放基准线，由消费者的均衡选择行为促使某个碳排放水平自发成为行业碳排放基准线；如果政策采用减排等级模式的碳标签制度，那么政府就会规定行业碳排放基准线。无论政府是否对企业采取碳排放配额分配制度，该规定对碳节约机制都不会构成影响，因为碳节约交易机制与碳排放权交易机制是完全独立的。

二 低碳消费碳节约交易的建设意义

首先，低碳消费碳交易政策强调市场手段对促进低碳消费的作用，将生产单位间的碳交易理念移植到低碳消费领域，使消费者的低碳消费行为可以在市场上实现价值交换，低碳消费行为由被动减排变为主动减排，同时旺盛的低碳消费促使生产侧的低碳努力同样完成了价值交换，使生产侧也实现了由被动减排向主动减排的转变。由此，无论是需求侧还是供给侧的减排动力均由外生性的政府输血转换为内生性的市场造血。

其次，政策激励的传导路径更加直接、便捷。我国原有的低碳消费激励政策将激励对象设定为某一类产品、某一种消费行为，而消费行为和消费品类十分繁复庞杂，使激励政策设计势必同样烦琐复杂，产生巨大的政策成本，以至于激励政策无法有效实施。而低碳消费碳交易政策选择直接的"消费减排"作为直接激励对象，避开了原来政策中复杂的传导路径，大大降低了行为主体的逆向选择和道德风险问题。

最后，低碳消费碳交易政策的激励工具更加多元化。建立低碳消费交易体系需要多种激励型政策工具，工具包中包括表 8 - 1 中的多种政策组合及图 8-1 中的多个平台机制组合，这些工具的激励功能相互补充、相互耦合，形成良性激励系统。

第二节　低碳消费碳节约交易的激励机制

一　激励路径设计

总体激励思路为：政府对企业购进节约碳权的行为给予税金抵扣优惠，对居民家庭建立节约碳权储存及市场交易制度。

具体激励模型如下。

第一步，针对居民家庭建立节约碳权的核算、授信、储蓄机制。

首先，建立节约碳权的核算机制。节约碳权核算基本思路是相关部门、行业、领域、社区在中央政府总体减排目标调控下制定碳排放基准线，按特定程序监测和计算居民家庭实际碳排放低于基准线的差值部分，将其作为居民家庭的节约碳权，简要核算体系如表 8-1 所示。

在实际操作过程中，节约碳权的核算工作量大而且复杂，但这样的全领域碳排放摸底工作势在必行，即便不是应用于节约碳权交易目标，随着我国对全球气候问题参与程度的提高，尤其是进入绝对量减排阶段，碳排放摸底是任何一项减排措施有效实施的前提条件。同时，我国已经开始了碳排放摸底的试点工作，这为节约碳权交易政策的建立提供了扎实基础。

其次，建立节约碳权的授信、储蓄机制。基本思路是：政府管理当局建立节约碳权评估大数据处理平台，收集并核准居民家庭的碳排放节约记录，并最终对居民家庭的节约碳权进行授信。居民家庭可以通过政府管理当局的委托，在银行窗口开设个人节约碳权信用账户，在各类的生活、消费活动中凭借此信用卡累计消费碳排放信息记录，同时可凭卡在银行业务窗口办理节约碳权的结转、储蓄、咨询等业务，详细机制如图 8-1 所示。

表 8 – 1　低碳消费碳排放节约量核算准则体系

低碳消费大类	低碳消费细分类别	碳排放节约核算方法	数据来源主体	数据提供方式
低碳家居生活行为	节约用电	实际用量与用量标准（按社区）的差即为节约量	供电局	上报数据平台
	节约用水		自来水公司	
	节约用气		燃气公司	
	垃圾分类	根据垃圾处理方式确定每个塑料瓶、每公斤纸板、每公斤纸张及每公斤餐厨垃圾等各类垃圾回收利用的减碳量	环卫公司	为社区（小区）居民发放垃圾分类积分卡。居民每次投放垃圾前刷卡，由垃圾分类回收装置系统记录居民的投放行为并与数据平台系统进行对接
低碳出行行为	减少私家车出行	由居民自行在个人信息中填写出行日均里程。从物业处获取每个车牌号每月出行日数，对比上个月减少的日数即为减少出行日。根据减少出行日、居民的日均里程及百公里油耗（用平台内置缺省值），计算出该行为的减碳量	物业管理处	从物业管理处获取车辆进出的记录（建议每月获取一次）。根据物业管理的数据采集方式，确定用户需绑定的类别（如车牌号、户主名等）
	低碳公共交通	确定公交出行次数基准线、普通人均单次出行的碳排放和低碳交通单次减碳量。根据乘客乘坐低碳交通总和与公交出行次数基准线的差值计算节约量	公交公司、交通卡发行公司、交通运营公司或者交通数据中心	在数据平台个人信息中绑定"公交卡"号
低碳服务消费行为	所有低碳服务品类	确定服务项目排放量的行业基准线，项目实际排放量低于基准线的差值即为节约量	服务型企业单位	由服务项目获益者自愿申报

续表

低碳消费大类	低碳消费细分类别	碳排放节约核算方法	数据来源主体	数据提供方式
低碳商品购买行为	所有低碳商品品类	核算低碳认证产品对比同类产品的生命周期减碳量	生产企业、开发公司、零售企业	低碳节能产品包装上张贴二维码,扫码获取消费信息,输入低碳消费者在数据平台的注册账户,最后将信息上报数据平台

　　资料来源:《广东省发展改革委关于印发〈广东省碳普惠制试点工作实施方案〉的通知》,广东省发展和改革委员会官网,http://zwgk.gd.gov.cn/006939756/201507/t20150727_594913.html。

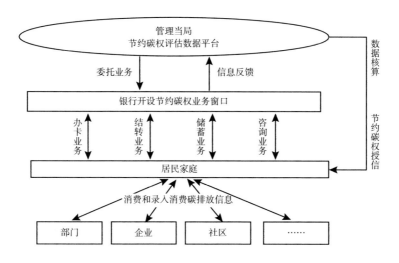

图 8 - 1　节约碳权授信、储蓄机制

　　第二步,针对企业建立激励模型。

$$t_{discount} = \frac{GR_{future}}{C_{save}} \qquad (8-1)$$

　　公式(8-1)中,$t_{discount}$代表企业购进单位节约碳权的税率折扣比例。

GR_{future} 代表政府在该时间区间内该类税种产生的全部收入预期。

C_{save} 代表政府对碳排放的削减雄心，即一定时间内的减排总量目标。

这里存在三个关键问题。

第一，政府选择哪种税作为抵扣对象？假设该交易机制在政府实施了财税改革之后，根据当前我国制定的财税改革方向，改革后的企业赋税结构中很有可能包括增值税、所得税、环境税等主要税种，如果选择环境税作为抵扣对象，这会削弱企业环境保护动力，如果选择所得税作为抵扣对象，企业获得的抵扣总额很有可能不足以激励企业产生交易意愿，所以以增值税作为抵扣对象较为合适，同时我国当前为了鼓励企业绿色、生态、低碳发展，本身也提供了减免增值税、投资抵免、进出口关税优惠等多项税收优惠政策，完全可以在原来减免增值税的基础上进行改进。

第二，政府选择按率抵扣还是按量抵扣的方式，在本质上并不影响激励机制。对式（8-1）进行改进。将 GR_{future} 还原成全部增值税的表达方式，$\tau_{consume}$ 代表我国的增值税税率，TBR_{future} 代表政府预期的全部增值税纳税额，如式（8-2）所示：

$$GR_{future} = \tau_{consume} \times TBR_{future} \qquad (8-2)$$

于是式（8-1）改写成式（8-3）：

$$t_{discount} = \frac{GR_{future}}{C_{save}} = \tau_{consume} \frac{TBR_{future}}{C_{save}} \qquad (8-3)$$

由于所有参与交易的企业所面临的是同一固定增值税税率，所以无论是按率抵扣还是按量抵扣，其激励效果是一样的。

第三，应该建立抵扣比例的动态调整机制。为了稳定交易参与方的市场预期，该调整周期不宜过短，但为了降低政府的财政收入风险，该调整周期又不宜过长，以年作为调整周期较为合适。

　　第三步，建立节约碳权交易市场。建立完全独立于碳排放权交易市场的节约碳权交易市场，市场交易依托的交易平台有两种选择，一是单独另建节约碳权交易所，二是依托现有的碳排放权交易所平台，在原平台上开辟节约碳权交易业务，将原来碳排放权交易平台由单品交易平台变为双品交易平台。但是，无论是分开的平台还是同一平台，都要严格禁止两个市场发生交叉交易，也就是说节约碳权主体只能在低碳消费碳排放节约交易市场注册信息并出售节约碳权，不允许在碳排放权交易市场注册出售，关于交叉交易的消极影响问题会在后面内容中给出详细解析。

　　在市场交易过程中，还存在一个关键问题，就是市场定价问题。对于政府管理当局来说，其更关心的是能够促使交易发生价格变动的区间是什么。

　　首先，分析节约碳权市场可接受的最低交易价格。居民家庭的交易意愿决定于其整个交易过程中所产生的交易成本，主要包括交易信息搜寻成本、交易平台收费及资产性收入的个人所得税等，这里暂且不考虑消费改变生活方式或消费方式带来不便所产生的费用。我们在分析时采用相对简单的静态分析法。

$$p_{c-save}Q_{c-save}(1 - \tau_{family}) > cost_{information} + cost_{goverment} \qquad (8-4)$$

　　式（8-4）中，p_{c-save} 代表节约碳权市场交易价格；Q_{c-save} 代表节约碳权市场交易量；τ_{family} 代表按居民家庭征收的财产性收入个人所得税率；$cost_{information}$ 代表居民家庭的信息搜寻费用；$cost_{goverment}$ 代表交易平台的交易抽成费用。

　　式（8-4）可变形为：

$$p_{c-save} > (1 - \tau_{family})\frac{cost_{information} + cost_{goverment}}{Q_{c-save}} \qquad (8-5)$$

　　式（8-5）给出的是节约碳权的最低交易价格。

　　其次，分析节约碳权市场可接受的最高价格。

$$BR \cdot t_{discount} > p_{c-save} Q_{c-save} \qquad (8-6)$$

式 (8-6) 中，BR 代表参加交易企业在一定时间内的增加值收入，$t_{discount}$ 代表政府给予企业购进节约碳权行为的增值税抵扣比例。式 (8-6) 可调整为：

$$p_{c-save} < \frac{BR}{Q_{c-save}} t_{discount} \qquad (8-7)$$

式 (8-7) 给出了节约碳权的最高交易价格。所以，节约碳权市场可接受的价格区间是：

$$(1 - \tau_{family}) \frac{cost_{information} + cost_{goverment}}{Q_{c-save}} < p_{c-save} < \frac{BR}{Q_{c-save}} t_{discount} \qquad (8-8)$$

由式 (8-8) 可以得出如下结论。

结论一，居民家庭参与节约碳权交易的价格下限是平均交易成本（或者边际交易成本），而且式 (8-8) 左侧仅包括平均交易成本项，而没有其他项目，这说明居民家庭可接受的交易价格可以变得很低，因为这些交易成本可以通过机制设计使其趋于较低水平，而且另一交易方企业也更加偏好于低价购进，减少支出，这说明节约碳权市场有更大可能性实现节约碳权交易。

结论二，企业参与节约碳权交易的价格上限决定于购入节约碳权的平均收益（或者边际收益），这是个更一般意义上的结论，式 (8-8) 右侧部分实质上隐含着对交易市场更具鼓舞性的市场信号，假设企业对交易价格持有稳定预期的情况下，企业会随着自身经营转好及增值收益提速而扩大节约碳权购进规模。

二 交易参与方的激励响应预估

1. 消费者激励响应预估

在该交易机制中，消费者是消费碳排放节约权的拥有者，具有交易主动权，其交易意愿的强烈程度取决于交易价格与边际交易费用的比值，如果前者大于后者，消费者的交易意愿就会增强，反之，如果前者小于后者，其交易热情就会减退。影响交易价格的主要因素在于购买方企业的交易热情，直接影响企业交易热情的关键点是政府设立的企业税抵扣额与节约碳权比值的大小，二者正向变化。影响边际交易费用的因素主要包括交易信息搜寻成本、交易平台收费机制及个人所得税机制等，注意这里暂且不考虑消费改变生活方式或消费方式带来不便所产生的费用。这些因素中交易平台收费机制及个人所得税机制属于可控因素，可以由相关管理部门通过机制设计向消费者倾斜。关于交易信息搜寻成本，实际上通过碳排放权交易市场以及股票市场的建设经验来看，个体交易者在大数据信息平台上进行挂单交易，其信息搜寻成本被大大降低，如果不考虑机会成本的话，该类信息搜寻成本可以忽略不计。为了便于阅读，现将上述逻辑用框架图的方式表达出来（见图8－2）。

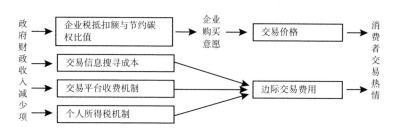

图 8 - 2　消费者消费减排热情影响因素及机制

接下来判断交易发生的可行性问题，关键问题是政府为该交易机制所付出的成本是否可以承受。这些成本有个共同特点，属于政府财政收入减少项，而不属于政府财政支出项。中间节省了政府财政筹集成本。这就给政府留出了充足成本处置空间，比如税收结构调整方法。

实质上，无论政府设立一个什么样的抵扣额度，只要在交易平台收费机制和个人所得税机制设计上尽量降低消费者的交易成本，甚至是 0 成本，无论企业出多低的价格，消费者都会产生交易热情，因为满足了人们 0 成本收益的心理。而且这种低价策略还会加大企业的购买热情，在这个机制链条中，企业、消费者、环境均受益，增加了福利，同时，在本质上，政府的当前收益并未受损，至少维持原来的财政收入状况。由此可见，该机制具有较强的存在合理性。

2. 企业单位激励响应预估

在分析之前，首先要明确机制设计中切断碳权交易市场和节约碳权交易市场之间交叉交易的功能，这是后续分析的前提条件。这个机制环节的设计是为了保证企业购进的节约碳权不与企业自身的碳排放权相混淆，节约碳权不能进入碳排放权交易市场进行二次交易。因为二次交易会扰乱碳权交易市场秩序，使减排资质弱的企业有机会进入碳交易市场，增大了碳权的虚拟供给，同时减少了真实碳权需求，使碳权价格下跌，挫伤了减排能力强的企业的减排积极性，造成劣币驱除良币的恶劣后果。所以该设计环节可以有效保证两个交易市场具有公平有序的市场环境。

先看具备较强减排能力的企业。政府对企业碳排放设置的规则可分为强制减排规则和自愿减排规则，如果是强制减排规则，每个企业都会得到一定的碳排放配额，这样会保证企业有一个最低减排标准，超额减排部分才会与企业减排热情有关；如果是自愿减排规则，那么企业的所有减排额均与减排热情有关。于是，超额减排的收益成本比值的大小就直接决定了企业减排热情的高低。

如图 8-3 所示，该类企业拥有超额减排量，这些超额量可以从两个途径给企业带来收益，第一个收益途径：全部超额量可以在碳排放权交易市场挂牌出售，如果交易市场的边际交易费用低于碳权售价，交易就可实现。第二个收益途径：由于企业的减排效果较好，生产出可标注碳标签的低碳产品，并且由于节约碳权交易机制的存在，该类产品市场占有率提高，增大了经营收入。除此之外，企业还拥有第三条收益途径：企业可通过购进节约碳权抵扣一部分企业税金，这在一定程度上降低了企业的税收成本。由此可见，强减排能力企业在多重经济激励的情况下，减排热情只增不减。

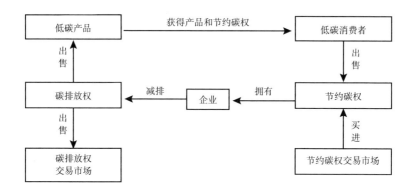

图 8 - 3　拥有超额减排量企业减排意愿影响因素及影响机理

接下来再分析减排能力不足的企业（见图 8 - 4）。如果政府出台的是强制减排规则，那么该类企业会实施减排，但无法达标，会出现碳权负债，必须要向碳权交易市场购进其他企业的碳排放权，这类企业具有强烈的减排欲望；如果政府出台的是自愿减排规则，在一般情况下，企业一定不会购买碳排放权，也一定不会减排，因为对该类企业来说，当减排成本高于减排收益时，如果没有强制要求，一定不会采取减排行动，但是，这类企业生产的产品不能被注册碳标识，低碳消费者如果购买该类产品就无法获得节约碳权，消费者对该类产品的偏好程度会降低，由此该类企业的产品市场占有率被强减排能力企业挤占，因此该类企业也会产生强烈的减排欲望，提高自身减排能力。

另外，尽管减排能力弱的企业难以在碳排放权交易市场和低碳产品市场效率上获得竞争优势，但这并不阻碍该类企业对节约碳权的购买行为，通过该行为降低税收成本，为企业增加减排投入留出空间。

总之，从以上分析来看，低碳消费碳交易机制无论是对消费者还是对企业的减排意愿均有积极的促进作用。

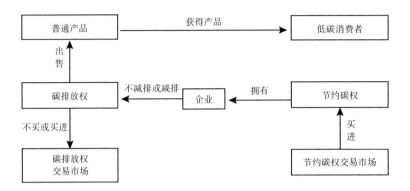

图 8 - 4　减排能力不足企业减排意愿影响因素及影响机理

第三节　低碳消费碳节约交易的监督和保障

一　碳节约交易机制问题分析

交易机制中容易产生交易成本问题和市场势力问题，那么碳节约交易机制是否也存在这两方面的问题呢？

1. 交易成本问题

根据前文研究内容，居民家庭面临的交易成本主要包括搜寻成本、税金、交易平台抽成，如果这些成本过高，当企业出价无法弥补这些成本时，居民家庭的交易积极性就会受挫，会导致交易体系崩塌。首先分析居民家庭的搜寻成本，包括价格搜寻成本和节约碳权搜寻成本，关于价格搜寻成本，根据现在的交易平台建设能力和技术水平，价格搜寻成本非常低。节约碳权搜寻成本的高低有三个方面的影响因素，一是我国碳排放检测核算及确权体系的完备程度，如果体系不完备，居民家庭在正常的消费行为和生活行为发生时，如果消费碳排放确认活动给其带来很大不便，甚至需要耗费较长时间和较大精力进行交涉，那么居民家庭就会放弃碳排放节约行动。二是碳标识体系的建立及完备程度，这关系着居民家庭能否高效率地做出低碳消费行为选择，如果没有显著且便于消费者快速做出碳节约计算的碳标签，使消费者花费较长时间去选择，那么居民家庭累积节约碳权意愿会有所降低。三是低碳消费社会服务系统的健全程度，如果这类社会服务系统不健全，居民家庭获取节约用能、低碳生活知识技能的途径十分有限，在低碳生活上会出现"心有余而力不足"的情况。

2. 市场势力问题

节约碳权交易参与双方之间的关系十分简单，仅仅是交易关系，而不存在市场竞争关系，节约碳权供需波动影响的是价格，所以，在居民部门和企业部门之间不存在市场势力问题。那么作为购买方的企业之间是否会产生呢？企业更偏好于低价交易，这样企业付出的成本会减少，如果有实力的企业加大节约碳权的买入规模（但节约碳权对买入方来说不具有储备功能），那么就会抬高市价，抬高市价的结果是促使企业成本上升，所以理性的企业参与者没有理由垄断市场排挤小企业，所以在企业层面不存在市场势力问题。对于居民家庭之间呢？如果管理当局不允许开发节约碳权基金或期货等金融产品，那么居民家庭部门的分散性决定了单个居民家庭难以形成市场垄断，基本上也不存在市场势力问题。

二　碳节约交易机制保障措施

根据前面的问题分析，创新及优化低碳消费保障机制是低碳消费碳交易系统中的关键环节，直接关系着低碳消费市场效率能否实现。低碳消费保障体系主要包括低碳产品认证体系、低碳消费监督和低碳消费的社会服务体系。

1. 低碳产品认证体系

国际上成功的经验是建立"碳足迹"和"碳标签"两大认证体系，而我国当前还没有开展真正意义上的碳标识认证工作，尽管生态环境部环境认证中心制定了《环境认证中心开展低碳产品认证》

的发展规划，也颁布了《中国环境标志低碳产品标识使用管理暂行办法》，但仅推动了规划中所提出的第一阶段工作，即产品环境标志认证工作，而第二阶段的产品碳足迹标志认证和第三阶段的产品碳等级标志认证工作迟迟没有展开。当前针对用能产品执行的能效标识应用范围有限，并不适用于非用能产品。所以我国生态环境部环境认证中心应该借鉴国际上的"碳足迹"认证经验及中国环境标志体系建设经验，快速推进中国"碳足迹"认证体系建设，碳足迹评价技术方法可参考英国标准学会（BSI）公布的 PAS 2050，即《商品和服务在生命周期内的温室气体排放评价规范》。首先，应该将碳标识制度从部门规章提高到立法层级，尤其当前可以考虑预先立法的尝试工作；完善碳标识制度的规则体系。其次，政府需要转变观念，发挥引导职能。对碳标识制度的实施目标、实施人员、实施方式、实施程序等做出合理的规划和安排。最后，加强环保低碳技术的研发，加大资金投入、人员投入等。

2. 低碳消费社会服务体系

政府建立低碳消费社会服务购买机制和鼓励机制，通过政府购买和鼓励社会提供的方式增大低碳消费社会服务供给。低碳消费社会服务主要包括低碳消费宣传、低碳消费技术技巧咨询、第三方认证检测、消费节能核算软件等。政府根据低碳消费服务性质的不同，采取不同的机制设计思路，例如以公益性为主的低碳消费宣传服务，政策可以采取政府购买的方式，建立购买机制，针对带有营利性质的低碳消费服务，如咨询、检测、认证、节能软件开发等，通过经济激励方式鼓励社会资本介入。

3. 低碳消费监督体系

该监督体系主要包括低碳消费碳交易监督机制、低碳产品认证监督机制、低碳消费社会服务监督机制三个部分。其中，建立低碳消费碳交易监督机制，政府首先需要制定"低碳消费碳交易管理暂行办法"，建立低碳消费者碳排放节约信用记录申诉通道，建立信用记录违规者（包括个人和企业单位等）定期公布机制及违规处罚机制，建立交叉交易行为监管及惩罚机制；借鉴图7-8所示的能效标识监管的改进路径建立低碳产品认证监督机制；针对低碳消费社会服务提供者建立服务品质信用卡制度及信用评级制度，定期公布信用评级结果。

第九章　供给侧低碳政策工具优化

引　言

本章用波特效应概念来高度概括兼顾前述优化思想——减排效应和经济效应，专门对我国供给侧低碳政策工具的波特效应进行评价，找到政策运行过程中的问题及成因，并提出政策优化路径及其改进建议。本章共包括三节内容：第一节，评价我国制造业 CDM 政策的波特效应并设计优化路径；第二节，评价我国低碳科技创新政策体系的波特效应并设计优化路径；第三节，总结我国的低碳政策优化路径。

第一节　制造业 CDM 政策波特效应评价及优化

产业是中国经济全面转型升级的核心，提质、增效、生态是产业优化升级的三条生命线，三方面协同发展是政府进行政策规制的重要预期目标。在环境政策效果评价体系中，将其称为波特效应，即达到经济和生态双赢局面。中国 CDM 政策落地已久，政策对亟待脱胎换骨的中国制造业裨益几何，预期的波特效应是否存在？面临这些疑问，本章建构了中国制造业 CDM 政策处理效应模型，采用 26 个（最后合并为 19 个）制造业细分行业 2010~2012 年的经济、碳排放、CDM 项目分布数据，经倍差法及倾向得分匹配法计算拟合。结果显示，中国制造业 CDM 政策的波特效应为负，即没有同时实现经济增效和碳排放降低的目标，在提升节能减排技术能力和促进制造业产业结构优化方面均收效甚微。成因在于一是中国制造业既有发展惯性的锁定效应还难以突破；二是本身节能减排技术体系、应用广度深度与低碳优化升级诉求不相匹配；三是具有一致性可推广的节能减排技术品类匮乏且创新速率低。据此，提高中国制造业CDM政策波特效应的出路在于调整政策激励导向，突破锁定效应。未来，中国制造业CDM政策适宜演进时序应为：在完成能源基底存量替换的中后期，CDM项目在一定时期内着重鼓励产业低碳技术创新及应用推广，促使产业经济效应和减排效应同向耦合。之后，CDM项目应该进入低碳产品供给和低碳社会创建阶段，以鼓励社会低碳服务系统建设为主。

一　我国 CDM 政策波特效应评价

CDM作为环境类的低碳政策，首要目标是降低影响环境的排放物二氧化碳，但是在经济新常态下，这并非是唯一目标。新常态要求经济体快速完成转型升级发展，转型升级效率与转型升级效果是新常态转型升级的两个必备命题。为低碳政策赋予新目标要求：促进经济体有效增长。据此，新常态下CDM政策目标既要减少二氧化碳排放又要促进经济有效增长，称之为波特效应（Porter，1991；Porter and Van der Linde，1995）。通过促进企业开展更多的创新活动以提升企业的生产率和竞争力，创新补偿可以部分或全部弥补由节能减排额外带来的成本，创造节能减排和经济增长的双赢机会。对既有CDM政策的波特效应状况进行评价则显得紧迫而又必要。关于CDM政策效果评价研究，政策的可持续发展效果评价最为普遍。在评价技术选择上，张树伟和刘德顺（2005）采用了CDM项目和基准线项目相比较的评价方法，Göke（2012）使用了宏观环境评估工具，王润等（2012）在综述研究中指出：多属性效用评价模型或其改进模型备受青睐。如多目标决策理论基于系统分析法建构多指标体系（Lenzen and Schaeffer et al.，2007）。CDM 可持续发展评价尽管也强调经济、减排双重效果，在一定程度上也表现出波特效应特性。但是它更强调 CDM 项目实施主体内部的可持续发展效果，是一种项目评价方式。如果走出项目本身边界，CDM 作为一种低碳政策，判断它对行业总体的真实影响和作用，既有评价框架则存在不适应的地方，如以权重作为多重效应耦合的处理技术始终无法消除主观色彩，这必然损失了那些有可能十分必要的经济关联。尤其我国当前产业处于新常态，产业转型升级、消费升级、生态文明等转折的关键阶段，需要客观、真实、理性地评价政策与产业发展之间的关联，例如，判断 CDM 政策与初始的以低碳促转型为核心的政策初衷有多大偏差，要求找到适宜的办法来重新审视政策效果。

（一）模型建立

根据上述思想，CDM 政策体系评价目标十分清晰，需要评价的核心要件包括以下两点。第一，强调评价内容中减排效果和经济发展效果的综合性，也就是波特效应属性。在政策评价过程中，要求将该属性作为模型被解释变量设置的重要标准。第二，强调政策与政策之间波特效应的关联性评价。此处"关联性"的适当内涵和外延也表现为两个层面，一是理论上期许政策具有正向波特效应，即既促进减排又促进经济增长，这成为模型验证的参照目标导向。但经济现实中二者之间的关联并不是单一方向的，政策可能促进了减排但却阻碍了经济增长，或者政策对减排和经济增长的促进作用均稍有提升。这就产生了"关联性"的第二层含义，二者之间具有更开放的关联属性，要求模型在关联方程设计上具有更好的关联弹性空间，以期真实反映现实经济体中的经济关联和经济问题。这也是建立模型进行经验验证的根本初衷，对政策执行效果有一个相对完善而且清晰客观的认知，科学客观理性的政策效果评估为政策的后续改进提供诊断依据。

1. CDM 政策波特效应理论框架

对于制造业中第 i 个行业，生产函数为：

$$Y_i = Y_i(A_i, I_i, E_i, CDM_i) \tag{9-1}$$

成本函数为：

$$C_i = \theta_i C_i(E_i, I_i, P_E, P_I)$$
$$\theta_i = \theta(CDM_i) \tag{9-2}$$

其中，Y_i 代表第 i 个行业工业总产值；A_i 代表第 i 个行业创新资本品，包括技术研发、设备升级等投入；I_i 代表第 i 个行业的资本投入；E_i 代表第 i 个行业资源产品投入，可用碳排放典型代表；CDM 代表第 i 个行业获得 CDM 项目支持；C_i 代表第 i 个行业的生产成本；θ_i 代表第 i 个行业执行 CDM 政策获得的财政补贴；P_E 代表资源产品价格；P_I 代表资本价格。由式（9-1）和式（9-2）得到利润函数为：

$$\Pi_i = Y_i(A_i, I_i, E_i, CDM_i) - \theta_i C_i(E_i, I_i, P_E, P_I) \tag{9-3}$$

反映制造业减排政策波特效应的因素可以归纳为两类，经济产出效果和减排效果，经济产出效果可以用行业增加值来表示，减排效果可以用行业碳排放来表示，波特效应可表达为经济产出效果与减排效果的比值 π_i，令 $\pi_i = \dfrac{\Pi_i}{E_i}$，则式（9-3）可写成：

$$\pi_i = \frac{1}{E_i} Y_i(A_i, I_i, E_i, CDM_i) - \frac{1}{E_i}\theta(CDM_i) C_i(E_i, I_i, P_E, P_I)$$
$$\Delta\pi_i = \Delta\frac{Y_i}{E_i} - \Delta\frac{\theta_i}{E_i} - \Delta\frac{C_i}{E_i} \tag{9-4}$$

其中：

$$\Delta\frac{Y_i}{E_i} = \frac{1}{E_i}\Delta A_i + \frac{1}{E_i}\Delta I_i - \frac{1}{(E_i)^2}\Delta E_i + \frac{1}{E_i}\Delta CDM_i$$
$$\Delta\frac{C_i}{E_i} = \frac{1}{E_i}\Delta I_i - \frac{1}{(E_i)^2}\Delta E_i + \frac{1}{E_i}\Delta P_E + \frac{1}{E_i}\Delta P_I$$

所以式（9－4）可表达为：

$$\Delta \pi_i = \frac{1}{E_i}\Delta A_i + \frac{1}{E_i}\Delta CDM_i - \frac{1}{E_i}(\Delta \theta_i + \Delta P_E + \Delta P_I) \qquad (9-5)$$

正向波特效应由以下几项组成：$\frac{1}{E_i}\Delta A_i$ 代表技术创新强度，与波特效应增量成正比；$\frac{1}{E_i}\Delta CDM_i$ 代表 CDM 政策对波特效应的影响，本书又可将其称为 CDM 政策的处理效应，与其呈正向变化关系；$-\frac{1}{E_i}(\Delta \theta_i + \Delta P_E + \Delta P_I)$ 代表产业成本变化量，与波特效应呈反向变化。变化来自两种影响因素，一种是要素市场价格的变动，另一种是由 CDM 政策带来的成本变动，如果政府采用的是激励性政策，可降低成本，反之可增加成本。

2. CDM 政策波特效应实证模型

综合考量式（9－5）基本经济内涵及政策评价目标思想，经过多种评价方法比对筛选，选择处理效应模型作为低碳政策效果评价模型。Imbens 和 Wooldridge（2009）在计量经济学项目评价方法文献回顾中，将处理效应评价方法看作基于"个体处理效应稳定假设"前提下针对某个项目或某项政策实施后所产生的因果效应进行统计学分析评价的一种计量方法。模型方法的特征属性（陈强，2014）与本书研究任务有较高匹配度，一是低碳政策波特效应本质就是分析低碳政策与经济体碳排放、增长之间的因果效应；二是模型中允许引入处理变量为设置低碳政策体系变量留出弹性空间，可以充分考虑政策工具之间的耦合关联，将其作为政策整体进行评价。模型具体建立思想主要依据 Rubin（1974）反事实分析框架，即在讨论某一自变量因素对被解释变量的具体影响作用时，该变量存在某方面观测值实际不可观察（或称"数据缺失"问题）情况下可能获得的潜在计量结果。样本行业 i 执行低碳政策的经济效果与未执行低碳政策的经济效果显然不能被同时观测到，需要利用已知信息对未被观测到的潜在经济效果进行估计。据此从式（9-5）的基本经济思想出发建立其处理效应模型如下：

$$\Psi = \alpha + X\beta + \varepsilon$$

Ψ 代表行业运行的经济效果，具体包括行业碳生产率、行业的产业结构生态化水平。在变量 X 的向量选择上，包括协变量 A_i，代表产业科技创新投资；处理变量 CDM_i，代表是否参与 CDM 项目和享受政府低碳补贴政策。控制组行业的决定方程：

$$\Psi_0 = \alpha_0 + \beta_{10}A_i + \beta_{20}CDM_i + \varepsilon_0 \qquad (9-6)$$

政策组行业的决定方程：

$$\Psi_1 = \alpha_1 + \beta_{11}A_i + \beta_{21}CDM_i + \varepsilon_1 \qquad (9-7)$$

由于行业对政策组选择的非随机性特点，并且依据可观测变量选择，在处理效应估计方法上选择倾向得分匹配估计量的基本思想，并结合式（9-6）与式（9-7）构造低碳政策处理效应回归方程如下：

$$\Psi = \alpha + \beta A_i + \gamma CDM_i + \varepsilon_i \qquad (9-8)$$

其中，γ 的经济含义是 CDM_i 处理效应。另外在具体验证过程中，还需要引入工具变量，本模型引入的工具变量是 GDP 和 CO_2。

（二）变量定义及数据来源

1. 结果变量

（1）产业结构生态化水平指标变量

产业生态化发展是全球产业发展的重要方向之一，我国在 2015 年 4 月出台的《中共中央国务院关于加快推进生态文明建设的意见》从生态文明的战略高度对我国产业生态化发展提出了更为系统和具体的要求，指出生态化产业的基本特征是"科技含量高、资源消耗

低、环境污染少"，这些特征在根本上强调我国今后产业发展要重点
强调提高生态要素生产效率。也就是说我国产业结构升级的一个目
标宗旨就是提高生态要素生产效率。提高生态要素生产效率包括两
方面的内容，一是从总量生态要素投入角度看，提高要素使用效率
或要素产出效率；二是从要素部门配置结构角度看，提高生态要素
配置效率。由此，本书从生态要素生产效率出发，融合生产要素产
出效率和配置效率两方面含义设计了产业结构生态化水平指标，公
式如下：

$$产业结构生态化水平\ ine = \frac{GDP_j/EF_j}{\sum\limits_{j=1}^{m} GDP_j / \sum\limits_{j=1}^{m} EF_j}$$

GDP_j 代表第 j 个行业的工业增加值，EF_j 代表第 j 个行业的生态
要素投入量，GDP_j/EF_j 代表第 j 个行业单位生态要素的产出水平，
$\sum\limits_{j=1}^{m} GDP_j / \sum\limits_{j=1}^{m} EF_j$ 代表所有行业单位生态要素的产出水平。二者的比
值反映了第 j 个行业生态要素产出效率在全行所处位置如何，该比值
的取值范围处于 0 ~ 1，比值越接近 1 说明该行业的生态化水平越高，
生态要素在该行业配置效率越高。

该指标的横截数据需要间接计算获得，其中，制造业行业增加
值 GDP 来源于《中国工业统计年鉴》（2010 ~ 2012 年）。生态要素
EF 强调行业运行过程中生产环境的参与贡献，在理论上可以从投入
环节和产出环节来考量生产要素的边界及种类，本书强调制造业经
济活动的环境影响结果，所以选取各行业最终排放实物量作为生态
要素，包括废水、固体废弃物及排放到大气的物质，数据来源于
《中国环境统计年鉴》（2010 ~ 2012 年）。

（2）碳生产率指标变量

2008 年，麦肯锡首次在其关于气候变化报告中提出碳生产率
概念（Heckman and Ichimura et al.，1998）。碳生产率可定义为区

域国民经济总产值与相应碳排放量的比值，与"单位 GDP 的碳排放强度"呈倒数关系。表示的是该区域单位碳排放所能创造的经济财富值，体现更深层次的是本区域企业减排科技创新水平和节能管理能力。我国制造业各行业碳生产率分布情况如图 9－1 所示。横向上看，处于碳生产率第一梯队的是烟草制造业；处于第二梯队的是皮革、毛皮、羽毛及其制品和制鞋业，纺织服装、服饰业，通信设备、计算机及其他电子设备制造业；其他所有行业属于第三梯队。纵向上随时间变化趋势看，烟草制造业碳生产率增长较为明显，但这更多得益于该行业利润增长较快，而不是减排技术创新。其他制造业行业碳生产率虽然在发展过程中略有增加，但较为缓慢。

□ 仪器仪表及文化、办公用机械制造业
▨ 通信设备、计算机及其他电子设备制造业
▨ 电气机械及器材制造业　　　　　■ 交通运输设备制造业
▨ 机械设备制造业　　　　　　　　▨ 初级金属和金属制品业
▨ 非金属矿物制品业　　　　　　　▨ 化学纤维制造业
▨ 橡胶和塑料制品制造业　　　　　▨ 医药制造业
▨ 化学原料及化学制品制造业　　　▨ 石油加工、炼焦及核燃料加工业
▨ 造纸及纸制品业　　　　　　　　▨ 皮革、毛皮、羽毛及其制品和制鞋业
▨ 纺织服装、服饰业　▨ 纺织业　　▨ 烟草制造业
▨ 食品、饮料制造业　▨ 农副食品加工业

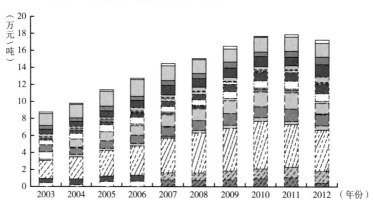

图 9－1　我国制造业各细分行业碳生产率

2. 处理变量

处理变量 CDM 属于虚拟变量，假设当行业中有企业获得 CDM 项目审批时，该行业的处理变量值取 1；当行业中没有企业获得 CDM 项目审批时，该行业的处理变量值取 0。企业获得 CDM 项目审批状况来源于《中国低碳年鉴》及中国清洁发展机制网站提供的 CDM 项目数据库系统。统计过程如下：鉴于政策的时滞特点，CDM 政策实施时间向前延展，针对 2005～2012 年政府批准的全部 CDM 项目按制造业行业口径进行逐一甄别归类，总结出项目的行业聚类情况。以此为依据对处理变量予以赋值。

我国清洁发展机制政策自 2005 年开始执行，中国清洁发展机制网提供的 CDM 项目数据库系统统计，截至 2016 年 12 月 31 日，国家发改委批准的全部 CDM 项目共 5048 项，预计年减排量为 780015578 吨二氧化碳当量。对这些项目进行年度统计（如图 9 - 2 所示），2005～2016 年的 12 年间，CDM 项目审批数量的变化趋势呈现驼峰状，分别在 2007～2008 年以及 2012 年两个时间段达到了高峰值，尤其是 2012 年，仅一年的时间，审批项目多达 1316 项。这一时期，由于 2008 年 40000 亿元积极财政的刺激作用以及光伏项目、水电项目投资热情双重效应叠加，CDM 项目审批数量在

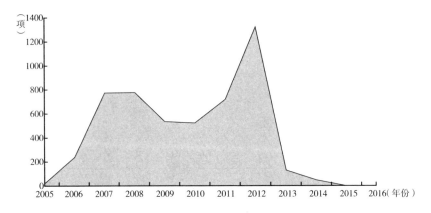

图 9 - 2　2005～2016 年我国获批 CDM 项目变化情况

2012 年出现井喷式增长态势。而接下来的 2013 年后，CDM 项目审批数量迅速下滑。

（三）实证及经济解释

1. 实证及结果

实证策略上，选取倍差法和倾向得分匹配法两种方法来估计清洁发展机制政策 *CDM* 对制造业运行的处理效应。通过对比以求找到比较理想的实证结论。如果我国的低碳政策对制造业内部微观经济体的作用是随机的，那么使用倍差法得到的处理效应反映的就会是政策对制造业经济运行的客观影响。但是现实中我国在制定低碳政策时明确给定了政策适用范围和申报条件，打破了分组随机性假设，Bertrand 等（2004）指出分组错误问题可能会导致 OLS 回归标准误偏差问题。倾向得分匹配法则可在政策组非随机分组条件下得到更加真实反映经济影响的低碳政策处理效应，可以有效修正倍差估计量的偏差。本书在实际操作中选择了一对一匹配法和 0.01 的卡尺匹配法。利用 Stata 12.0 软件模拟，结果如表 9 - 1、表 9 - 2 所示。

表 9 - 1　引入协变量 OLS 回归结果

		方差	标准误	t 值	P 值	95% 置信区间	
碳生产率	*A*	- 0.2301105	0.4513258	- 0.51	0.618	- 1.198108	0.7378872
产业结构生态化水平		3.094375	2.327554	1.33	0.205	- 1.8977328	0.086481
碳生产率	CO_2	- 0.0000138	8.10e - 06	- 1.70	0.111	- 0.0000312	3.58e - 06
产业结构生态化水平		- 80.0000344	0.0000403	- 0.85	0.408	- 0.0001209	0.0000521
碳生产率	*GDP*	0.0000718	0.0000839	0.86	0.406	- 0.000108	0.0002517
产业结构生态化水平		0.0005539	0.0004498	1.23	0.238	- 0.0004108	0.0015186
碳生产率	*CDM*	- 1.253499	0.4956829	- 2.53	0.024	- 2.316634	- 0.1903652
产业结构生态化水平		- 1.409817	2.459518	- 0.57	0.576	- 6.684958	3.865324

续表

		方差	标准误	t 值	P 值	95% 置信区间	
碳生产率	常数项	1.820319	0.581908	3.13	0.007	0.57225023	0.068387
产业结构生态化水平		− 0.0436195	3.016666	− 0.01	0.989	− 6.513724	6.426485

表 9 − 2　倾向得分匹配（0.01）Logit 回归结果

CDM	方差	标准误	z 值	P 值	95% 置信区间	
A	− 0.1220251	1.049596	− 0.12	0.907	− 2.179196	1.935145
CO_2	8.44e − 06	0.0000157	0.54	0.591	− 0.0000223	0.0000392
GDP	− 0.0001792	0.0001591	− 1.13	0.260	− 0.000491	0.0001327
常数项	1.564452	1.29365	1.21	0.227	− 0.9710561	4.09996

变量	样本	处理组	控制组	差分值	标准误	t 值
碳生产率	不匹配结果	0.453641803	1.74502809	− 1.29138629	0.48629175	− 2.66
	ATT	0.456957577	1.61377411	− 1.15681653	0.73589761	− 1.57
	ATU	1.99924235	0.423717563	− 1.57552478		
	ATE			− 1.36617066		
产业结构生态化水平	不匹配结果	3.13562147	5.55366612	− 2.41804466	2.3089859	− 1.05
	ATT	0.61753463	3.18370117	− 2.56616654	0.88075474	− 2.91
	ATU	3.18370117	0.61753463	− 2.56616654		
	ATE			− 2.56616654		

表 9 − 1 和表 9 − 2 表达的清洁发展机制政策 CDM 对制造业运行效应的回归结果，无论采用倍差法还是倾向得分匹配法，回归结论揭示出：中国实施的清洁发展机制政策使制造业碳生产率和产业结构生态化水平指数有所降低。在倍差法下，CDM 对碳生产率的系数为 − 1.253499，在 5% 的水平下显著，说明 CDM 对制造业碳生产率的处理效应为负值可认为是真实的。CDM 对产业结构生态化水平的系数为 − 1.409817，基本在 5% 的水平下显著，说明 CDM 对制造业

碳产业结构生态化水平的处理效应为负值也是真实的。同时上述两个结论在倾向得分匹配法的回归结论中也得到印证。表9-2中，CDM无论对制造业的碳生产率还是产业结构生态化水平的 ATT（参与者处理效应）、ATU（非参与者平均处理效应）、ATE（平均处理效应）三类处理效应均为负值，而且这些结论的方差标准误均较小，更进一步，为了回归过程不遗漏重要影响因素，模型引入协变量技术投入强度，说明这些回归结果是可靠的。那么CDM政策对制造业的消极波特效应的经济内涵和成因是什么呢？

2. 经济解释及成因

中国实施的清洁发展机制政策分别使制造业碳生产率和产业结构生态化水平指数有所降低这个结论能否得出制造业 CDM 政策负波特效应的推论？

首先，碳生产率反映的波特效应是经济效果与减排效果内在关联的最直接体现，我们需要在该语境下对 CDM 政策波特效应做一个界定。积极波特效应可简单划分为强积极波特效应和弱积极波特效应，强积极波特效应表征为经济增长和排放降低，弱积极波特效应或表征为经济不变而排放降低，或表征为经济增长而减排不变，无论哪种最后都会反映在碳生产率提高这个指标上。我们的判断逻辑是：碳生产率提高则存在积极波特效应这一命题成立。证明过程：如果碳生产率降低，会有这样几种可能性导致生产率降低，一种是经济下降且碳排放增加，显然不满足前面的积极波特效应定义；一种是经济增长且碳排放增加，前者的增速低于后者的增速，这不满足积极波特效应定义；一种是经济降低且碳排放降低，前者的降速快于后者降速，这也不满足积极波特效应定义，由此可以肯定的是碳生产率降低则必然不存在积极波特效应。如要碳生产率提高则存在积极波特效应这一命题成立，需排除两种可能，一种是经济增长且碳排放增加，前者的增速高于后者的增速，另一种是经济降低且碳排放降低，前者的降速低于后者降速，因为这两种情况虽然不满足积极波特效应定义，却会使碳生产率提高。据此，根据中国实施的清洁发展机制政策使制造业碳生产率降低这一经验事实，可以得出结论：制造业 CDM 政策的波特效应为负，对碳生产率提高没有贡献，具体表现为经济效益降低且碳排放增加，如表 9 - 2 内容所示，CDM 对制造业工业增加值 *GDP* 的回归系数是 - 0.0001792，对二氧化碳排放的回归系数是 8.44E - 06，但这些结果并不显著。虽然不能单纯就此实证结果就武断认为政策失效，但至少说明 CDM 政策在制造业领域的效果欠佳。碳生产率本质上是生产效率或能源要素转换效率的体现，背后体现的是行业技术能力的大小。CDM 政策的实施使碳生产率降低说明制造业虽然执行了 CDM 政策但没有在提升节能减排技术能力方面取得实效。这就需要从 CDM 政策内部寻找原因。

其次，由产业结构生态化水平指数代表的波特效应反映了行业生态要素产出能力在全行业的领先水平。这个指标若为正值则视为积极波特效应，代表行业生态要素产出能力的行业领先水平提高；若为负值则可视为消极波特效应，代表领先水平下降。实证结果显示实施 CDM 政策非但未使产业结构生态化水平有所提高，反而使其降低，证明该政策在促进制造业产业结构优化方面也收效甚微。

综上所述，CDM 政策对中国制造业没有产生预想中的波特效应，这无疑成为 CDM 政策未来走向的巨大挑战，也是中国制造业转型升级的巨大挑战。那么接下来迫不及待要做的工作就是分析并找到关键成因。

第一，从产业层面看，一是中国制造业所处的现实发展阶段，既有生产技术路径锁定使低碳技术替代难度加大，时滞过长，短期 CDM 政策激励效果不易显现。尤其在低碳消费市场没有建立起来的情况下，低碳技术替代成本补偿路径不能与正常经济循环有机结合起来，降低了行业推广低碳生产模式的信心与热情。二是行业本身节能减排技术体系、应用广度深度与低碳化优化升级诉求不相匹配。该观点本质上包括两层含义，一方面反映行业通过 CDM 项目采取的节能减排技术体系与行业转型发展所切实必需的技术体系不匹配，不匹配的具体表现较为复杂，或者技术的收益—成本属性不匹配，或者减排强度不匹配等。造成不匹配的原因也是多种多样，或者市场环境所致，或者政策机制所致，或者行业技术创新能力所致等。另一方面反映制造业内部具有一致性可推广的节能减排技术推广广度和深度与制造业转型升级所要求的低碳技术占比不匹配。表现为技术品类匮乏，技术创新推广速率低。

第二，从CDM政策本身看，一是清洁发展机制项目布局存在缺陷。我国清洁发展机制政策自2005年开始执行，根据中国清洁发展机制网提供的CDM项目数据库系统数据，截至2016年12月31日，国家发改委批准的全部CDM项目共5048项，项目主要分布在能源生产领域，占比高达82.49%，其次是采矿业和水泥、建筑材料制造业，分别占比4.16%和5.47%。在制造业中化学原料及化学制品制造业和初级金属和金属制品业占比分别为1.88%和2.20%，其余产业均未能超过1%，有的行业则为0。为了能够深入了解项目在各行业间的分布状况，针对5048个项目按行业进行归类，单就制造业项目分布状况如图9-3所示。

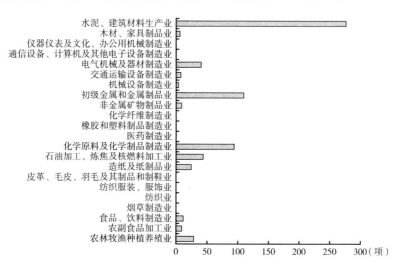

图9-3　发展机制项目分布

资料来源：《中国低碳年鉴》（2010~2012年）。

图 9 - 3 中显示，水泥、建筑材料生产业，初级金属和金属制品业，化学原料及化学制品制造业这三类细分行业获得批准的 CDM 项目数量占项目总量的 9.55%，占制造业 CDM 项目总量的 54.54%。这些行业处于产业链上游，附加值低，同时又属于高耗能、高碳排放、高污染行业。这些行业的碳生产率和产业结构生态化水平也较低。这些行业占比高自然会拉低这两个指标水平。所以当下执行的 CDM 政策机制形成的项目布局状态是导致负波特效应的重要原因之一。

二是获批清洁发展机制项目的执行效果欠佳。能够合理反映 CDM 项目质量和减排效果的指标是 EB 注册情况及 CERs 签发情况。根据中国清洁发展机制网提供的 CDM 项目数据库系统数据，从 2005 年 1 月 1 日到 2016 年 12 月 31 日，我国在 EB 注册的全部 CDM 项目为 3798 项，占全部获批项目的 75.24%，获得 CERs 签发的全部 CDM 项目 1392 项，占全部获批项目的 27.58%。其中制造业在 EB 注册的全部 CDM 项目约占 8.8%，签发项目约占 12%[①]。这些数据显示，在制造业的 CDM 项目中，能够起到较好减排效应的项目占比偏低。可以在一定程度上解释 CDM 政策出现的负波特效应现象。

二　中国 CDM 政策优化路径

尽管我国 CDM 政策实施的波特效应并不令人满意，但结合我国真实国情和所处的客观发展阶段，需要更加客观理性地看待 CDM 政策的效果和作用。从 CDM 政策长期演化视角来看，既有 CDM 政策的积极作用是毋庸置疑的。提高中国制造业 CDM 政策波特效应的出路在于调整政策激励导向，突破锁定效应。结合我国经济新常态对产

---

① 数据估算：数据库没有直接统计各行业 CDM 项目的注册情况及签发情况，但是提供按照减排技术类型标准的统计数据，所以本书根据制造业大致采用的减排技术类型来进行推算，一般情况下，制造业采用的减排技术类型包括节能和提高能效类、N_2O 分解消除类、HFC - 23 分解类、燃料替代类。根据数据库统计结果，这四类项目的注册比例分别为 6.7%、1.1%、0.3%、0.7%，签发比例分别为 8.3%、1.4%、0.8%、1.5%。

业优化升级的新诉求，中国制造业 CDM 政策适宜演进时序应为：在完成能源基底存量替换的中后期，CDM 项目在一定时期内着重鼓励产业低碳技术创新及应用推广，促使产业经济效应和减排效应同向耦合。之后，CDM 项目应该进入低碳产品供给和低碳社会创建阶段，以鼓励社会低碳服务系统建设为主。具体演进过程需要遵循如下路径（见图 9 – 4）。

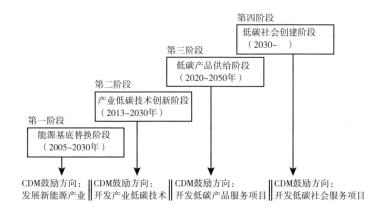

图 9 – 4　CDM 政策优化演进路径

　　第一阶段为能源基底替换阶段。我国当前正在实施的 CDM 政策属于该阶段。该阶段的主要政策目标是发展新能源产业，对既有传统能源产业进行置换。所以，该阶段 CDM 项目集合中关于新能源产业项目应该占主要份额，这与统计结果相吻合。说明我国 CDM 政策第一阶段的基本方向是正确的。但是按照产业发展规律，能源基底替换是一个十分艰巨的任务，在时间维度上也具有时序递进的渐进式替代特性，表现出从增量替代向存量替代的演进顺序。由此，第一阶段又细分为新能源的增量替代阶段和存量替代阶段。当前我国 CDM 正处于增量替代阶段，在风电、光伏发电方面批准的 CDM 项目占比较高，甚至这两个行业曾一度出现产能过剩的现象。接下来将进入存量替代阶段，依据我国新能源发展战略，计划到 2030 年新能源对传统能源的替换比例达到 20%。

该阶段 CDM 政策鼓励的主要方向应该是：

①光伏发电成本压低至 1 元/千瓦时以内的新能源技术及项目；

②提高转化效率的新能源技术及项目；

③促进快速且一致化的新能源技术改进项目；

④提升规模经济性的新能源项目。

第二阶段为产业低碳技术创新阶段。制造业节能减排在整个低碳产业链和价值链中具有至关重要的作用，制造业既是上游新生能源的消费主体又是下游低碳产品及低碳消费的供给者。该阶段减排的主要路径包括节能、新能源应用和固碳三个方面，在技术层面表现为节约及提高能效技术、替代燃料技术、碳汇技术。我国当前 CDM 批准项目中，制造业项目以节约能耗提高能效、替代燃料为主。存在的显性不足一是这两类项目所占比重偏低，二是节约及提高能效技术、替代燃料技术亚种类少，三是制造业碳汇项目太少。

该阶段 CDM 政策鼓励的主要方向应该是：

①促进节约提高能效项目和替代燃料项目占比提高；

②鼓励节约及提高能效技术、替代燃料技术转化推广；

③鼓励碳汇技术创新、转化、推广；

④鼓励工业节能管理系统及技术创新、推广。

第三阶段为低碳产品供给阶段。供给侧完成低碳制造的必然结果是低碳产品供给，这是完成低碳制造价值补偿的必经环节。低碳产品供给在本质上是一个系统性工程，外部包括低碳产品的第三方认证、低碳物流系统，内部包括产品低碳生产、低碳仓储、低碳售后服务、低碳回收等。这些低碳化行动在某些领域已经开始了，如低碳物流、低碳仓储，但却没有系统性开展，尤其在 CDM 项目审批清单中还没有相关项目参与进来。

该阶段 CDM 政策鼓励的主要方向应该是：

①鼓励低碳产品认证；

②鼓励产品低碳设计；

③鼓励产品全生命周期低碳生产及碳排放量统计；

④鼓励低碳仓储；

⑤鼓励低碳售后服务；

⑥鼓励产品低碳回收；

⑦鼓励低碳物流系统建设。

第四阶段为低碳社会创建阶段。低碳社会建设是低碳经济的终极目标，宗旨是以人为中心，为建构全社会的低碳化生活方式、消费方式而提供的各种低碳服务的总和。

该阶段 CDM 政策鼓励的主要方向应该是：

①社会化低碳消费服务项目；

②社会化低碳生活咨询服务项目；

③低碳交通体系设计及服务项目；

④低碳旅游开发项目。

我国制造业 CDM 政策处理效应模型的建立验证了其并没有取得经济与减排的双赢局面。实证结论对这个非双赢局面的具体阐释是 CDM 政策既没减少二氧化碳排放量也没使制造业 GDP 显著增加。这似乎是一个令人沮丧的结论。但这个结论却反映出我国制造业的一个客观现实：制造业在有经济效率保障下的节能减排之路还任重而道远，在低碳技术应用推广力度不足的同时，当前的节能减排技术体系及应用深度还没有办法满足我国制造业低碳化优化升级的基本需求。由此，快速探索共性节能减排技术深度推广之路以及从设计到生产再到回收的全生命周期低碳产品供给之路，是我国制造业最终赢得世界低碳产品市场的必然选择，也是制造业走出 CDM 政策负向波特效应困局的有效途径。

第二节　我国低碳科技创新政策体系的波特效应评价与优化

低碳科技是供给侧减排的核心动力源泉，能够激发企业的低碳科技创新热情，提高全社会低碳科技创新水平，是有效缩小碳源面、降低碳排放的终极手段。该手段的积极意义还在于企业科技创新活动及其溢出效应对经济体提质增效具有积极效应。所以，低碳科技创新政策是低碳政策体系中的关键环节，若想优化供给侧低碳政策，势必要完善低碳科技创新政策子系统。本章应用处理效应模型来评价我国低碳科技创新政策子系统的波特效应情况。采用的是全国各省份在 2005～2015 年的混合截面数据。实证结果显示我国低碳科技创新政策体系并没有实现经济效应和减排效应双赢的局面。重构低碳型技术锁定效应和优化低碳科技创新政策体系结构是本章最后给出的优化建议。

一　中国低碳科技创新政策体系的波特效应评价

（一）构建低碳科技创新政策的处理效应模型

选择低碳科技创新政策作为处理变量，用 T_i 来表示。下面依据 Maddala（1983）提出的处理效应模型建模思想，首先对 T_i 进行结构建模。低碳科技创新政策本身是一个概括性概念，或者说是一个政策系统，内部实际上包括两个层面的政策，一是技术创新政策，二是技术转移政策。衡量低碳创新政策是否产生实效的标准就是判断一项技术是否成功完成了从技术创新到技术转移的发展历程。由此，广义低碳科技创新政策是指包含低碳技术创新政策和低碳技术转移政策在内的政策体系；狭义低碳科技创新政策仅指低碳技术创新，而不涵盖低碳技术转移政策。本书为了能够全面评价我国既有的低碳科技创新激励政策的实施效果，强调政策体系的整体功效，所以采用的是广义内涵。政策体系具体构成如下：低碳技术创新政策工具主要有设立技术研发基金（地方政府设立课题立项基金）及科研奖励。低碳技术转移政策工具主要有发布技术推广目录、批准 CDM 项目及减排量财政奖励政策。那么处理变量 T_i 的处理方程可表达为：

$$T_i = 1(K', \delta + u_i), K = (k_{ij})_{m \times 2} \qquad (9-9)$$

其中 1（·）为示性函数或称伯努利变量（Evans et al.，2000），其含义是低碳科技创新政策 T_i 是否成功受到向量矩阵 K 的影响，K 称为工具变量矩阵。本书假设影响 T_i 的工具变量主要有两个，包括低碳科技课题立项经费 K_{i1} 和 CDM 获批项目分布状况 K_{i2}。其中低碳科技课题立项情况可以代表技术创新政策得到落实情况，低碳技术推广目录政策和获批 CDM 项目分布状况可以代表技术转移政策得到落实情况。U_i 是 Probit 估计模型的扰动项。处理效应模型为：

$$Y_i = X'\beta + \gamma T_i + \varepsilon_i, X = (A_i, k_{i2}) \qquad (9-10)$$

假设 $Cov(k_{ij}, \varepsilon_i) = 0$ 代表工具变量与结果变量 Y_i 是独立的。本书分别选择 GDP 和碳排放强度作为结果变量，碳排放强度指生产 1 单位 GDP 所需的二氧化碳排放量。假设（ε_i，u_i）服从二项分布。其中，X 是协变量矩阵，选择总科技项目分布 A_i 和获批 CDM 项目分布状况 k_{i2} 两个变量作为协变量。控制组的决定方程：

$$Y_{i0} = \beta_{10}A_i + \beta_{20}k_{i2} + \gamma_0 T_i + \varepsilon_{i0} \qquad (9-11)$$

政策组的决定方程：

$$Y_{i1} = \beta_{11}A_i + \beta_{21}k_{i2} + \gamma_1 T_i + \varepsilon_{i1} \qquad (9-12)$$

根据陈强（2014）对处理效应模型的推导过程，将式（9-11）和式（9-12）的条件期望进合并得到处理效应回归模型：

$$E(Y_i | A_i, k_{i1}, k_{i2}) = \beta_1 A_i + \beta_2 k_{i2} + \gamma T_i + \rho\sigma_\varepsilon \lambda_i \qquad (9-13)$$

（二）模型验证

1. 数据来源

本书实证采用的是 35 个省份的横截数据。其中结果变量中区域 GDP、碳排放强度和协变量中的总科技项目分布 A_i 数据均来自中华人民共和国国家统计局国家数据库的地区数据子库。协变量中的中国 CDM 获批项目分布数据 K_{i2} 来自中国清洁发展机制网的 CDM 项目数据库系统。工具变量中的低碳科技课题立项经费 K_{i1} 来自中华人民共和国国家统计局国家数据库各省份的 R&D 普查公报。数据在时间选取上考虑了政策实施到发挥效应的时间滞后性，为了尽可能地体现政策效果，将结果变量 GDP、碳排放强度数据时间选择为 2015 年，而将协变量总科技项目分布 A_i 和中国 CDM 获批项目分布数据 K_{i2} 选择为 2005～2015 年的多年数据，在处理上采取多年加总的办法，以体现科技创新政策的累积效应。至于工具变量中的低碳科技课题立项经费数据 K_{i1}，由于该变量数据仅能在普查数据中获得，在时间上就要受到普查年度的限制，数据时间为 2009 年，恰好落在上述时间段内，数据是有效的。

处理变量 T_i 数据的获得依赖于协变量，本书假设以科技创新结果作为判断标准，根据科技创新技术最终被采用或转移状况来判断区域低碳科技创新政策是否获得成功。建构判断标准如下：

$$T_i = \begin{cases} = 1, \dfrac{k_{i2}}{E(k_{i2})} \geqslant \dfrac{A_i}{E(A_i)} \\[2mm] = 0, \dfrac{k_{i2}}{E(k_{i2})} < \dfrac{A_i}{E(A_i)} \end{cases} \qquad (9-14)$$

2. 实证及结果

根据陈强（2014）研究成果，上述处理效应模型的建模过程中存在处理变量内生性问题，会导致参数的不一致估计，为了能够有效分离出处理变量的外生部分，达到一致估计的最佳估计效果，采用 Heckman（1979）的两阶段最小二乘法（TSLS）。

首先估计低碳科技创新政策对我国经济发展的影响，回归结果如表 9－3 所示。

表 9 - 3　**GDP 为结果变量的处理效应回归结果**

T	方差	标准误	z 值	P 值	95% 置信区间	
K_1	- 0. 1921555	0. 0817843	- 2. 35	0. 019	- 0. 3524497	- 0. 0318613
K_2	0. 0199087	0. 0080832	2. 46	0. 014	0. 0040659	0. 0357515
常数项	- 0. 9529692	0. 7515741	- 1. 27	0. 205	- 2. 426027	0. 520089

Prob > chi^2 = 0. 0000

Pseudo R^2 = 0. 5375

T	方差	标准误	z 值	P 值	95% 置信区间	
K_1	- 0. 1921555	0. 0817843	- 2. 35	0. 019	- 0. 3524497	- 0. 0318613
K_2	0. 0199087	0. 0080832	2. 46	0. 014	0. 0040659	0. 0357515
常数项	- 0. 9529692	0. 7515741	- 1. 27	0. 205	- 2. 426027	0. 520089

Prob > chi^2 = 0. 0000

Pseudo R^2 = 0. 5375

		方差	标准误	z 值	P 值	95% 置信区间	
GDP							
	A	0. 2526744	0. 0224406	11. 26	0. 000	0. 2086916	0. 2966572
	K_2	10. 34177	12. 99035	0. 80	0. 081	- 15. 11886	35. 80239
	T	8988. 991	5243. 823	1. 71	0. 086	- 1288. 713	19266. 69
	常数项	886. 7345	3717. 463	0. 24	0. 811	- 6399. 359	8172. 828
T							
	K_1	- 0. 1921555	0. 0817843	- 2. 35	0. 019	- 0. 3524497	- 0. 0318613
	K_2	0. 0199087	0. 0080832	2. 46	0. 014	0. 0040659	0. 0357515
	常数项	- 0. 9529692	0. 7515741	- 1. 27	0. 205	- 2. 426027	0. 520089
Hazard							
	Lambda	- 5036. 467	3177. 882	- 1. 58	0. 091	- 11265	1192. 067
	rho	- 0. 71799					
	sigma	7014. 6564					

Prob > chi^2 = 0. 0000

　　首先，逆米尔斯比率 Lambda 系数在接近 9% 的水平下显著，显示样本在一定程度上存在选择偏误，采用两阶段最小二乘法是可行的。

　　在工具变量选择有效性角度看，表 9 - 3 上半部分表格的回归效果参数 $Prob > chi^2 = 0.0000$，表示模型整体十分显著，Pseudo R^2 为 53.75%，说明模型数据的解释力很强。由此可见工具变量选择是有效的。这为第二阶段最小二乘法回归奠定了良好基础，提高了第二阶段回归参数的可靠性。表 9 - 4 中 K_1、K_2 参数均在接近 1% 的水平下显著。其中低碳科技研发课题投入 K_1 对 T 的影响是负向的，而获批 CDM 项目 K_2 对 T 的影响是正向的。这说明中国 CDM 政策是有积极成效的，对我国低碳科技创新政策成功与否具有一定解释力，可以作为政策虚拟变量的判断标准。由此可见，该模型是有效的，可以进行第二阶段的处理效应参数估计工作。此外，我国低碳科技研发课题投入对低碳科技创新政策成功与否的解释力较弱。这个结果与理论上的认知有较大差距，一般情况下，低碳科研立项投入越高，科研政策的成功概率越大，二者应该同向变化，但我们的回归结论却是反向变化，低碳科研立项经费的增加使科研政策的成功概率下降。这意味着我国各地在低碳科研课题研究环节尚存在不足之处，需要优化改进。

　　表 9 - 3 下半部分为第二阶段的参数估计，估计低碳科技创新政策对我国 GDP 的贡献情况，即分析政策波特效应中的经济效应。T 的系数为 8988.991，在 9% 的水平下显著，说明低碳科技创新体系对 GDP 具有正向促进作用，Lambda 系数为负值说明低碳科技创新政策对 GDP 的影响还有所保留。

　　另外，将 T 与协变量全社会总科技项目 A、获批 CDM 项目 K_2 对 GDP 的影响进行比较，A 的影响十分显著，而 K_2 的影响在近 8% 的水平下显著。

　　接下来估计低碳科技创新政策对我国碳排放强度的影响，回归结果如表 9 - 4 所示。

表 9 - 4　碳排放强度为结果变量的处理效应回归结果

T	方差	标准误	z 值	P 值	95% 置信区间	
K_1	- 0.1921555	0.0817843	- 2.35	0.019	- 0.3524497	- 0.0318613
K_2	0.0199087	0.0080832	2.46	0.014	0.0040659	0.0357515
常数项	- 0.9529692	0.7515741	- 1.27	0.205	- 2.426027	0.520089

Prob > chi^2 = 0.0000

Pseudo R^2 = 0.5375

		方差	标准误	z 值	P 值	95% 置信区间	
$rateCO_2$							
	A	- 3.98E - 06	7.83E - 06	- 0.51	0.612	- 0.0000193	0.0000114
	K_2	- 0.0049279	0.0044468	- 1.11	0.568	- 0.0136434	0.0037876
	T	- 1.024848	1.810284	- 0.57	0.157	- 4.57294	2.523243
	常数项	- 3.545568	1.285839	- 2.76	0.006	- 6.065767	- 1.025369
T							
	K_1	- 0.1921555	0.0817843	- 2.35	0.019	- 0.3524497	- 0.0318613
	K_2	0.0199087	0.0080832	2.46	0.014	0.0040659	0.0357515
	常数项	- 0.9529692	0.7515741	- 1.27	0.205	- 2.426027	0.520089
Hazard							
	Lambda	1.405041	1.120966	1.25	0.021	- 0.7920123	3.602095
	rho	0.58749					
	sigma	2.3916025					

Prob > chi^2 = 0.0032

　　由于逆米尔斯比率 Lambda 系数在近 2% 的水平下显著，显示样本存在选择偏误，因此采用两阶段最小二乘法是合理的。

　　工具变量选择有效性分析结论与表 9 - 4 上半部分表格的分析结论是相同的。表 9 - 4 下半部分中 T 的系数为负值，但并不显著，同时其他两个变量 K_2 和 A 的系数的显著水平也十分差。由第二阶段回归模型的 Prob > chi^2 = 0.0032 来看，模型在 1% 的水平下显著，说明我们可以排除样本代表性不足的假设。另外由逆米尔斯比率在近2%的水平下显著这一条件，我们可以排除回归方法选择不当的假设。那么我们有理由认为低碳科技创新体系对降低二氧化碳排放强度的积极功效并不显著。同时全社会总科技项目 A 和 CDM 项目 K_2 对我国降低二氧化碳排放强度也是收效甚微。

综合上述实证结果，我们来总结我国低碳科技创新政策体系的波特效应情况。表9-4中 T 的系数代表该项政策的处理效应，在政策体系 T 的经济效应实证中得到了正的系数值，在排放效应实证中得到了影响不显著的结论，二者综合起来说明我国低碳科技创新政策体系并没有实现经济效应和减排效应双赢的局面，即为负波特效应。

二　实证结论解析及政策性价值

关于我国低碳科技创新政策体系具有负波特效应这一结论的启示意义，我们需要更加客观冷静的评价。首先，这个结论并不表示我国低碳科技创新体系政策就是失败的，更不意味着全盘否定该政策体系，原因在于政策体系的优化完善是一个缓慢的演进过程，持续性改进优化政策相比于骤然更换政策而言，对实现政策目标更具积极作用。接下来，我们就实证过程所反映的政策体系内部矛盾进行机理性分析。

（一）低碳科技创新政策体系内部结构问题

实证过程发现的问题一是：我国低碳科技研发课题投入对低碳科技创新政策体系有效性的解释力较弱。此处政策体系有效性在本书的确切含义是通过式（9-6）来界定的，特指一个区域是否成功采取了或建立了低碳科技创新体系，以该公式作为判断标准，满足相应条件称该区域成功采取或建立了低碳科技创新体系，也可称之为是有效的政策体系。反之就判定为没有成功，或称是无效的。判断标准中包括科研课题投入和科研成果转化两个环节。据此，上述问题本质是表达在政策体系实施过程中，判断标准中的第一个环节对政策体系的解释力不强。由此可见，政策体系内部存在结构性问题。具体政策体系结构如图 9-5 所示。

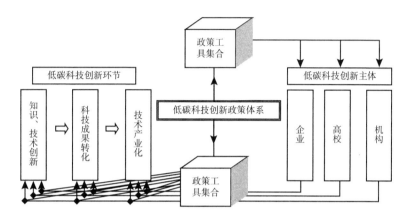

图 9-5　低碳科技创新政策体系

　　低碳科技创新政策体系结构与整体科技创新政策体系的结构是相同的，所涉及的创新主体、创新环节以及大部分政策工具均重合在一起。目前，我国在低碳科技创新政策体系建设上，针对创新环节的有明确降碳目标导向的专门政策工具主要集中于知识、技术创新环节（能源生产、分配和合理利用课题政策）和技术产业化环节（清洁发展机制政策、国家降低二氧化碳排放量的财政补贴申请政策），关于低碳科技创新主体的政策工具体现在鼓励建设以节能减排为主要研究导向的科研平台建设。在我国 5000 多种科技创新政策工具中，专门针对节能低碳所设计的政策工具占比很低[①]。这样的体系结构会产生如下问题：在低碳科技创新环节，缺乏有明确低碳指向性的激励科技成果转化的政策工具。即便我国针对科技成果转化出

---

　　① 该观点来自徐建培在"2013 浦江创新论坛"上发表的题为《中国科技创新政策体系的现状与建设的方向》的主旨演讲。

台了一系列激励政策，但这些政策并没有区分领域，在市场需求引领不足的情况下，创新主体在选择科技成果转化类型时很可能会弱化低碳领域，所以这一环节的缺失导致低碳知识、技术创新投入的产出效应下降。

（二）低碳科技创新政策工具设计问题

实证过程发现的第二个问题是低碳科技创新体系对 GDP 具有正向促进作用，但对降低二氧化碳排放强度的积极功效并不显著。二者之间产生矛盾的原因主要来源于政策工具设计存在不科学的地方，可能产生问题的设计细节汇总如表 9-5 所示。

表 9-5　低碳政策工具设计问题汇总

政策工具设计细节	问题表征	后果
关于低碳技术成果减排水平的识别标准设计	识别方法未能遵循生命周期原则	投资效应大于减排效应
关于低碳技术项目执行效果的监管措施设计	监管方法有限	减排标准执行不到位
关于低碳技术成果产业化结构的规制设计	低碳产业结构与减排要求不匹配	整体低碳产业减排效应不强
关于政策工具间协同机制的设计	强化减排效应的政策工具与强化投资的政策工具不能有效衔接	在市场动机驱动下，项目主体更倾向于执行投资性政策，弱化减排性政策工具的执行效果

由实证过程发现的第三个问题可以更进一步印证上面的原因分析，发现的问题是 CDM 项目变量 K_2 对我国降低二氧化碳排放强度收效甚微。关于 CDM 政策工具中存在的问题在前面的章节中详细分析过，所得结论与表 9-5 中归纳的内容相类似。

三　中国低碳科技创新政策体系优化路径

（一）优化路径之一——重构低碳型技术锁定效应

推动社会前进的关键动力源泉之一就是由技术锁定效应所表征的技术范式突破—创建—成熟—被突破的不断演进过程，由新的技术锁定效应替代旧的技术锁定效应。成熟低碳经济模式的代表性标志就是经济体乃至社会建立起低碳型技术锁定效应。由低碳型技术锁定效应替代传统的高碳型技术锁定效应，要求技术体系的各方主体和各个环节开展全方位低碳创新，形成技术系统与社会制度系统的密不可分的共生关系及建立低碳科技协同创新体系（董俊迪、李国志，2014）。该观点为重塑低碳型技术锁定效应提供了操作手段。由此，我国低碳科技创新体系的优化目标可以清晰表达为：在全社会建立低碳型技术范式，形成以低碳技术体系为核心的低碳型技术锁定效应。低碳型技术范式的外化结构表现为以关键低碳技术体系研发企业为主导的低碳科技协同创新体系，如图9-6所示。

该体系主体结构包括以下三点。

一是关键低碳技术体系及主导研发企业。关键低碳技术体系是指各个行业依据本行业整体发展状况开发的具有国内外领先水平的节能提效、减排与资源化、战略与标准三领域低碳技术集群。这些行业关键低碳技术集群应当具备的性质有以下几个方面。

（1）具备行业低碳技术革命的性质，其国内领先水平至少达到国际发达国家同类技术水平。

（2）具备促进全球价值链延长的性质，有利于该行业内产业链各链节主体形成协同发展局面。

（3）强调该类关键技术的产权独享性，做好知识产权保护，促进全行业通过围绕关键技术进行技术创新和应用创新来获得技术溢出效应，而不是简单的技术模仿。

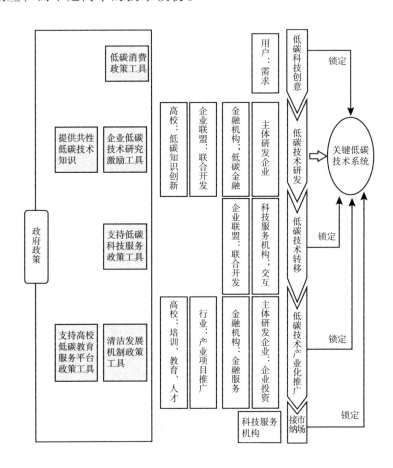

图 9-6　低碳科技协同创新体系

二是健全低碳创新环节及协同创新主体。关键技术系统形成过程是一个多主体全环节联动协同创新创造过程。中间经历低碳科技创意、低碳技术研发、低碳技术转移、低碳技术产业化推广、市场接纳五个主要环节，每个环节都需要不同主体协同完成。在低碳科技创意环节，创意可以是主体创新企业提出或设计的，但本质来源于用户的现实需求，可以由企业和用户协同完成。在低碳技术研发环节，主体研发企业的创新活动需要金融部门的金融工具支持，以高校的低碳知识创新作为基础，与企业联盟建立资源共享、风险共担的协同创新关系。在低碳技术转移环节，可以借助低碳技术服务机构完成技术供需双方的信息交互过程。机构可包括技术中介、行业协会、消费者协会、专业技术协会等。在低碳技术产业化推广环节，高校、企业联盟、金融机构、行业均可参与关键低碳技术的产业化过程。

三是低碳创新政策支撑体系。无论是哪个创新环节，均离不开政府的激励和支持。若要形成完善、科学的政策支撑体系，一方面重在完善，另一方面重在科学。下面的第二条优化路径旨在完善政策体系，第三条路径旨在提高政策体系的科学性。

（二）优化路径之二——低碳科技创新政策体系结构优化

完善低碳科技创新政策工具有两种，一种是针对创新主体和创新环节必要的但又缺失的激励手段，需要从无到有的创新，另一种对既有的但没有专门指向低碳领域的科技创新激励手段，需要从一般化政策中显化出来。依据这两种基本优化思想，具体优化措施如下。

一是完善低碳消费政策工具。该部分政策工具的优化方法和具体措施在前文中已详加论述，此处不再赘述。

二是完善共性低碳技术知识供给机制。共性低碳技术知识不同于前述关键低碳技术，该类技术知识的首要特性是具有公共属性的产权关系。相比较专有性技术而言，该类技术知识更具基础性，是关键技术创新的基础或者必要准备。使用者可以免费获得。这种技术知识的研发需要政府来主导和资助，制定研发机制，出台相应政策工具。

已有的政策工具包括：①"国家重点推广的低碳技术目录"政策；②建设低碳类创新平台的支持政策；③在各级社科、自科基金项目中加大对低碳类课题立项资助。

需要创新的政策工具包括以下两类。第一，鼓励低碳类学科、专业建设的政策。旨在促进低碳知识系统化生产，对具有低碳知识储配的人才进行系统化培养。第二，鼓励按行业建设低碳类重点科研机构的政策。旨在集中优势资源对重大基础性低碳技术研发有所突破。

三是完善企业低碳技术研究激励工具。当前激励企业技术创新的激励工具非常多，例如，实施企业研发费用扣除政策，引导企业增加研发投入，对高新技术企业、集成电路企业、技术先进服务型企业实施税收优惠，建立科技型中小企业创新基金，对科技型中小企业通过贷款贴息无偿资助、资本金投入等方式给予支持①。这些激励政策更具一般性，适合所有领域的技术创新行为。但是在市场需求激励不足的情况下，企业的技术创新是否会倾向于低碳领域则存在较大的不确定性。政策工具的完善思路有两个方面，一方面加大对低碳市场需求的引导力度，由市场信号激励企业开展低碳技术创新；另一方面，政府在既有激励政策工具的基础上，强调低碳导向。本书倾向于前者的改进路径，即尽量发挥市场机制对产业层面低碳创新、低碳制造的引导力量。

四是完善关于低碳科技服务机构的政策工具。我国当前低碳科技服务机构数量过少，加大对这类机构的培育力度，具体措施包括培育各类专业性质的低碳技术中介机构和培育专门的行业低碳技术协会。

五是完善清洁发展机制政策工具。此部分内容已在上一章详加论述，此处不再赘述。

---

① 来自徐建培在"2013 浦江创新论坛"上发表的主旨演讲《中国科技创新政策体系的现状与建设的方向》的总结。

第三节 低碳政策优化路径总结

一 我国低碳政策体系优化路径网络

本部分先对低碳政策体系中的两个子系统展开了优化分析，也对每个子系统中主要政策工具的优化路径提出了导向性建议，但这些优化路径是分散铺开的，对于一个政策系统而言，它们之间的内在关联还需细加梳理并显化出来，以便形成整个低碳政策体系的优化路径网络。接下来，我们将按这样的思路来总结本部分的主要研究结论。

将所有优化路径按照其内在关联归纳梳理成优化网络，如图9-7所示。网络主体结构包括三个部分。

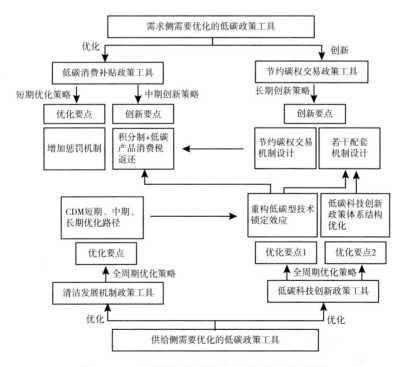

图9-7 我国低碳政策体系优化路径网络

第一，在需求侧，主要选择了低碳消费补贴政策工具进行优化。短期优化路径是在保留既有补偿路径情况下增加惩罚机制，但该机制允许一定程度逆向选择行为存在。中期优化路径实质上选择的是一种对既有路径的替代方案，具体表现为：如果在新一轮的税制改革中能够完善我国征信体系和消费税、个人所得税征缴体系，则可将原来的"价格直补"改为"积分制 + 低碳产品消费税返还"。长期优化路径是一种更为彻底的替代路径，为了全面实现低碳消费转型，我们创新设计了节约碳权交易这个政策工具。总体激励思路为：政府对企业购进节约碳权的行为给予税金抵扣优惠，对居民家庭建立节约碳权储存及市场交易制度。该优化路径一方面可以全面激发消费个体的减排行为，另一方面会大大提高对低碳产品的需求，再加之低碳产品认证体系、低碳消费社会服务体系、低碳消费监督体系等配套政策工具的推行，该路径会对供给侧减排提供强有力的市场引导信号。整体来看，这三种优化路径在时间上具有前后承接关系，在低碳消费激励程度上，具有逐级递进关系，前者为后者奠定基础，后者是前者的深化和拓展。

第二，在供给侧，在众多政策工具中，我们选择了两个工具进行优化分析，原因在于相比较其他工具而言，这两个工具对减排和经济发展的双重激励效应更加明显；另外，这两个工具是其他供给侧减排政策工具能够顺利实施的先导型工具。一个是低碳科技创新政策工具，它是供给侧减排的原动力，其优化路径是从短期到长期致力于重构低碳型技术锁定效应和优化低碳科技创新政策体系结构。另一个工具是 CDM（清洁发展机制），是供给侧减排的终端实体手段，也是低碳科技创新的现实转化。其优化路径是从低碳社会建设全周期角度设计 CDM 政策在各时期的优化目标及方向。这两条优化路径在时间和内容上也具有承接和递进关系。

第三，在需求侧与供给侧的关联上，需求侧和供给侧两个政策优化子系统之间的关键连接点在于启动低碳产品市场消费的激励政策。这个环节在当前的低碳政策体系中是缺失环节，也是本书提出的政策工具创新所在。

二　我国低碳政策体系优化效果预估

该低碳政策体系优化网络的突出特点在于它的减排效应和经济效应并重。单纯强调减排[①]，按照国际上所要求的减排强度，传统减排模式与我国现行经济体的承载能力是不匹配的，甚至会造成阻碍或破坏。相比较传统专注于减排效应的优化思路而言，该优化网络更适用于像中国这种处于转型期的经济体。该优化网络的预期效果主要有两方面。

第一，减排效果。该优化体系的减排效应是随着优化路径的逐级完善而逐渐释放的，减排效果会越来越好。从减排程度看，该优化体系最终可以调动全社会减排行为。重点在于通过该优化系统，家庭部门的减排潜力可以被充分挖掘出来，短期内对部分类型的间接减排有成效；中期对全部间接减排有成效；长期除了对间接减排更有成效之外，还会对直接减排产生显著成效。该优化体系对生产部门减排的激励作用重在激发其减排原动力，即提高生产部门创新减排手段和减排手段的现实转化能力，最终促使我国自主创新的低碳技术水平得到大幅度提升。除此之外，还可以最大限度地促进生产部门为社会提供低碳产品的积极性，进而最大限度地挖掘生产各环节的减排潜力。

第二，经济效果。该优化体系可以促使经济体内部建立"低碳创新—低碳生产—低碳消费—低碳创新"的有机经济循环。对比传统经济循环，新经济循环建立在新技术范式基础上，由此形成的经

---

① 传统减排模式更加强调单纯减排作为制定低碳政策的根本目标，比如强调能源基底替换或供给侧减排策略最终可以解决碳排放问题等观点。

济发展路径是当前人类经济转型发展要求的新方向，是有新生命力的发展路径。由此可见，该体系可以通过激发市场内在动力机制的方法促使生产部门自发完成产业转型升级。此外，在考虑包括资源能源要素在内的所有要素，新经济循环的要素投入产出效率均高于传统经济循环，说明该优化体系能够提高当前经济体的经济效应，尤其可以促进制造业升级换代，用新的高效的产能替代旧产能。

三　需要进一步讨论的地方

对我国低碳政策体系的优化研究，最终建立了政策优化网络，形成低碳政策优化体系，该优化体系的重要功能在于针对必要政策工具建立优化路径，指出了优化方向。但如何按照优化路径对具体政策工具做详细的机制设计、科学分析及评估等工作却并未列入本书的研究计划，还需要后续研究来完成，具体表现为以下四点。

第一，如果既有补偿路径下的政策重新启动，政策执行期延长，时间序列数据增多，可做进一步更加细致的机制设计工作。例如，关于确定企业违约的次优惩罚额度或惩罚区间，本书为其奠定了扎实的方法论基础，如果存在关于企业违约惩罚的真实时间序列数据，用其替换模型中的虚拟变量，获得真实情景中的惩罚曲线，就可以完成优化路径中相对精确惩罚响应曲线的情景模拟工作，进而确定惩罚额度区间的模拟工作。

第二，对"积分制＋低碳产品消费税返还"补偿路径中的消费税最优返还额度研究。应用本书的基本模型框架和研究思路同样可以完成该项研究工作。在政策目标函数不变的情况下，修订家庭消费部门、生产部门的决策行为方程，调整DSGE模型，仍然采用动态模拟的方法即可确定最优消费税最优返还额度的研究工作。

第三，关于我国低碳消费节约碳权交易机制的设计，其中很多设计细节的深化、细化超出了经济学的知识范畴，需要信息工程技术、能源工程技术及其他学科领域来联合完成，这是个巨大的系统工程，如果该机制的设计架构能够被政府采用，则后续还会有很多环节需要完成。

第四，关于低碳科技创新政策和清洁发展机制的优化路径，本书以优化方向和优化导向研究为主，至于具体每一阶段政策工具的再设计工作则需要相关团队在后续研究中完成。

参考文献

［1］〔法〕爱弥尔·涂尔干，1999，《宗教生活的基本形式》，渠东、汲喆译，上海人民出版社。

［2］〔美〕巴里·康芒纳，1997，《封闭的循环：自然、人和技术》，侯文蕙译，吉林人民出版社，第90～123页。

［3］〔英〕庇古，2003，《福利经济学》，朱泱等译，商务印书馆。

［4］卜永祥、靳炎，2002，《中国实际经济周期：一个基本解释和理论扩展》，《世界经济》第7期，第3～12页。

［5］〔美〕查伦·斯普瑞特奈克，2001，《真实之复兴：极度现代的世界中的身体、自然和地方》，中央编译出版社。

［6］陈飞、诸大建，2009，《低碳城市研究的理论方法与上海实证分析》，《城市可持续发展》第10期，第71～78页。

［7］陈昆亭、邹恒甫，2004，《中国经济增长的周期与波动的研究——引入人力资本后的RBC模型》，《经济学（季刊）》第4期，第803～815页。

［8］陈昆亭、龚六堂，2006，《粘滞价格模型以及对中国经济的数值模拟——对基本RBC模型的改进》，《数量经济技术经济研究》第8期，第9页。

［9］陈昆亭、龚六堂、邹恒甫，2004，《基本RBC方法模拟中国经济的数值试验》，《世界经济文汇》第2期，第41～51页。

［10］陈昆亭、龚六堂、邹恒甫，2004，《什么造成了经济增长的波动，供给还是需求：中国经济的RBC分析》，《世界经济》第4期，第3～

11 页。

［11］ 陈昆亭、周炎、龚六堂，2006，《中国经济周期波动特征分析：滤波方法的应用》，《世界经济》第 10 期，第 47～56 页。

［12］ 陈强，2014，《高级计量经济学及 Stata 应用》（第二版），高等教育出版社，第 537 页。

［13］ 陈师、赵磊，2009，《中国的实际经济周期与投资专有技术变迁》，《管理世界》第 4 期，第 5～16 页。

［14］ 陈晓春、胡婷、唐姨军，2010，《略论低碳消费需要》，《消费经济》第 4 期，第 83～85 页。

［15］ 陈晓光、张宇麟，2010，《信贷约束、政府消费与中国实际经济周期》，《经济研究》第 12 期，第 48～58 页。

［16］ 陈振明，2004，《公共政策学：政策分析的理论、方法和技术》，人民大学出版社。

［17］ 〔美〕德内拉·梅多斯、乔根·兰德斯、丹尼斯·梅多斯，2013，《增长的极限》，李涛、王智勇译，机械工业出版社。

［18］ 董俊迪、李国志，2014，《制造企业低碳技术协同创新体系构建》，《合作经济与科技》第 11 期，第 31～32 页。

［19］ 窦立春，2011，《低碳价值观及其实践路径》，《南京林业大学学报》（人文社会科学版）第 2 期，第 18～20 页。

［20］ 窦立春，2011，《低碳价值观及其实践路径》，《南京林业大学学报》（人文社会科学版）第 11 期。

［21］ 樊纲、苏铭、曹静，2010，《最终消费与碳减排责任的经济学分析》，《经济研究》第 1 期，第 4～14 页。

［22］ 〔瑞士〕费尔迪南·德·索绪尔，1999，《普通语言学教程》，高名凯译，商务印书馆，第 100～102 页。

［23］ 耿强、江飞涛、傅坦，2011，《政策性补贴、产能过剩与中国的经济波动——引入产能利用率 RBC 模型的实证检验》，《中国工业经济》第 5 期，第 27～36 页。

［24］ 顾建光，2006，《公共政策工具研究的意义、基础与层面》，《公共管

理学报》第 4 期，第 58～61 页。

[25] 顾建光、吴明华，2007，《公共政策工具论视角述论》，《科学学研究》第 1 期，第 47～51 页。

[26] 〔美〕哈尔·R. 范里安，2006，《微观经济学：现代观点》（第六版），费方域译，上海三联书店，上海人民出版社。

[27] 韩玉玲，2013，《绿色政府采购力促经济发展方式向"低碳"转型》，《经济理论与政策研究》第 2 期，第 242～247 页。

[28] 韩玉玲，2015，《绿色政府采购力促经济发展方式向"低碳"转型》，《经济理论与政策研究》第 2 期，第 242～247 页。

[29] 贺爱忠、李韬武、盖延涛，2011，《城市居民低碳利益关注和低碳责任意识对低碳消费的影响——基于多群组结构方程模型的东、中、西部差异分析》，《中国软科学》第 8 期，第 185～192 页。

[30] 贺菊煌、沈可挺、徐嵩龄，2002，《碳税与二氧化碳减排 CGE 模型》，《数量经济与技术经济研究》第 10 期，第 39～47 页。

[31] 贺云松，2010，《基于引入习惯形成的 RBC 模型的中国经济波动分析》，《统计与决策》第 6 期，第 105～106 页。

[32] 〔美〕赫伯特·西蒙，1989，《现代决策理论的基石——有限理性说》，杨砾、徐立译，北京经济学院出版社。

[33] 胡世明、胡世录，2015，《国外"低碳经济"发展的财政政策工具选择探究》，《中国集团经济》第 3 期，第 126～128 页。

[34] 胡永刚、刘方，2007，《劳动调整成本、流动性约束与中国经济波动》，《经济研究》第 10 期，第 32～43 页。

[35] 黄赜琳，2005，《中国经济周期特征与财政政策效应——一个基于三部门 RBC 模型的实证分析》，《经济研究》第 6 期，第 27～39 页。

[36] 黄赜琳，2006，《技术冲击和劳动供给对经济波动的影响分析——于可分劳动 RBC 模型的实证检验》，《财经研究》第 6 期，第 98～109 页。

[37] 黄志刚，2009，《加工贸易经济中的汇率传递：一个 DSGE 模型分析》，《金融研究》第 11 期，第 32～48 页。

［38］〔美〕霍尔姆斯·罗尔斯顿，2000，《环境伦理学》，杨进勇译，中国社会科学出版社。

［39］李长河、吴力波，2014，《国际碳标签政策体系及其宏观经济影响研究》，《武汉大学学报》（哲学社会科学版）第 2 期，第 94～101 页。

［40］李成、马文涛、王彬，2011，《学习效应、通胀目标变动与通胀预期形成》，《经济研究》第 10 期，第 39～53 页。

［41］李春吉、范从来、孟晓宏，2010，《中国货币经济波动分析：基于垄断竞争动态一般均衡模型的估计》，《世界经济》第 7 期，第 16 页。

［42］李春吉、孟晓宏，2006，《中国经济波动——基于新凯恩斯主义垄断竞争模型的分析》，《经济研究》第 10 期，第 72～82 页。

［43］李富强、李斌，2003，《委托代理模型与激励机制分析》，《数量经济技术经济研究》第 9 期，第 29～33 页。

［44］李绍荣，2002，《交换经济的一种市场过程》，《经济学（季刊）》第 4 期，第 837～862 页。

［45］刘斌，2008，《我国 DSGE 模型的开发及在货币政策分析中的应用》，《金融研究》第 10 期，第 1～21 页。

［46］刘斌，2010，《动态随机一般均衡模型及其应用》，中国金融出版社，第 2～27、64～77、1～21 页。

［47］刘方，2011，《随机货币冲击下的中国经济波动研究——基于 RBC 模型》，《经济经纬》第 2 期，第 20～24 页。

［48］刘海霞，2011，《不能将生态文明等同于后工业文明——兼与王孔雀教授商榷》，《生态经济》第 2 期，第 189 页。

［49］刘妙桃、苏小明，2011，《低碳消费：构建生态文明的必然选择》，《消费经济》第 1 期，第 76～79 页。

［50］刘小川、汪曾涛，2009，《二氧化碳减排政策比较以及我国的优化选择》，《上海财经大学学报》第 4 期，第 73～88 页。

［51］陆远如，2004，《环境经济学的演变与发展》，《经济学动态》第 12 期，第 32～35 页。

［52］〔法〕罗兰·巴尔特，2008，《符号学原理》，李幼蒸译，中国人民

大学出版社，第 25～39 页。

[53] 罗敏、朱雪忠，2014，《基于政策工具的中国低碳政策文本量化研究》，《情报杂志》第 4 期，第 12～16 页。

[54] 马瑞婧，2011，《中国城市消费者绿色消费行为的影响因素研究》，中国社会科学出版社，第 25～30 页。

[55] 孟艾红、李娜，2012，《低碳消费文献综述》，《经营与管理》第 1 期，第 114～117 页。

[56] 潘家华，2008，《中国进出口贸易中的内涵能源及政策含义》，中国社会科学院工作论文。

[57] 齐晔、李惠民、徐明，2008，《中国进出口贸易中的隐含碳估算》，《中国人口、资源与环境》第 3 期，第 8 页。

[58] 裘晓东，2011，《各国/地区碳标签制度浅析》，《轻工标准与质量》第 1 期，第 43～49 页。

[59] 〔法〕让－雅克·拉丰、让·梯若尔，2004，《政府采购与规制中的激励理论》，石磊、王永钦译，上海三联书店，第 1～28 页。

[60] 沈满洪，1997，《论环境经济手段》，《经济研究》第 10 期，第 54～61 页。

[61] 沈满洪，1998，《环境管理中补贴手段的效应分析》，《数量经济技术经济研究》第 7 期，第 29～33 页。

[62] 盛辉，2010，《国外政府绿色采购的经验借鉴》，《改革与战略》第 3 期，第 167～170 页。

[63] 宋德勇、卢忠宝，2009，《我国发展低碳经济的政策工具创新》，《华中科技大学学报》（社会科学版）第 3 期，第 85～91 页。

[64] 隋建利、刘金全、庞春阳，2011，《基于太阳黑子冲击视角的中国货币政策有效性测度》，《管理世界》第 9 期，第 41～52 页。

[65] 〔瑞典〕托马斯·思德纳，2005，《环境与自然资源管理的政策工具》，张蔚文、黄祖辉译，上海三联书店。

[66] 汪川、黎新、周镇峰，2011，《货币政策的信贷渠道基于"金融加速器模型"的中国经济周期分析》，《国际金融研究》第 1 期，第 35～

43 页。

[67] 汪信砚，2009，《汪信砚论文选》，中华书局，第 136～166 页。

[68] 王建明，2012，《公众低碳消费行为影响机制及干预路径整合模型》，中国社会科学出版社，第 34 页。

[69] 王建明、贺爱忠，2011，《消费者低碳消费行为的心理归因和政策干预路径：一个基于扎根理论的探索性研究》，《南开管理评论》第 4 期，第 80～89 页。

[70] 王君斌、王文甫，2010，《非完全竞争市场、结束冲击和中国劳动就业——动态新凯恩斯主义视角》，《管理世界》第 1 期，第 23～35 页。

[71] 王润、孙艳伟、刘健等，2012，《清洁发展机制（CDM）对区域可持续发展评价综述》，《气候变化研究快报》第 1 期，第 87～95 页。

[72] 王燕武、王俊海，2011，《中国经济波动来源于供给还是需求——基于新凯恩斯模型的研究》，《南开经济研究》第 1 期，第 24～37 页。

[73] 王艺明、蔡昌达，2012，《货币政策的成本传导机制与价格之谜——基于新凯恩斯主义 DSGE 模型的研究》，《经济学动态》第 3 期，第 14～25 页。

[74] 〔美〕威廉·福格特，1981，《生存之路》，张子美译，朱洗校，商务印书馆。

[75] 魏涛远、格罗姆斯洛德，2002，《征收碳税对中国经济与温室气体排放的影响》，《世界经济与政治》第 8 期，第 27 页。

[76] 吴春梅、林星、张伟，2014，《居民参与低碳补偿行为意愿的心理因素》，《科技管理研究》第 12 期，第 238～241 页。

[77] 吴春梅、张伟，2013，《居民低碳认知态度与行为的实证研究》，《技术经济与管理研究》第 7 期，第 123～128 页。

[78] 吴化斌、许志伟、胡永刚等，2011，《消息冲击下的财政政策及其宏观影响》，《管理世界》第 9 期，第 26～39 页。

[79] 徐红曼，2015，《社会时间：一种社会学的视角》，《北华大学学报》（社会科学版）第 1 期，第 138～141 页。

[80] 徐清军，2011，《碳关税、碳标签、碳认证的新趋势，对贸易投资影响及应对建议》，《国际贸易》第 7 期，第 54～56 页。

[81] 徐舒、左萌、姜凌，2011，《技术扩散、内生技术转化与中国经济波动——一个动态随机一般均衡模型》，《管理世界》第 3 期，第 22～31 页。

[82] 许崇庆，2011，《如何让你的电脑借能》，《大众日报》8 月 8 日。

[83] 薛鹤翔，2010，《中国的产出持续性——基于刚性价格和刚性工资模型的动态分析》，《经济学（季刊）》第 4 期，第 1359～1384 页。

[84] 姚昕、刘希颖，2010，《基于增长视角的中国最优碳税研究》，《经济研究》第 11 期，第 48～58 页。

[85] 殷波，2010，《中国经济的最优通货膨胀》，《经济学（季刊）》第 3 期，第 821～844 页。

[86] 尹世杰，1999，《消费经济学》，湖南人民出版社。

[87] 俞海山、朱福建，2008，《消费外部性的效率损失及其治理》，《现代经济探讨》第 11 期，第 37～40 页。

[88] 〔美〕约翰·费斯克，2008，《传播研究导论：过程与符号》（第二版），许静译，北京大学出版社，第 16 页。

[89] 曾刚、万志宏，2010，《碳排放权交易：理论及应用研究综述》，《金融评论》第 4 期，第 54～67 页。

[90] 曾惠容，2011，《LED 节能灯节能效果实证研究》，《安徽农学通报》第 4 期，第 131～133 页。

[91] 曾静静、张志强、曲建升等，2012，《家庭碳排放计算方法分析评价》，《地理科学进展》第 10 期，第 1341～1352 页。

[92] 张健生，2009，《国外能效标识实施经验》，《节能与环保》第 11 期，第 26～28 页。

[93] 张璐，2014，《碳标签对低碳产品消费行为的影响机制研究》，博士学位论文，中国地质大学，第 91～92 页。

[94] 张树伟、刘德顺，2005，《可持续发展目标下的清洁发展机制项目评价》，《中国人口资源与环境》第 6 期，第 107～110 页。

［95］ 张扬，2012，《我国新能源汽车减排潜力及成本分析》，《节能与环保》第 8 期，第 55 页。

［96］ 钟笑寒、李子奈，2002，《全球变暖的宏观经济模型》，《系统工程理论与实践》第 3 期，第 10 ~ 17 页。

［97］ 周厚威、刘争波，2010，《低碳经济下的消费模式与引导策略研究》，《企业家天地》第 1 期，第 11 ~ 12 页。

［98］〔英〕朱迪·丽丝，2002，《自然资源分配、经济学与政策》，蔡运龙等译，商务印书馆，第 378 ~ 392 页。

［99］ Abdul-Wahab, S. A. 2010. "Level of Environmental Awareness towards Depletion of the Ozone Layer among Distributors and Consumers in the Solvent Sector: A Case Study from Oman." *Climatic Change* 103: 503 – 517.

［100］ Abrahamse, W. , et al. 2005. "A Review of Intervention Studies Aimed at Household Energy Conservation." *Journal of Environmental Psychology* 25: 273 – 291.

［101］ Almutairi, H. , S. Elhedhli. 2014. "Modeling, Analysis, and Evaluation of a Carbon Tax Policy Based on the Emission Factor." *Computers & Industrial Engineering* 77: 88 – 102.

［102］ Anderson, F. R. , et al. 1977. "Environmental Improvement through Economic Incentives." Baltimore, Md, *Resources for the Future*, Johns Hopkins University Press, pp. 45 – 55.

［103］ Aumann, R. J. 1964. "Markets with a Continuum of Traders." *Econometrica* 32: 39 – 50.

［104］ Bai, Y. , Y. Liu. 2013. "An Exploration of Residents' Low-carbon Awareness and Behavior in Tianjin, China." *Energy Policy* 61: 1261 – 1270.

［105］ Barber, B. 1957. *Soceal Stratification*. New York: Harcourt, Brace and World.

［106］ Barr, S. 2007. "Factors Influencing Environmental Attitudes and

Behaviors. " *Environment and Behavior* 39: 435 – 473.

[107] Baunol, W. J. , W. E. Oates. 1975. *The Theory of Environmental Policy*: *Externalities, Public Outlays and the Quality of life*. Englewood Cliffs: N J Prentice-Hall, pp. 67 – 78 .

[108] Baxter, M. , M. Crucini. 1993. "Explaining Saving-Investment Correlations. " *American Economic Review* 83: 416 –436.

[109] Beckeman, W. 1972. " Economists, Scientists and Environmental Catastrophe. " *Oxford Economic Papers* 24 (3) : 327 – 344.

[110] Bemanke, et al. 1999. *Inflation Targeting*: *Lessons from International Experience*. Princeton University Press, pp. 210 – 245.

[111] Benders, R. M. , et al. 2006. " New Approaches for Household Energy Conservation Din Search of Personal Household Energy Budgets and Energy Reduction Options. " *Energy Policy* 34 (18): 3612 – 3622.

[112] Bernanke, B. , M. Gertler, S. Gilchrist. 1999. The Financial Accelerator in a Quantitative Business Cycle Framework. Handbook of Macroeconomics, pp. 110 ~ 130.

[113] Bertrand, M. , E. Duflo, S. Mullainathan. 2004. " How Much Should We Trust Differences – In – Differences Estiates. " *Quarterly Journal of Economics*119 (1): 249 –275.

[114] Bin, S. , H. Dowlatabadi. 2005. " Consumer Lifestyle Approach to US Energy Use and the Related CO_2 Emissions. " *Energy Policy* 33 (2): 197 – 208.

[115] Blanchard, O. , D. Quah. 1989. "The Dynamic Effect of Aggregate Demand and Supply Disturbances. " *American Economic Review* 79: 655 –673.

[116] Blanchard, O. , S. Fischer. 1989. *Lectures on Macroeconomics*. MIT Press, p. 312.

[117] Blanchard,O. J. ,J. Gali. 2010. " Labor Markets and Monetary Policy: A New Keynesian Model with Unemployment. " *American Economic Journal: Macroeconomics* 2(2): 1 –30.

［118］ Bohner,G. , N. Dickel. 2011. "Attitudes and Attitude Change." *Annual Review of Psychology* 62: 391 – 417.

［119］ Bovenberg, A. L. , L. H. Goulder. 1996. "Optimal Environmental Taxation in the Presence of Other Taxes: General Equilibrium Analyses." The American Economic Review 86 (4): 985 – 1006.

［120］ Brenton, et al. 2009. "Carbon Labeling and Low-income Country Exports: A Review of the Development Issues." *Development Policy Review* 27 (3): 243 – 267.

［121］ Bressers, T. A. , J. Schuddchoom. 1994. A Survey of Effluent Charges and other Economic Instruments in Dutch Environmental Policy. In Applying Economic Instruments to Environmental Policies in OECD and Dynamic Non-member Economics Paris, OECD, pp. 153 – 172.

［122］ Brown, G. M. 1973. The Efficiency of Subsidies and Standard for Managing Water Quality. Circulated paper.

［123］ Bunn, D. W. , C. Fezzi. 2009. "Structural Interactions of European Carbon Trading and Energy Prices." *Energy Mark* 2 (4): 53 – 69.

［124］ Cason, T. 2003. "Buyer Liability and Voluntary Inspections in International Greenhouse Gas Emissions Trading: A Laboratory Study." *Environmental and Resource Economics* 25: 101 – 127.

［125］ Caurl, S. , P. Delacote, F. Lecocq, et al. 2013. "Stimulating Fuelwood Consumption through Public Policies: An Assessment of Economic and Resource Impacts based on the French Forest Sector Model." *Energy Policy* 63: 338 – 347 .

［126］ Christensen, I. , A. Dib. 2008. "The Financial Accelerator an Estimated New Keynesian Model." *Review of Economic Dynamics* 1: 155 – 178.

［127］ Christiano, L. , M. Eichenbaum. 1992. "Current Real-business Cycle Theories and Aggregate Labor Market Fluctuations." *Amcrican Economic Review* 82 (3): 430 – 450.

［128］ Christoffel, K. , K. Kuester, T. Linzert. 2009. "The Role of Labor

Markets for Euro Area Monetary Policy. " *European Economic Review* 53 (8): 908 –936.

[129] Clarida, R., J. Gali, M. Gertler. 1999. "The Science of Monetary Policy: A New Keynesian Perspective. " *Journal of Economic Literature* 37 (4): 1661 –1707.

[130] Clarida, R., J. Gali, M. Gertler. 2002. "A Simple Framework for International Monetary Policy Analysis. " *Journal of Monetary Economics* 49: 879 –904.

[131] Coase, R. H. 1960. "The Problem of Social Cost. " *Journal of Law and Economics* 3 (10): 1 –44 .

[132] Crali, J. 2000. New Perspectives on Monetary Policy, Inflation and the Business Cycle. Mimeo, pp. 1 –41.

[133] Cramton, P., S. Kerr. 2002. "Tradable Carbon Permit Auctions: How and Why to Auction not Grandfather. " *Energy Policy* 30 (4): 333 –345.

[134] Cranton, P., S. Kerr. 2002. "Tradable Carbon Permit Auctions, How and Why to Auction not Grandfather. " *Energy Policy* 30 (4): 333 –345.

[135] Cronshaw, B., J. Kruse, S. Schennach. 2000. "The Economics of Pollution Permit Banking in the Context of Title IV of the 1990 Clean Air Act Amendments. " *Journal of Environmental Economics and Management* 40: 189 –210.

[136] Dales, J. 1968. *Pollution, Property, and Prices.* Toron to: University of Toron to Press, 1968.

[137] De Graevc F. 2008. "The External Finance Premium and the Macro-economy US Pos-WWII Evidence. " *Journal of Economic Dynamics and Control* 32 (11): 3415 –3440.

[138] DEFRA . 2003. Changing Patterns UK Government Framework for Sustainable Consumption and Production. London Defra.

[139] Dunlap, R. E. , K. D. Van Liere, A. G. Mertig, et al. 2000. "New Trends

in Measuring Environmental Attitudes: Measuring Endorsement of the New Ecological Paradigm: A Revised NEP Scale. " *Journal of Social Issues* 56: 425 – 442.

[140] Edgeworth, F. Y. 1881. *Mathematical psychics.* London: Kegan Paul.

[141] Ellen, P. S. , J. L. Wiener, C. Cobb-Walgren. 1991. "The Role of Perceived Consumer Effectiveness in Motivating Environmentally Conscious Behaviors. " *Journal of Public Policy & Marketing* 10 (2): 102 – 117.

[142] Eva Heiskanen, et al. 2010. " Low-carbon Communities as a Context for Individual Behavioural Change. " *Energy Policy* 38 (12): 7586 – 7595.

[143] Evans, M. , N. Hastings, B. Peacock. 2000. "*Bernoulli Distribution*" *Ch. 4 in Statistical Distributions*, 3rd ed. New York: Wiley.

[144] Fischer, C. , I. Parry, W. Pizer. 2003. "Instrument Choice for Environmental Protection When Technological Innovation is Endogenous. " *Journal of Environmental Economics and Management* 45: 523 – 545.

[145] Fischer, C. 2001. "Rebating Environmental Policy Revenues: Output-Based Allocations and Tradable Performance Standards. Discussion Paper. " *Resources for the Future*, pp. 1 – 22.

[146] Fraj, E. , E. Martinez. 2007. " Ecological Consumer Behaviour: An Empirical Analysis. " *International Journal of Consumer Studies* 31 (1): 26 – 33.

[147] Freeman, A. M. 2003. The Measurement of Environmental and Resource Values: Theory and Met-hods. Resources For Future.

[148] Frick, J. , F. G. Kaiser , M. Wilson. 2004. "Environmental Knowledge and Conservation Behavior: Exploring Prevalence and Structure in a Representative Sample. " *Personality and Individual Differences* 37: 1597 – 1613.

[149] Furher, J. , J. Moore, S. Schuh. 1995. " Estimating the Linerr Quadratic Inventory Model, ML vs GMM. " *Journal of Monetary Economics* 35: 115 – 157.

[150] Gadema, Z. , D. Oglethorpe. 2011. "The Use and Usefulness of Carbon Labeling Food: A Policy Perspective from a Survey of UK Supermarket Shoppers." *Food Policy* 36 (6): 815 – 822.

[151] Gali, J. , M. Gertler. 1999. "Inflation Dynamics: A Structural Econometric Analyseis." *Journal of Monetary Economics* 44: 195 – 222.

[152] Gali, J. 2000. New Perspectives on Monetary Policy. Inflation and the Business Cycle, mimeo, pp. 1 – 41.

[153] Galvin, R. 2014. "Estimating Broad-brush Rebound Effects for Household Energy Consumption in the EU 28 Countries and Norway: Some Policy Implications of Odyssee Data." *Energy Policy* 73: 323 – 332.

[154] Garbaccio, R. F. , M. S. Ho, D. W. Jorgenson. 1999. "Controlling Carbon Emissions in China." *Environment and Development Economics* 4 (4): 493 – 518.

[155] Gardner, G. T. , P. C. stern. 1996. *Environmental Problems and Human Behavior.* Boston, Allyn and Bacon.

[156] Gertlcr, M. , N. Kiyotaki. 2009. "Financial Intermediation and Credit Policy in Business Cycle Analysis." in B. Friedman. M. Woodford (ed). *Handbook of Monetary Economics* 3 (3): 547 – 599.

[157] Gertlcr, M. , P. Karadi. 2009. "A Model of Unconventional Monetary Policy." *Journal of Monetary Economics* 58 (1): 17 – 34.

[158] Godby, R. 2000. "Market Power in Laboratory Emission Permit Markets." *Environmental and Resource Economics* 23: 279 – 318.

[159] Goldblatt, D. L. 2007. Sustainable Energy Consumption and Society: Personal, Technological, or Social Change? Dordrecht, The Netherlands: Springer.

[160] Goourieroux, C. , A. Monfort, E. Renault. 1993. "Indirect Inference." *Journal of Applied Econometrics* 8: 85 – 118.

[161] Gourieroux, C. , A. Monfort. 1996. *Sinulation-Based Econometric Methods.*

Oxford University Press, 1996.

[162] Greenwood, J., Z. Herkowitz, P. Krulell. 2000. "The Role of Investment-Specific Technological Change in the Business Cycle." *European Economic Review* 44: 91 – 115.

[163] Greenwood, J. Z., G. Hercowitz, W. Hoffman. 1988. "Investment, Capacity Utilization and the Business Cycle." *American Economic Review* 78: 402 – 417.

[164] Grossman, G. M., A. B. Krueger. 1991. Environmental Impacts of the North American Free Trade Agreement. NBER Working Paper, 3914.

[165] Grossman, G. M., A. B. Krueger. 1995. "Economic Growth and the Environment." *Quarterly Journal of Economics* 110: 353 – 377.

[166] Grossman, G. M., A. B. Krueger. 1996. "The Inverted – U: What does it Mean?" *Environment and Development Economics* 1 (1): 119 – 122.

[167] Gunasekera, D., A. Cornwell. 1998. Essential Elements of Tradable Permit Schemes, in Trading Green house Emissions: Some Australian Perspectives, Bureau of Transport Economics, Commonwealth of Australia.

[168] Göke, J. 2012. "Evaluating the Economic, Ecological and Sustainable Feasibility of Projects under the Clean Development Mechanism: A Case Study from Sub-Saharan Africa." *International Journal of Green Economics* 6 (3): 178 – 192.

[169] Hahn, R., G. Hester. 1989. "Where Did All the Markets Go? An Analysis of EPA's Emissions Trading Program." *Yale Journal on Regulation* 6: 109 – 153.

[170] Hahn, R. 1984. "Market Power and Transferable Property Rights." *Quarterly Journal of Economics* 99: 753 – 765 .

[171] Harrison, P., W. R. D. Sewell. 1980. "Water Pollution Control by Agreement : The French an System of Contracts." *Natural Resources Journal* 20 (4): 765 – 768.

[172] Hartikainen, H., T. Roininen, J. M. Katajajuuri, et al. 2014. "Finnish Consumer Perceptions of Carbon Footprints and Carbonlabelling of Food Products." *Journal of Cleaner Production* 73: 285 – 293.

[173] Hayo, M. G., van der Werf, T. Salou. 2015. "Economic Value as a Functional Unit for Environmental Labelling of Food and other Consumer Products." *Journal of Cleaner Production* 94 : 394 – 397.

[174] Heckman, J. 1979. "Sample Selection Bias as a Specification Error." *Econometrica* 47: 153 – 161.

[175] Heckman, J. J., H. Ichimura, P. E. Todd. 1998. "Matching as an Econometric Evaluation Estimator." *Review of Economic Studies* 65: 261 – 294.

[176] Hensen, U., U. Schrader. 1997. "A Modern Model of Consumption for a Sustainable Society ." *Journal of Consumer Policy* 20: 441 – 465.

[177] Hines, J., H. R. Hungerford, A. N. Tomera. 1987. "Analysis and Synthesis of Research on Responsible Environmental Behavior." *Journal of Environmental Education* 18 (2): 1 – 8.

[178] Hirakata, N., N. Sudo, K. Ueda. 2009. Chained Credit Contracts and Financial Accelerators. IMES Discussion Paper Series, Bank of Japan, pp. 9 – 30.

[179] Hoffman, E., M. L. Spitzer. 1982. "The Coase Theorem Some Experimental Tests." *Journal of Law and Economics* 25: 73 – 98.

[180] Imbens, G. W., J. M. Wooldridge. 2009. "Recent Developments in the Econometrics of Program Evaluation" *Journal of Economic Literature* 47: 5 – 86.

[181] Ireland, P. 2004. "A Method for Taking Models to the Data." *Journal of Economic Dynamics and Control* 28 (6): 1205 – 1226.

[182] Jackson, T. 2005. Motivating Sustainable Consumption—A Review of Models of Consumer Behaviours and Behavioural Change. A Report to the Sustainable Development Research Network. London.

[183] Kaplowitz, M. D. , L. Thorp, K. Coleman, et al. 2012. " Energy Conservation Attitudes, Knowledge and Behaviors in Science Laboratories. " *Energy Policy* 50: 581 – 591.

[184] Kaplowitz, M. D. , L. Thorp, K. Coleman, et al. 2012. " Energy Conservation Attitudes. Knowledge and Behaviors in Science Laboratories. " *Energy Policy* 50: 581 – 591.

[185] Keeler, E. , M. Spence, R. Zeckhauser. 1971. "The Optimal Control of Pollution. " *Journal of Economic Theory* 4: 17 – 34.

[186] Kim, H. S. , W. W. Koo. 2010. "Factors Affecting the Carbon Allowance Market in the US. " *Energy Policy* 38 (4): 1879 – 1884.

[187] Kim, J. , A. Levin, T. Yun. 2006. Relative Price Distortion and Optimal Monetary Policy in Open Economies. Bank of Korea Working Paper. p. 251.

[188] Kim, J. , H. Kim. 2003. "Spurious Welfare Reversals in International Business Cycle Models. " *Journal of International Economics* 60: 471 – 500.

[189] Kollock, P. 1998. "Social Dilemmas: The Anatomy of Cooperation. " *American Review of Sociology* 24: 183 – 214.

[190] Kydland, F. E. , E. C. Prescott. 1982. "Time to Build and Aggregate Fluctuations. " *Econometrica* 50 (6): 1345 – 1370.

[191] Laroche, M. , J. Bergeron, G. Barbaro-Forleo. 2001. " Targeting Consumers Who are Willing to Pay More for Environmentally Friendly Products. " *Journal of Consumer Marketing* 18 (6): 503 – 520.

[192] Lawremce, L. 1996. "Optimal Environmental Taxation in the Presence of Other Taxes: General Equilibrium Analyses. " *American Economic Review* 86 (4): 985 – 1006.

[193] Lenzen, M. , R. Schaeffer, R. Matsuhashi. 2007. " Selectisessing Sustainable CDM Projects Using Multi-criteria Methods . " *Climate Policy* 7 (2): 121 – 138.

[194] Li, J. , J. Fan, D. Zhao, et al. 2015. "Allowance Price and Distributional Effects Under a Personal Carbon Trading Scheme." *Journal of Cleaner Production* 103: 319 – 329.

[195] Li, Y. , C. N. Hewitt. 2008. "The Effect of Trade between China and the UK on National and Global Carbon Dioxide Emissions." *Energy Policy* 36: 1907 – 1914.

[196] Liang, Q. M. , Y. Fan, Y. M. Wei. 2007. "Multi-regional Input-Output Model for Regional Energy Requirements and CO_2 Emissions in China." *Energy Policy* 35: 1685 – 1700.

[197] Lindblom, C. E. 1959. "The Science of "Muddling Through"." *Public Administration Review* 19 (2): 79 – 88.

[198] Lof, G. O. G. , A. V. Kneese. 1967. *The Economics of Water Utilization in the Beet Sugar Industry.* Washington DC: Resources for the Future.

[199] Loureiro, M. L. , J. Lotade. 2005. "Do Fair Trade and Eco-labels in Coffee Wake Up the Consumer Conscience?" *Ecological Economics* 53 (1): 129 – 138.

[200] Lowi, T. J. 1964. "American Business, Public Policy, Case Studies, and Political Theory." *World Politics* 16 (4): 677 – 715.

[201] Lowi, T. J. 1970. "Decision Making vs Policy Making: Toward an Antidote for Technocracy." *Public Administration Review* 30 (3): 3.

[202] Lowi, T. J. 1972. "Four Systems of Policy, Politics, and Choice." *Public Administration Review* 32 (32): 298 – 310.

[203] Lucas, R. 1976. "Econometric Policy Evaluation: A Critique." *Carnegie-Rochester Conference Series on Public Policy* 1 (1): 63 – 64.

[204] Lutzenhiser, L. 1993. "Social and Behavioral Aspects of Energy Use." *Annual Review of Energy and the Environment* 18: 247 – 289.

[205] Maddala, G. S. 1983. *Limited-Dependent and Qualitative Variables in Econometrics.* Cambridge: Cambridge University press.

[206] Maler, K. G. , J. R. Vincent. 2005. "Handbook of Environmental

Economics. ” *North Holland* 3： 45 – 120.

［207］ Maloney, M. P. , M . P. Ward. 1973. “ Ecology： Let's Hear from the People： An Objective Scale for the Measurement of Ecological Attitudes and Knowledge. ” *American Psychologist* 28： 583.

［208］ McFadden, D. 1989. “A Method of Simulated Moments for Estimation of Discrete Response Models Without Numerical Integration. ” *Econometrica* 57： 995 – 1026.

［209］ Middlemiss, L. 2008. “Influencing Individual Sustainability： A Review of the Evidence on the Role of Community-based or Ganisations. ” *International Journal of Environment and Sustainable Development* 7 （1）： 78 – 93.

［210］ Milfont, T. L. 2007. *Psychology of Environmental Attitudes： A Cross-cultural Study of their Content and Structure.* Doctoral Dissertation. New Zealand： University of Auckland, 2007.

［211］ Misiolek, W. H. 1989. “Elder Exclusionary Manipulation of Markets for Pollution Rights. ” *Journal of Environmental Economics and Management* 16： 156 – 166.

［212］ Motoshita, M. , M. Sakagami, Y. Kudoh, et al. . 2015. “ Potential Impacts of Information Disclosure Designed to Motivate Japanese Consumers to Reduce Carbon Dioxide Emissions on Choice of Shopping Method for Daily Foods and Drinks. ” *Journal of Cleaner Production* 3 ： 1 – 10.

［213］ Munksgaard, J. , K. A. Pedersen. 2001. “CO_2 Accounts for Open Economies： Producer or Consumer Responsibility. ” *Energy Policy* 29： 327 – 334.

［214］ Nelson, T. , S. Kelley, F. Orton. 2012. “A Literature Review of Economic Studies on Carbon Pricing and Australian Wholesale Electricity Markets. ” *Energy Policy* 49： 217 – 224.

［215］ Nolan, C. , C. Thoenisscn. 2009. “Financial Shocks and the U. S. Business Cycle. ” *Journal of Monetary Economics* 56 （4）： 596 – 604.

[216] Olson, J. M., M. P. Zanna. 1993. "Attitudes and Attitude Change." *Annual Review of Psychology* 44: 117 – 154.

[217] Parag, Y., S. Darby. 2009. "Consumer-supplier-government Triangular Relations: Rethinking the UK Policy Path for Carbon Emissions R eduction from the UK Residential Sector." *Energy Policy* 37: 3984 – 3992.

[218] Peters, G. P. 2008. "From Production-based to Consumption-based National Emission Inventories." *Ecological Economics* 65: 1323.

[219] Pigou, A. C. 1920. *The Economics of Welfare*. London: Macmillan.

[220] Porter, M. E., C. Van der Linde. 1995. "Toward a New Conception of the Environment-Competitiveness Relationship." *The Journal of Economic Perspectives* 9 (4): 97 – 118.

[221] Porter, M. E. 1991. "Towards a Dynamic Theory of Strategy." *Strategic Management Journal* 12: 95 – 117.

[222] Princen, T. 2003. "Pinciple for Sustainable Consumption: Two New Perspectives." *Journal of Consumer policy* (1): 40 – 50.

[223] Roberts, M . J., A. M. Spence. 1976. "Effluent Charges and Licenses under Uncertainty." *Journal of Public Economics* 5 (3 – 4): 193 – 208.

[224] Rokeach, M. 1973. *The Nature of Human Value*. New York: Free Press.

[225] Rolston, H. 1988. E*nvironmental Ethics Duties to and Value in the Natural World*. Temple University Press.

[226] Ross, S. 1973. "The Economic Theory of Agencey: The Principal's Problem." *American Economic Review* 63: 134 – 139.

[227] Rotemberg, J., M. Woodford. 1997. "An Optimization Based Econometric Framework for the Evaluation of Monetary Policy." *NEBR Macroeconomic Annual* 12 (1): 196.

[228] Rubin, D. B. 1974. "Estimating Causal Effects of Treatments in Randomized and Nonrandomized Studies." *Journal of Educational Psychology* 66 (5): 688 – 701.

[229] Rubin, J. A. 1996. "Model of Intertemporal Emission Trading, Banking,

and Borrowing. " *Journal of Environmental Economics and Management* 31 : 269 – 286.

[230] Safarzyńska, K. , van den Bergh J. C. J. M. 2010. "Evolutionary Modeling in Economics: A Survey of Methods and Building Blocks. " *Journal of Evolutionary Economics* 20 : 329 – 373.

[231] Safarzyńska, K. 2013. " Evolutionary-economic Policies for Sustainable Consumption. " *Ecological Economics* 90 : 187 – 195.

[232] Scarf, G. D. 1963. " A Limit Theorem on the Core of an Economy. " *International Economic Review* 4 (3) : 235 – 246.

[233] Schahn, J. , E. Holzer. 1990. "Studies of Individual Environmental Concern the Role of Knowledge, Gender, and Background Variables. " *Environment and Behavior* 22 : 767 – 786.

[234] Schorfheide, F. 2000. " Loss FUNCTION-BASED Evaluation of DSGE Model. " *Journal of Applied Econometrics* 15 (6) : 645 – 670.

[235] Schwartz, S. H. 1994. "Are there Universal Aspects in the Structure and Contents of Human Values?" *Journal of Social Issues* 50 : 19 – 45.

[236] Schwarz, N. 2007. "Attitude Construction, Evaluation in Context. " *Social Cognition* 25 : 638 – 656.

[237] Seifert, J. , M. , M. Uhrig-Homburg, M. Wagner. 2008. " Dynamic. Behavior of CO_2 Spot Prices. " *Journal of Environmental Economics and Management* 56 : 180 – 194.

[238] Sharp, A. , M. Wheeler. 2013. " Reducing Householders Grocery Carbon Emissions: Carbon Literacy and Carbon Label Preferences. " *Australasian Marketing Journal* 21 : 240 – 249.

[239] Shuai, C. M. , L. P. Ding, Y. K. Zhang, et al. 2014. "How Consumers are Willing to Pay for Low-carbon Products? – Results from a Carbon-labeling Scenario Experiment in China. " *Journal of Cleaner Production* 83 : 366 – 373.

[240] Shubik, M. 1959. *Edgeworth Market Game, In Contributions to the Theory*

D, *Games*, Cambridge: M IT Press.

[241] Shui, B. , R. C. Harriss. 2006. "The Role of CO_2 Embodiment in US-China Trade." *Energy Policy* 34: 4063 – 4068.

[242] Smets, F. , R. Wouters. 2003. "An Estimated Dynamic Stochastic General Equilibrium Model of the Euro Area." *Journal of European Economic Association* 5: 1123 – 1175.

[243] Spangenberg, J. H. , S. Lored. 2002. "Environmentally Sustainable Household Consumption: From Aggregate Environmental Pressures to Priority Fields of Action." *Ecological Economics* (43): 129 – 135.

[244] Spence, M. , R. Zechhauser. 1971. "Insurance, Information and Individual Action." *American Economic Review* 61: 380 – 386.

[245] Stavins. R. 1995. "Transactions Costs and Tradable Permits." *Journal of Environmental Management and Policy* 29: 133 – 148.

[246] Steininger, K. , C. Lininger, S. Droege, et al. 2014. "Justice and Cost Effectiveness of Consumption-based Versus Production-based Approaches in the Case of Unilateral Climate Policies." *Global Environmental Change* 24: 75 – 87.

[247] Stern, P. C. , T. Dietz. 1994. "The Value Basis of Environmental Concern." *Journal of Social Issues* 50: 65 – 84.

[248] Storey, D. J. , M. Walker. 1975. An Evaluation of Alternative Systems for Controlling Direct Discharges to Estuaries and Tidal Waters. Tees Industrial Discharge Study Workshop Pager. University of Newcastle upon Tyne.

[249] Straughan, R. , J. Roberts. 1999. "Environmental Segmentation Alternatives: A Look at Green Consumer Behavior in the New Millennium." *Journal of Consumer Marketing* 16 (6): 558 – 575.

[250] Teisl, M. F. , J. Rubin, C. L. Noblet. 2008. "Non-dirty Dancing, Interactions between Eco-labels and Consumers." *J. Econ*, *Psychol*, 29 (2): 140 – 159.

［251］ Texteira, S. T., A. A. C. Silva. 2010. " On the Divergence of Evolutionary Research Paths in the Past 50 Years. " *Journal of Evolutionary Economics* 19：605－642.

［252］ The Carbon Dioxide Information Analysis Center. 2015. Environmental Sciences Division, United States：Oak Ridge National Laboratory, Tennessee.

［253］ The Secretary of State and Industry. 2003. Energy White Paper：Our Energy Future Creating a Low Carbon Economy. Printed in the UK for the Stationery Office limited on behalf of the Controller of Her Majesty's Stationery Office.

［254］ Thøgersen, J., F. Ölander. 2002. "Human Values and the Emergence of a Sustainable Consumption Pattern：A Panel Study. " *Journal of Economic Psychology* 23 (5)：605－630.

［255］ Tietenberg, T. 1992. *Environmental and Natural Resource Economics.* New York：Harper Collins, 1992.

［256］ Upham, P., L. Dendler, M. Bleda. 2011. " Carbon Labeling of Grocery Products：Public Perceptions and Potential Emissions Reductions. " *J. Clean. Prod* 19：348－355.

［257］ Upham, P., L. Dendler, M. Bleda. 2011. " Carbon Labelling of Grocery Products：Public Perceptions and Potential Emissions Reductions. " *Journal of Cleaner Production* 19：348－355.

［258］Smith, V. K. 1993. "Nonmarket Valuation of Environmental Resources：An Interpretive Appraisal. " *Land Economics* 69 (1)：1－26.

［259］ van Birgelen M., J. Semeijn, P. Behrens. 2011. " Explaining Pro-environment Consumer Behavior in Air Travel. " *Journal of Air Transport Management* 17：125－128.

［260］ van der Werf, H. M. G., T. Salou. 2015. " Economic Value as a Functional unit for Environmental Labelling of Food and other Consumer Products. " *Journal of Cleaner Production* 94：394－397.

[261] Van Raaij, W. F. , T. M. M. Verhallen. 1983. "A Behavioral Model of Residential Energy Use. " *Journal of Economic Psychology* 3: 39 – 63.

[262] Vanghan, W. J. , C. S. Russell. 1973. A Residuals Management Model for the Integrated Iron and Steel Industry. Dekalb: ant American Iron and Steel Institute Conference.

[263] Virtanen, Y. , S. Kurppa, et al. 2011. "Carbonfootprint of Food-Approaches from National Input-output Statistics and a LCA Ofa Food Portion. " *J. Clean. Prod* 19 (16): 1849 – 1856.

[264] Wadud, Z. 2011. "Personal Tradable Carbon Permits for Road Transport: Why, Why not and Who Wins? " *Transp. Res. Part A Policy Pract* 45 (10): 1052 – 1065.

[265] Walker, M. , D. J. Storey. 1977. "The ' Standards and Price ' Approach to Pollution Control: Problems of Iteration. " *Scandinavian Journal of Economics* 79 (1) : 99 – 109.

[266] WCED. 1987. Report of the World Commission on Environment and Development: Our Common Future.

[267] Webster, F. E. Jr. 1975. "Determining the Characteristics of the Socially Conscious Consumer. " *Journal of Consumer Research* 12 (2): 188 – 196.

[268] Wenner, L. M. 1978. "Pollution Control: Implementation Alternatives. " *Policy Analysis* 4 (1): 47 – 65.

[269] Wilhite, H. , E. Shove, L. Lutzenhiser, et al. 2000. The Legacy of Twenty Years of Energy Demand Management: We Know More about Individual Behaviour but Next to Nothing about Demand. In: Jochem, E. (Ed.), Society, Behaviour, and Climate Change Mitigation. Kluwer Academic Publishers, Dordrecht, 109 – 126.

[270] Wilson, R. 1969. *The Structure of Incentive for Decentralization under Uncertainty*, La Decision.

[271] Witt, U. 2008. "What is Specific about Evolutionary Economics?" *Journal of Evolutionary Economics* 15: 547 – 575.

[272] Woodford, M. 2003. *Interest and Prices: Foundations of a Theory of Monetary Policy*. Princeton University Press.

[273] Young, R. De. 1993. " Changing Behavior and Making it Stick the Conceptualization and Management of Conservation Behavior. " *Environment and Behavior* 25: 485 – 505.

[274] Zhao, H. H. , Q. Gao, Y. P. Wu, et al. 2014. " What Affects Green Consumer Behavior in China? A Case Study from Qingdao. " *J. Clean. Prod* 63: 143 – 151.

[275] Zhao,R. , S. Z. Zhong. 2015. "Carbon Labelling Influences on Consumers' Behaviour: A System Dynamics Approach. " *Ecological Indicators* 51: 98 – 106.

[276] Zsóka, A. N. 2008. "Consistency and 'Awareness Gaps' in the Environmental Behaviour of Hungarian Companies. " *Journal of Cleaner Production* 16 (3): 322 – 329.

后　记

在低碳经济领域，系统性低碳消费研究的起步要晚于低碳生产研究，同时消费研究又涉及经济学、社会学、人类文化学、心理学、传播学等领域，这进一步增加了低碳理念向传统消费理论和消费实践渗入的难度。本书在低碳消费系统研究过程中遇到了很多技术难题，在此尤其要感谢同济大学陶小马教授给予的指导意见和无私帮助，感谢英国利物浦大学的王黔博士在人类文化学前沿理论方面的指导和帮助。本书的出版离不开广西社会科学院研究员杨鹏博士的大力支持，在此表达衷心的感谢。同时感谢浦发银行总行张清博士为本书写作提供的许多有价值的资料。感谢《宜宾学院学报》以及《企业经济》两家学术期刊社先后将第二章、第三章、第七章、第八章中的部分内容以学术论文形式予以公开发表。

在研究过程中会遇到这样那样的困难，往往也是最考验意志力的时候，感谢家人周洪峰先生无微不至的关怀和安慰，每一杯热茶都成为我坚强探究下去的精神支撑。

此外，感谢社会科学文献出版社冯咏梅等编辑，在本书的修改和完善方面倾注了大量的心血，提出的修改意见非常有价值，弥补了研究过程中的一些不足和思考不周的地方。

图书在版编目（CIP）数据

低碳消费透视与政策优化／崔风暴著. －－北京：
社会科学文献出版社，2019.12
ISBN 978－7－5201－5621－9

Ⅰ.①低… Ⅱ.①崔… Ⅲ.①低碳经济－消费者行为
论－研究 Ⅳ.①F713.55

中国版本图书馆 CIP 数据核字（2019）第 218967 号

低碳消费透视与政策优化

著　　者／崔风暴

出 版 人／谢寿光
组稿编辑／恽　薇　冯咏梅
责任编辑／冯咏梅
文稿编辑／李吉环

出　　版／社会科学文献出版社·经济与管理分社（010）59367226
　　　　　　地址：北京市北三环中路甲 29 号院华龙大厦　邮编：100029
　　　　　　网址：www.ssap.com.cn
发　　行／市场营销中心（010）59367081　59367083
印　　装／三河市尚艺印装有限公司

规　　格／开　本：787mm×1092mm　1/16
　　　　　　印　张：16.75　字　数：213 千字
版　　次／2019 年 12 月第 1 版　2019 年 12 月第 1 次印刷
书　　号／ISBN 978－7－5201－5621－9
定　　价／138.00 元